ESPEJOS Y VENTANAS

HISTORIAS ORALES DE TRABAJADORES AGRÍCOLAS MEXICANOS Y SUS FAMILIAS

MIRRORS AND WINDOWS

ORAL HISTORIES OF MEXICAN FARMWORKERS AND THEIR FAMILIES

EDITADO POR MARK LYONS Y AUGUST TARRIER
EDITED BY MARK LYONS AND AUGUST TARRIER

EDITORA CONTRIBUTORA, LETICIA ROA NIXON
CONTRIBUTING EDITOR, LETICIA ROA NIXON

CON UN EPÍLOGO POR JIMMY SANTIAGO BACA
WITH AN AFTERWORD BY JIMMY SANTIAGO BACA

NEW CITY COMMUNITY PRESS

New City Community Press
ISBN: 0-9712996-6-8

Design by Jaeyun Jung
Cover by César E. Viveros-Herrera

Derechos de Autor
Copyright Permissions

"Destino," composition by Juan Esteban Aristizabal
Copyright © 2000 by Peermusic Ltd. & Gross Potential, Inc.
All rights for Gross Potential Adm. by Peermusic Ltd.
Used by Permission. All Rights Reserved.

"El Corrido de César Chávez," by Enrique Franco
Copyright © by SinMex Publishing Company and Fonovisa, Inc.
All rights for SinMex Publishing Company, by Fonovisa, Inc.
Used by Permission. All Rights Reserved.

Quisiéramos agradecer también a la familia de Rini Templeton por su generosidad de permitirnos incluir sus inspiradoras imágenes.

We wish to thank the family of Rini Templeton for so generously allowing us to include her inspiring graphics.

New City Community Press
7715 Crittenden St. #222
Philadelphia, PA 19118
215.204.7347
Sjparks@syr.edu
www.newcitypress.org

New City Community Press is grounded in the belief that writing is an implicit organizing tool that can produce social change. We imagine writing as an act that can project us beyond the parameters of individual selfhood into the body politic. To that end, New City works with communities struggling to gain cultural and political representation, aiding them in recording and distributing their stories to the larger public. We believe that through the inclusion of these voices into daily life, alternative ways of speaking, writing, and communicating manifest themselves, ultimately re-envisioning the promise of community.

La casa editorial New City Community Press se sostiene sobre la creencia fundamental de que el escribir es una herramienta implícita de organización que produce el cambio social. Imaginamos el escribir como un acto que nos proyecta más allá de los parámetros de seres individuales para llegar a ser parte de un organismo político. Con ese fin, New City trabaja con comunidades que luchan por ganar una representación cultural y política, ayudándoles a documentar y distribuir sus historias al público en general. Creemos que a través de estas voces en la vida diaria, los modos alternativos de hablar, escribir y comunicar se manifiestan por sí mismos, finalmente refigurando la promesa de la comunidad.

Director Executivo/Executive Director: Stephen Parks, Syracuse University
Editora/Editor: August Tarrier, University of Baltimore

Publications

Chinatown Scene/Unseen

Espejos y Ventanas/Mirrors and Windows:
Oral Histories of Mexican Farmworkers and Their Families

No Restraints: An Anthology of Disability Culture in Philadelphia

Nourish Your Soul: A Community Cookbook

The Forgotten Bottom Remembered:
Stories from a Philadelphia Neighborhood

Open City: A Journal of Community Arts and Culture (Vols. 1 and 2)

Reconocimientos / Acknowledgements   8

Introducciones / Introductions

Mark Lyons   12
Leticia Roa Nixon   26

Carlos Díaz-Nuñez   34

"No Soy un Burro, Yo No Tengo Temor"
"I Am Not a Burro, I Am Not Afraid"

María Serrato de Zavala   56

"Con el Dolor del Corazón Se Queda Uno Solita"
"You Stay Alone with Your Heart Aching"

Samuel Zavala   68

"Viene Uno con Miedo, pero Viene Uno con Ánimo También"
"You Come with Fear, but You Come with Courage Too"

Sara Zavala Rosas   88

"Yo Empecé a Liberarme de Muchas Cosas"
"I Started to Free Myself From Many Things"

Salvador García-Baeza   100

"Este Green Card Representa Años de Sacrificio"
"This Green Card Represents Years of Sacrifice"

Guadalupe and Jorge Zavala   130

"Es La Ilusión de Poder Tener Cosas"
"It's the Dream of Having Things"

Salvador Villicaña   136

"Democracia, y Libertad, pero ¿para Quién?"
"Democracy and Freedom, but for Whom?"

Efrén Gamiño Hernández   160

"Únicamente Sufría por Necesidad"
"I Only Suffered Out of Necessity"

MARGARITA ROJAS   170

"Dejé La Mitad De Mi Corazón Ahí"
"I Left Half My Heart There"

JESÚS VILLICAÑA LÓPEZ   198

"Salí de Moroleón por la Madrugada, Muy Triste"
"I Left Moroleón at Daybreak, with Great Sadness"

JOSÉ LUIS VILLAGÓMEZ   220

"Porque Aquí, Yo Sí Puedo"
"Because Here, Yes, I Can Do It"

NUESTRA SEÑORA DE GUADALUPE, LA REINA DE MÉXICO
OUR LADY OF GUADALUPE, QUEEN OF MEXICO   238

"Bendiciones y Milagros"
"Blessings and Miracles"

LA HISTORIA DE DANZA TENOCHTLI
THE HISTORY OF DANZA TENOCHTLI

"Los Niños de *Danza Tenochtli*"   250
"The Kids in *Danza Tenochtli*"   258

ADRIANA REYNAGA   266

"Es Lo Más Importante, la Familia"
"The Most Important Thing Is Our Family"

JESSICA MORALES   274

"Estoy Orgullosa de Ser Mexicana"
"I'm Proud of Being a Mexican"

MAYRA CASTILLO RANGEL   288

"Yo Estoy Tratando de Encontrar Un Punto Medio de Ambas Culturas"
"I'm Trying to Find a Midpoint Between Both Cultures"

EPÍLOGO / AFTERWORD   310

Un grupo de mexicanos se pone en camino para cruzar la frontera y alcanzar su sueño en El Norte

A group of Mexicans sets out to cross the border and achieve their dream in El Norte

Indocumentado

Solo,
Frente a luces ajenas
Oye otras voces calladas, distantes:
Este puente te lleva al olvido,
Te cambia de nombre.

Ya nada será tuyo,
Escucha el sonido del tren que se aleja,
El viento que roza la tarde.
Ya nada será tuyo
Y cuando vuelvas
Traerás en las uñas, en el tacto, en tu aliento,
La sensación de haber visitado
El envés de tus sueños.
Ya nada será tuyo
Como lo fueron una vez los juegos de niño.
Aquellos jardines del pueblo,
El mismo recuerdo.

Undocumented

Alone,
Facing foreign lights
He hears whispered voices, distantly:
This bridge takes you to oblivion,
It changes your name.

Nothing will be yours now,
Listen to the departing train,
The wind rubbing against the evening.
Nothing will be yours now
And when you return
You'll bring under your fingernails, your touch, your breath,
The feeling of having visited
The underside of your dreams.
Nothing will be yours now
As were the games of childhood,
Those village gardens,
The same memory.

—ENRIQUE CORTAZAR

Reconocimientos

Los colaboradores más importantes de este libro son los narradores quienes han compartido sus historias tan generosa y valientemente. Todos ellos son maestros que le han dado un rostro a sus sueños y a la realidad de vivir en los Estados Unidos, un rostro que inspirará a otros paisanos e inmigrantes a decir, "Sí, conozco esa historia, yo comparto esas aspiraciones, también estoy buscando el modo de lograrlo". Este es el rostro que esperamos vean los anglo-americanos y así puedan superar sus prejuicios y suposiciones, e identificarse con los sueños que todos compartimos y valorar la contribución económica y cultural que aporta la comunidad mexicana inmigrante al tejido social de los Estados Unidos. Aunque hay solamente 18 historias personales en este libro, podría haber 18,000 o 18 millones de historias igualmente inspiradoras.

La semilla para *Espejos y Ventanas* fue sembrada por Leticia Roa Nixon, nuestra Editora Colaboradora, quien atendió solícitamente el texto en español hasta su versión final y realizó algunas de las entrevistas. Originalmente, este libro fue su visión y nació del amor que siente por todos sus paisanos, así como la pasión que siente por demostrar la profunda riqueza cultural de la comunidad mexicana, así como su compromiso personal por la justicia social.

Salvador Villicaña narra su historia en este libro. Del mismo modo en que, con frecuencia, sirve de guía para otros paisanos en su comunidad, también fue el guía para los editores, hablándoles a los trabajadores agrícolas acerca del libro, convenciéndolos de que contar su historia a extraños era importante y al mismo tiempo algo que no acarreaba ningún peligro. Nos presentó a varios de los narradores en el libro, y éstos, debido a la confianza que tienen en él, decidieron contarnos la historia de sus vidas.

Seth Lyons pasó horas en los hogares de los trabajadores agrícolas, en las casas de hongos y en las tiendas con su cámara fotográfica, inspirado por las historias de las vidas que iba conociendo y resuelto a tomar fotos que reflejaran la dignidad de los narradores.

César Viveros-Herrera, nacido en Veracruz, es un muralista de la comunidad y fue quien diseñó la portada del libro con la participación de los narradores. Su visión democrática de la comunidad y del arte y su conexión

Acknowledgements

The most important contributors to this book are the narrators who have shared their stories so generously and bravely. They are all teachers who have given a human face to their dreams and the reality of living in the United States, a face that will inspire fellow Mexicans and immigrants to say, "Yes, I know that story, I share those aspirations, I'm finding a way to make it happen, too." It is a face that we hope will help Anglo-Americans see past their prejudices and assumptions, identify with the common dreams we all share, and value the economic and cultural contribution of the immigrant Mexican community to the fabric of America. Although there are only 18 stories in this book, there could be 18,000 or 18 million equally inspiring stories.

The seed for *Espejos y Ventanas* was planted by Leticia Roa Nixon, our Contributing Editor, who shepherded the Spanish text to its final form and conducted some of the interviews. This book was originally her vision, born out of love for her fellow Mexicans, as well as her passion to depict the profound cultural richness of the Mexican community and her commitment to social justice.

Salvador Villicaña tells his story in this book. As he is frequently a guide for fellow Mexicans in his community, he was also a guide for the editors, telling farmworkers about the book, convincing them that telling their stories to strangers was important and safe. He introduced us to several of the narrators in the book and, because of their trust in him, they decided to share their lives with us.

Seth Lyons spent hours in farmworkers' homes, mushroom barns and *tiendas* with his camera, inspired by the lives he was learning about and determined to take photos that would reflect the dignity of the narrators.

César Viveros-Herrera, originally from Veracruz, is a community muralist who designed the book cover with the narrators. His democratic vision of community and art and his connection to his own *raíces*—his roots—adds another dimension to this book, another way to mirror the lives of the narrators.

There are other major contributors: Liz Hayden's connection to the

con sus propias raíces, añade otra dimensión al libro, y es otra manera de reflejar las vidas de los narradores.

El resumen de Jimmy Santiago Baca nos invita a reflexionar una vez más sobre las vidas extraordinarias de los narradores de este libro, y en quiénes somos como país. El poema del Dr. Enrique Cortazar nos recuerda que la frontera tiene dos lados.

Hay otros colaboradores importantes: la conexión de Liz Hayden con la comunidad mexicana se refleja en sus entrevistas a dos familias; Milagros Alameda-Irizarry corrigió meticulosamente los textos en español; Nicole Laureau preparó la mayoría de los borradores de las traducciones del español al inglés, trabajando a veces con transcripciones muy difíciles; Nicole Meyenberg obtuvo los permisos para los derechos de propiedad literaria y corrigió los textos en inglés; RA Friedman preparó las fotos para la publicación Especialmente nos gustaría dar gracias a Jaeyun Jung por su trabajo inspirado y meticuloso que resultó en el diseño de este libro.

Ángel Pereira, Sheila Rodríguez, Eduardo Flores Conde y Rosales Enterprises pasaron horas interminables transcribiendo las entrevistas. Rafael Camacho, Daniel Rodríguez, Leticia Roa Nixon y el Padre Frank Depman contribuyeron con sus fotografías. Art Read proveyó información sobre Kennett Square y Jonathan Blazer nos proporcionó importantes puntos de vista para la introducción. Rafael Crespo escuchó El Corrido de César Chávez hasta asegurarse de que la letra estuviera bien. Sergio Carmona nos puso al tanto de personas interesadas en contar su historia, la Hermana Jane Houtman reunió pacientemente a los niños de *Danza Tenochtli* para ser entrevistados. Rick Engler nos ayudó a recaudar fondos para que pudiéramos imprimir más copias del libro.

También nos gustaria dar gracias a Eli Goldblatt y Vanessa Allen-Smith por sus esfuerzos diarias en nombre de parte de New City Press.

Damos gracias al Fondo Comunitario Bread and Roses y a la Fundación John and James Knight por su apoyo financiero que hizo posible que este libro se convirtiera en una realidad. Gracias, también, al New Society Educational Foundation, the New World Foundation, y Proyecto Voz del American Friends Service Committee y Angel Medina, Latino Partnership. También queremos agradecer al Consulado de México en Filadelfia y a la Secretaría de Relaciones Exteriores por su apoyo a este proyecto editorial.

Mexican community is reflected in her interviews of two families; Milagros Alameda-Irizarry meticulously proofread the Spanish text; Nicole Laureau did most of the first drafts of English translation, often working with very rough transcriptions; Nicole Meyenberg arranged the copyrights and proofread the English text; RA Friedman prepared the photos for publishing. We would especially like to thank Jaeyun Jung for her inspired and meticulous work in designing the book.

The hours of transcription was done by Angel Pereira, Sheila Rodríguez, Eduardo Flores Conde, and Rosales Communications. Rafael Camacho, Daniel Rodríguez, Leticia Roa Nixon and Father Frank Depman contributed photographs. Art Read provided historical information about Kennett Square, and Jonathan Blazer gave important insights into the introduction. Rafael Crespo listened to "El Corrido de César Chávez" until we made sure to get the lyrics right. Sergio Carmona steered us towards people who would be interested in telling their story. Sister Jane Houtman patiently gathered the children of *Danza Tenochtli* to be interviewed. Rick Engler helped us raise funds so we could print more copies of the book.

We would also like to thank Eli Goldblatt and Vanessa Allen-Smith for their daily efforts on behalf of the Press.

For the financial support that made this book a reality, we thank the Bread and Roses Community Fund and the John and James Knight Foundation. We also thank the New Society Educational Foundation, the New World Foundation, and Project Voice of the American Friends Service Committee and Angel Medina, Latino Partnership.
In addition, we want to acknowledge the Mexican Consulate in Philadelphia and the Ministry of Foreign Affairs in Mexico or their support of this project.

INTRODUCCIÓN

by Mark Lyons

Esperamos que estas historias sean un espejo para la comunidad mexicana, que refleje sus propias vidas y el viaje que iniciaron en México. Cada historia es única y personal, sin embargo, todas las historias comparten temas comunes, visiones y experiencias: la dura realidad de tratar de buscar una mejor existencia en un pueblito cerca de Moroleón o Puebla; la dolorosa decisión de enviar a los padres y hermanos a El Norte y dejar a esposas y madres y hermanas en casa; el recuerdo indeleble de dejar el hogar y dirigirse al otro lado al momento que comienza la aventura; los viajes a través de las montañas y desiertos, ser detenido por La Migra y volver a cruzar la siguiente noche; la soledad de la separación—a menudo por años— en los dos lados de la frontera, de hombres viviendo en campamentos hasta con otros 20 hombres en una habitación, mientras que las mujeres crían a los hijos en el hogar en México; trabajar de 12 a 14 horas diarias, siete días a la semana, en las casas oscuras de hongos, y sufrir lesiones en las empacadoras; luchar por sus derechos y dignidad como trabajadores; la brutalidad de algunos patrones y la bondad de otros; la siempre reconfortante presencia de la Virgen de Guadalupe; vivir en comunidades como Kennett Square, Pensilvania, cuya economía depende de su trabajo, sin embargo, pone en claro que los extranjeros de piel morena que hablan español no son bienvenidos; la simpatía y el apoyo de aquéllos que hicieron tolerable el viaje al otro lado— las iglesias, las maestras, las organizaciones comunales, los consejeros legales, los vecinos; la paz y seguridad de obtener la tarjeta verde y las pesadillas de las audiencias de deportación; el orgullo de enviar dinero a México y construir una casa allá; las cartas y llamadas a casa; los sueños de reunificar a la familia, primero trayendo a los hijos mayores a trabajar en las fincas de hongos; luego, el día en que todos están de nuevo juntos; el orgullo de La Raza y las raíces de Moctezuma que están profundamente arraigadas y que no conocen fronteras. En el espejo hay sobrevivientes que han mantenido la misma visión, el sueño de crear una vida mejor para sus hijos, la nueva generación.

Esperamos que estas historias sean una ventana para la comunidad angla en los Estados Unidos, para mirar dentro de las vidas de sus vecinos mexicanos, la gente a quienes llaman *mojados*, ilegales y extranjeros. Si miran

INTRODUCTION

by Mark Lyons

We hope that these stories will be a mirror for the Mexican community, to reflect on their own lives and the journey that started in Mexico. Each story is unique and personal, yet all of the stories share common themes, visions and experiences: the harsh realities of trying to eke out an existence in a small village near Moroleón or Puebla; the painful decision to send fathers and brothers to *El Norte* and leave wives and mothers and sisters back home; the indelible memory of leaving home and heading to the other side as *la aventura* begins; the trips through the mountains and deserts, being caught by *La Migra* and crossing over another night; the loneliness of separation—often for years—on both sides of the border, of men living in camps with up to 20 other men in one room while women raise their children back home; working 12 to 14 hours a day seven days a week in dark mushroom houses, and being injured in the packing sheds; fighting for their rights and dignity as workers; the brutality of some employers and the kindness of others; the ever-comforting presence of the Virgin of Guadalupe; living in communities like Kennett Square, Pennsylvania, whose economy depends on their labor, yet makes it clear that brown-skinned Spanish-speaking foreigners are unwelcome; the warmth and support of others who made the trip to the

Zócalo en Moroleón, en el estado de Guanajuato, México
Town square in Moroleón, in the state of Guanajuato, Mexico

detenidamente, verán a personas que cruzaron nuestra frontera del sur con los mismos sueños que nuestros antepasados, los cuales cruzaron otra línea— el Océano Atlántico—hace 60, 80, 120 años, también la mayoría de esas personas pobres que fueron colocadas en ghettos y quienes batallaban contra la barrera del idioma y la hostilidad de la gente que se consideraba como los verdaderos americanos. Verán a familias con las mismas aspiraciones para sus hijos al igual que nuestros antepasados las tuvieron para nuestros abuelos y padres—aprender inglés, obtener una educación, conseguir un buen trabajo y terminar con el ciclo de trabajar en las maquilas o el campo o los hoteles o los restaurantes de "comida rápida"; tener su propio hogar y tener éxito en los Estados Unidos. Los americanos quizás estén buscando "estafadores del bienestar social," pero la mayoría descubrirá gente que está dispuesta a trabajar extraordinariamente duro—"como un burro"—bajo condiciones difíciles, por un salario mínimo que no ha aumentado desde 1997, con frecuencia trabajando 70 u 80 horas a la semana sin pago de tiempo extra, haciendo trabajos que pocos americanos harían, para mantener a sus familias allá en México y tener un comienzo seguro para alcanzar el sueño de el Norte. Estas son personas que se han ganado el derecho a participar completamente en nuestra sociedad, a ser llamados residentes permanentes o ciudadanos, y a ser reunificados con sus familias.

Entre cuatro y seis millones de mexicanos indocumentados viven en los Estados Unidos, y anualmente 500,000 encuentran la manera de llegar a los Estados Unidos. ¿Por qué dejan sus hogares y familias en México y eligen ser extranjeros en una tierra frecuentemente hostil? Setenta y cinco por ciento de la población rural mexicana vive en la pobreza, y la tasa de sub-empleo es más del 60 por ciento. Muchos que consiguen trabajo reciben el salario mínimo, equivalente a $3.82 por día, un salario que tuvo una tremenda baja con la devaluación del peso. Las cifras de la economía son convincentes: un mexicano que trabaja 46 minutos con el salario mínimo en los Estados Unidos puede ganar el equivalente a un salario completo de un día de trabajo en México. Algunas personas pueden argüir que el libre comercio ha beneficiado a muchas personas en los dos lados de la frontera México-EU, pero ha sido desastroso para los pequeños agricultores mexicanos que no pueden competir con las cosechas baratas de maíz , frijol y arroz en las granjas-fábricas de los Estados Unidos que el gobierno estadounidense subsidiada por un monto de más de $3 mil millones de dólares anuales (las cuales, irónicamente, utilizan a trabajadores migratorios mexicanos para cosechar los cultivos). Todos los días

other side bearable—churches, teachers, community groups, legal counselors, neighbors; the peace and security of obtaining a green card and the nightmares of deportation hearings; the pride of sending money to Mexico and building a house there; the letters and phone calls home; the dreams of reuniting the family, first bringing the older children over to work in the mushroom houses; then the day when they are all together; the pride of *La Raza* and the roots of Moctezuma that run deep and know no borders. In the mirror are survivors who have been sustained by the same vision, the dream of creating a better life for their children, the new generation.

We hope that these stories will be a window for the Anglo community in the United States, to see into the lives of their Mexican neighbors, people who some call wetbacks, illegals and aliens. If they look carefully, they will see people who came across our southern border with the same dreams as our ancestors who crossed another line—the Atlantic Ocean—60, 80, 120 years ago, also mostly poor people who were ghettoized and struggled with language and hostility from people who considered themselves true Americans. They will see families with the same aspirations for their children as our ancestors had for our grandparents and parents—to learn English, to get an education, to get a good job and end the cycle of working in sweatshops or agriculture or hotels or fast food restaurants, to have their own home, to make it in America. Americans may look for "welfare cheats," but mostly they will find people who are willing to work unbelievably hard—"like a burro"— under difficult conditions, for a minimum wage that has not changed since 1997, often working 70 to 80 hours per week with no overtime pay, doing jobs that few Americans will do, to support their families back home and get a foothold on the dream of *El Norte*. These are people who have earned the right to full participation in our society, to be called "permanent resident" or "citizen," and to be reunited with their families.

Between four and six million undocumented Mexicans live in the United States, and 500,000 more find a way to make it to the United States every year. Why do they leave their homes and families in Mexico and choose to be strangers in an often hostile land? Seventy-five percent of rural Mexicans live in poverty and the underemployment rate is over 60%. Many who do find jobs are paid at a minimum wage equivalent of $3.82 per day, a wage that has dropped dramatically with devaluation of the peso. The economics is compelling: in 46 minutes working at minimum wage in the US, a

en México, 60 pequeños agricultores dejan sus campos y se dirigen a los cinturones de pobreza que rodean al Distrito Federal—o se dirigen a la frontera. El gobierno mexicano, con las trabas de altísimas tasas de inflación y de desempleo, no desalienta este éxodo. Los mexicanos que viven y trabajan en los Estados Unidos envían $15 mil millones de dólares a su país—que constituye la fuente más grande de intercambio exterior en la economía mexicana después de las exportaciones petroleras.

"Un mexicano que trabaja 46 minutos con el salario mínimo en los Estados Unidos puede ganar el equivalente a un salario completo de un día de trabajo en México."

Aproximadamente 15,000 mexicanos han dejado sus pueblos y ranchos y emigrado a los alrededores de Kennett Square, Pensilvania, a pueblos como Oxford, Coatesville, Toughkenamon y Avondale para pizcar y empacar hongos en la industria del estado cuyas ganancias son de $365 millones de dólares al año, la industria honguera más grande de la nación. El letrero en la Ruta 1 dice "Bienvenidos a Kennett Square—la Capital Mundial del Hongo." La primera generación de mexicanos llegó a fines de los 70, y estaba compuesta mayormente por hombres que vivían en grandes campamentos con otros hombres. En 1986 la Ley de la Reforma de Inmigración y Control concedió la amnistía y una vía para la residencia permanente para la mayoría de ellos, y gradualmente han ido trayendo a sus familias a El Norte. En los 90 la nueva ola de trabajadores indocumentados comenzó a cruzar al otro lado; de nuevo, hombres separados de sus familias reemplazaron a muchos pizcadores de la primera generación quienes utilizaron la seguridad de su estatus de residentes para conseguir mejores empleos. Se calcula ahora que un 75% a 80% de trabajadores de la industria del hongo (así como la mayoría de más de 3 millones de trabajadores agrícolas en la nación) no tiene estatus legal. Sin embargo, pagan impuestos de la ciudad, estatales y federales y pagan al sistema del Seguro Social sin la posibilidad de recibir una pensión cuando se jubilen.

Los primeros hongos cultivados en los Estados Unidos se cosecharon a principios del 1900 en Kennett Square por granjeros cuáqueros quienes contrataron inmigrantes italianos como trabajadores. Para la década del 30 muchos de los inmigrantes italianos se habían convertido en dueños de

Mexican can make as much as in an entire day back home. Some may argue that free trade has benefited people on both sides of the Mexican-US border, but it has been a disaster for small Mexican farmers who cannot compete with the cheap corn and beans and rice grown on the US factory farms that are subsidized to the tune of over $3 billion a year by the US government (and which, ironically, use Mexican migrant laborers to harvest their crops). Every day in Mexico, 60 small farmers go out of business and head for the shantytowns of Mexico City—or for the border. The Mexican government, shackled with huge inflation and unemployment rates, does not discourage this exodus. Mexicans living and working in the United States send over $15 billion a year back home—the largest source of foreign exchange in the Mexican economy after petroleum exports.

"IN 46 MINUTES WORKING AT MINIMUM WAGE IN THE US,

A MEXICAN CAN MAKE AS MUCH AS IN AN ENTIRE DAY BACK HOME."

Approximately 15,000 Mexicans have left their towns and villages and migrated to the area around Kennett Square, Pennsylvania, to towns like Oxford, Coatesville, Toughkenamon and Avondale, to pick and pack mushrooms in the state's $365 million per year industry, the nation's largest. The sign on Route 1 says "Welcome to Kennett Square—the Mushroom Capital of the World." The first generation of Mexicans came in the late 1970s—mostly men who lived in large camps with other men. In 1986 the Immigration Reform and Control Act granted amnesty and the road to permanent residency for most of them and they have gradually brought their families North. In the 1990s a new wave of undocumented workers began to cross over, again men separated from their families, who replaced many of the first-generation pickers who used the security of their residency status to move on to better jobs. It is now estimated that 75-80% of workers in the mushroom industry (as well as the majority of over 3 million farmworkers throughout the nation) have no legal status. Yet they pay city, state and federal taxes, and they pay into the Social Security system without the possibility of receiving a pension when they retire.

The first mushrooms cultivated in the US were grown in the early 1900s in Kennett Square by Quaker farmers who hired Italian immigrants as laborers. By the 1930s many of the Italian immigrants had become growers

compañias de hongos y contrataron a jóvenes locales como pizcadores. Hoy día, muchos de los dueños de mayor influencia y con grandes hongueras tienen nombres como Pia, Bartoli, Cupone y Basciani. Para los años 50, la gente local había obtenido mejores y menos arduos trabajos y los patrones tuvieron que ir al sur para reclutar a blancos y afro-americanos pobres para trabajar en las fincas hongueras. El ciclo de ascenso y salida se repitió y para la década del 60 los dueños dependían de campesinos puertorriqueños para mantener la fuerza laboral. Para fines de los 70, los puertorriqueños emigraron en búsqueda de nuevos horizontes y el vacío que dejaron fue llenado por mexicanos procedentes de pueblitos como Las Peñas, Santa Mónica Ozumbilla y La Ordeña, y de ciudades como Puebla y Moroleón. Actualmente, el 95% de los pizcadores de hongos en el área son mexicanos, la mayoría de ellos procedentes de los ranchos alrededor de Moroleón, Guanajuato.

Situado a 50 millas al sur de Filadelfia y a 30 millas a El Norte de Wilmington, en el valle de Brandywine, famoso por la batalla de la Guerra de la Revolución, Longwood Gardens y Andrew Wyeth, Kennett Square es un pueblito rodeado por criaderos de caballos de la pequeña burguesía y aún dominados por la tercera y cuarta generación de familias de cuáqueros e italianos que son los propietarios de las fincas hongueras. La economía de la comunidad depende de la fuerza laboral de más de 5,000 trabajadores del hongo, mexicanos pobres que hablan un poquito, si es que algo, de inglés, que son de piel morena, con un promedio de dos a seis años de educación formal, y que, con frecuencia, viven apiñados en apartamentos o en campamentos sobrepoblados. El choque de clase, cultura y color es inevitable, al tiempo que la clase social dirigente trata de adaptarse, con resentimiento y miedo, a lo que considera una invasión de extranjeros quienes, por una parte, podrían alterar el tejido social de su comunidad pero de los que, por otra parte, dependen para su supervivencia económica y su estilo de vida. La comunidad mexicana habla con frecuencia del racismo y de la explotación y la amenaza de ser deportados; sin embargo sabe que sus ingresos son más de lo que hubiesen podido soñar de ganar en México y que el futuro de sus hijos depende de los trabajos agrícolas estables en El Norte. Esta tregua no es fácil; hay una tensión creada y mantenida por una interdependencia mutuamente entendida.

Esta no es una historia poco común en Estados Unidos en el año 2004. Se repite en muchas comunidades agrícolas en el oeste de Texas y en el Valle Central de California, en la frontera entre los naranjales y los hoteles

themselves, who hired local youth as pickers. Today, many of the largest and most influential owners still have names like Pia, Bartoli, Cupone and Basciani. By the '50s local people had moved on to better-paying and less arduous jobs and the growers went south to recruit poor whites and African-Americans to work in the mushroom barns. The cycle of up-and-out repeated itself and by the '60s the growers depended on rural Puerto Ricans to maintain their labor force. By the late '70s the Puerto Ricans began to move on to greener pastures and the vacuum was filled by Mexicans from villages like Las Peñas, Santa Mónica Ozumbilla and La Ordeña, and cities like Puebla and Moroleón. Now 95% of the mushroom pickers in the area are Mexican, mostly from *ranchos* around Moroleón, in the state of Guanajuato.

Situated 50 miles south of Philadelphia and 30 miles north of Wilmington, in the Brandywine Valley made famous by a Revolutionary War battle, Longwood Gardens and Andrew Wyeth, Kennett Square is a small village surrounded by gentrified horse farms and still dominated by third- and fourth-generation Quaker and Italian families who own the mushroom houses. The economy of the community depends on the labor of over 5,000 mushroom workers, poor Mexicans who speak little if any English, who are dark-skinned, average two to six years of formal education, and often live in camps or overcrowded apartments. The clash of color, culture and class is inevitable, as the establishment tries to adjust to a perceived invasion of foreigners who, on one hand, they resent and fear will alter the social fabric of their community, while on the other hand, they depend on for their economic survival and

turísticos y las comunidades de retiro en Florida, en las comunidades empacadoras de carne de Wisconsin y Minnesota, en edificios de oficinas y restaurantes en Los Ángeles, y en los jardines detrás de las comunidades circundadas por verjas en San Diego. De hecho, estas historias son contadas en todo el mundo, es la historia oral de la diáspora de personas que emigran de países pobres a países ricos, impulsados por el sueño de liberarse a sí mismos y a sus familias de la pobreza.

El Servicio de Inmigración de Estados Unidos está en guerra con el Frente Sur de los Estados Unidos—su misión es detener la invasión de un ininterrumpido flujo de ilegales de México y América Central. Diez mil agentes de la Patrulla Fronteriza en la Operación Portero [Operation Gatekeeper] utilizan la más moderna tecnología para confrontar al enemigo a lo largo de la frontera de 1,950 millas: binoculares de visión nocturna, sensores infrarrojos, satélites, helicópteros, aviones no tripulados, torres de vigilancia móviles, potentes luces para estadio, Hum-Vees, SUVs, y perros. Cavan trincheras y diques y colocan hileras triples de alambre de púas. Han comenzado un ambicioso proyecto de ingeniería civil—la construcción de un muro de concreto de 12 pies de alto desde el Río Bravo en el este y San Diego en

"El Servicio de Inmigración de Estados Unidos está en guerra con el Frente Sur de los Estados Unidos."

el oeste, cerrando los puntos de cruce más porosos en Texas y California y conduciendo a los mexicanos al desierto de Arizona. Está funcionando: cada vez más mexicanos cruzan al otro lado a través del Corredor de Tucson; dejando los nombres de los pueblos tallados en los cactos. Todavía miles de personas logran cruzar cada mes—se calcula que más de 500,000 mil se filtran a El Norte cada año; pero sin duda alguna, es más difícil. Esto ha resultado en una tendencia peligrosa, ya que los hombres en el otro lado corren el riesgo de ser detenidos cuando regresen a trabajar después de haber visitado a sus familias en México. Esto ha provocado que cada vez más mujeres están cruzando a este país, solas o con sus hijos—dirigiéndose a El Norte para reunirse con sus esposos y con sus padres.

Una vez que los mexicanos deciden a dirigirse a El Norte para encontrar trabajo, la aventura comienza en serio. La primera tarea es pasar al otro lado de la línea, la frontera, el río—es cruzar a la tierra de nadie que tienen

way of life. The Mexican community often talks about racism and exploitation and the vulnerability of deportation, all the while knowing that their incomes are more than they could have dreamed of back home, that the future of their children depends on their having a stable job in *El Norte*. It is an uneasy truce, a tension created and maintained by a mutually understood interdependence.

This is not an unusual story in 2004 in the United States. It is repeated in the farming communities of West Texas and the Cental Valley of California, in the border between orange groves and tourist hotels and retirement communities in Florida, in the meat-packing communities of Wisconsin and Minnesota, in office buildings and restaurants in L.A., and in the gardens behind gated communities in San Diego. In fact, these stories are told all over the world, an oral history of the diaspora of people migrating from poor countries to richer countries, driven by the dream of liberating themselves and their families from poverty.

The United States Immigration Service is at war on the Southern Front of the United States—its mission is to stop the invasion of illegals streaming in from Mexico and Central America. Ten thousand Border Patrol

"The United States Immigration Service is at war on the Southern Front of the United States."

agents in *Operation Gatekeeper* use the newest technology to confront the enemy along the 1,950-mile border: night-vision scopes, infrared sensors, satellites, helicopters, pilotless aircraft, mobile watchtowers, stadium-style floodlights, Hum-Vees, SUVs, dogs. They dig ditches and dikes and lay down triple rows of razor wire. They have begun an ambitious civil-engineering project—building a 12-foot-high cement wall from the Rio Grande in the East and San Diego in the West, closing down the most porous crossing points in Texas and California, and driving the Mexicans into the Arizona desert. It's working: more and more Mexicans cross over through the Tucson Corridor, leaving the names of their villages carved in the cacti. Thousands of people still get through each month—it's estimated that over 500,000 filter North each year, but, no doubt, it's harder. This has resulted in a dangerous trend, as men on the other side are less likely to risk visiting their families in Mexico, afraid they will be caught when they return to work; so more and more women are crossing alone or with their children—heading North to join their husbands and fathers.

que cruzar para alcanzar su sueño en el otro lado. La mayoría de las personas dentro de este libro contrataron a un *coyote*—que es como llaman los mexicanos a los guías, la Patrulla Fronteriza de Estados Unidos les llama contrabandistas—para que los ayude a cruzar al otro lado. La tarifa actual es de $2,000, algunas veces hasta $5,000 sin garantías; si uno es detenido por inmigración se queda uno sin dinero así como sin suerte. Algunos *coyotes* son gente muy conocida y confiable del propio pueblo; muchos otros son gente que uno encuentra en las esquinas de Tijuana, Nogales y Agua Prieta.

Hay muchas maneras de morir en el viaje. Puede uno quedarse sin agua y sucumbir a los 110 grados de calor, ser violado y tiroteado por pandillas, ser abandonado en el desierto por los *coyotes*, ser tiroteado por la patrulla fronteriza, o morir cuando la camioneta donde uno viaja se voltea cuando es perseguida por las autoridades. En mayo del 2003, se encontró un trailer abandonado en la Carretera Americana #77, en el desierto del Sur de Texas. Adentro del trailer, que estaba herméticamente cerrado por ser de refrigeración, se encontraban 100 personas, de las cuales 18 habían muerto, incluyendo un niño de cinco años de edad y una muchacha que ese día acababa de cumplir sus 15 años—el día de su quinceañera, la celebración de su rito de paso para convertirse en mujer. La temperatura dentro del trailer era de 120 grados. Un *coyote* le había pagado $2,500 al conductor del *trailer*, un americano, para llevar su cargamento a El Norte.

Cada año se hallan muertos a 300 mexicanos en el desierto, y el Servicio de Inmigración de Estados Unidos calcula que muchos de ellos simplemente desaparecen. La tercera parte de aquéllos que son hallados nunca son identificados y terminan en las fosas comunes en Tucson o en el Cementerio de San Felipe en Del Río, Texas, enterrados en un ataúd de madera comprimida. Unas tarjetas de 3 x 5 pulgadas marcan sus tumbas, y una antropóloga forense en Del Río toma muestras de ADN, con la esperanza de que una familia en México se comunique con ella para enviar los restos a sus hogares.

Los mexicanos conocen los riesgos de cruzar la frontera, de ser detenidos y perder su dinero, de que los roben, los golpeen, o de morir. Saben la soledad en la que se encontrarán si llegan a pasar sanos y salvos y las largas horas de trabajo arduo que tendrán que realizar para poder enviar algún dinero a casa. Saben de la hostilidad que les espera y la alienación que van a sentir. Siguen viniendo y aguantando las circunstancias, para convertir en realidad el sueño de su familia.

Once Mexicans decide to head North to find work, *la aventura* begins in earnest. The first task is to get over *la linea, la frontera, el río*—that no-man's-land that they must cross to pursue their dream in *el otro lado*, the other side. Most of the people in this book have hired a *coyote*—Mexicans call them guides, the US Border Patrol calls them smugglers—to take them across. The going rate now is about $2,000, sometimes as high as $5,000, with no guarantees; if you get caught you're out of money as well as out of luck. Some *coyotes* are well-known and trusted people from your local village, many are people met on street corners of Tijuana, Nogales and Agua Prieta.

There are many ways to die on the trip. You may run out of water and succumb to the 110-degree heat, or be raped and shot by gangs, left in the desert by *coyotes*, shot by the border patrol, or die when the pick-up truck you're in flips over when chased by the authorities. In May 2003, an abandoned trailer was found on US Highway 77, in the South Texas desert. Inside the trailer, which was airtight for refrigeration, were found 100 people, 18 of whom had died, including a five-year-old boy and a girl who had turned 15 that day—the day of her *quinceañera*, the celebration of her rite of passage into womanhood. The temperature inside the trailer was 120 degrees. The driver of the truck, an American, was paid $2,500 by the *coyote* to take the cargo North.

Over 300 Mexicans are found dead in the desert each year and the US Immigration Service estimates that many more just disappear. About one third of those who are found are never identified and end up in paupers' graves in Tucson or San Felipe Cemetery in Del Rio, Texas, buried in a particle-board casket. Their graves are marked by 3 x 5 notecards and in Del Rio a forensic anthropologist takes DNA samples, in hopes that a family in Mexico will contact them so they can send the remains home.

Mexicans know the risks of crossing over, of being caught and losing their money, of being robbed and beaten, of dying. They know the loneliness they will face if they make it over safely, and the long hours of hard labor they will have to put in to send some money home. They know the hostility that awaits them and the alienation they will feel. Yet they keep coming and enduring, to achieve their family's dream.

These stories are told completely in the words of the narrators—the only exception was an occasional phrase that was added by the editors, to clarify an implied statement that was a response to a question. The stories

Estas historias son contadas totalmente en las propias palabras de los narradores—la única excepción fue una frase ocasional que fue añadida por los editores, para aclarar una oración implícita que era una respuesta a una pregunta. Las historias se redactaron en base a entrevistas grabadas, algunas de las cuales duraron hasta cinco horas y se realizaron en dos o tres sesiones o más. Con la excepción de algunos niños, todas las entrevistas fueron hechas en español, transcritas y finalmente traducidas al inglés. En las traducciones estábábamos comprometidos a preservar las voces de los narradores, voces plenas de humildad, moderación y poesía. Con frecuencia, estas entrevistas no proceden linealmente, sino que siguen la dirección que el narrador decidió explorar, regresando a temas, luego aventurándose en tópicos estimulados por fotos, música y pláticas previas. Al editar, hemos combinado diferentes porciones de las narrativas, y las hemos agrupado por temas—"Vida en México," "Cruzando al Otro Lado," "Condiciones de Trabajo," "La Vida en El Norte," "Sueños de los Niños," etc.—con el fin de dar forma a las historias. Entonces le leímos la historia a cada narrador, quien aclaró hechos y ocasionalmente amplió su narrativa o suprimió información antes de decir finalmente, "Esta es la historia que quiero contar."

Son historias valiosísimas y profundas. Por una parte, expresan sentimientos muy personales de esperanza, bravura, soledad, culpabilidad, orgullo, lealtad, miedo, enojo y aspiraciones; y por otra parte, expresan opiniones sobre las realidades políticas y sociales, así como la relación económica entre México y los Estados Unidos, la interdependencia de los trabajadores mexicanos y sus patrones americanos, los salarios y las prácticas laborales injustas, las prácticas del Servicio de Inmigración de Estados Unidos y el racismo.

"... LEA ESTAS HISTORIAS, ESTAS ODISEAS, Y SEA TESTIGO DE LOS ACTOS DIARIOS DE HEROÍSMO DE LOS NARRADORES Y DE SUS FAMILIAS."

Si usted definiera como héroe a alguien que toma grandes riesgos y realiza grandes sacrificios, que aguanta con dignidad lo que sea para alcanzar un sueño, entonces lea estas historias, estas odiseas, y sea testigo de los actos diarios de heroísmo de los narradores y de sus familias. Son historias que necesitan ser narradas y que necesitan ser escuchadas.

were developed from tape-recorded interviews, some of which lasted up to five hours and took place over two or three sessions, or more. With the exception of some of the children, all of the interviews were done in Spanish, then transcribed and eventually translated into English. In the translations we were committed to preserving the voices of the narrators, voices rich with humility, understatement and poetry. The interviews often did not proceed in a linear fashion, as we followed the direction that the narrator chose to explore, returned to themes, then ventured into topics stimulated by photos, music and earlier discussions. As we edited, we combined parts of the narratives that fit together, such as "Life in Mexico," "Crossing Over," "Working Conditions," "Life in the North," "Dreams for Children," etc., in order to give form to the stories. We then read the stories to each narrator, who clarified facts and occasionally amplified statements or deleted information before finally saying, "This is the story I want to tell."

These stories are rich and profound. On one hand, they express very personal feelings of hope, daring, loneliness, guilt, pride, loyalty, fear, anger and aspirations; on the other hand, they discuss political and social realities such as the economic relationship between Mexico and the United States, the interdependence of Mexican workers and their American employers, unjust wage and labor practices, US immigration policy, and racism.

If you define a hero as someone who takes great risks and makes great sacrifcies, who will endure with dignity whatever it takes to achieve a dream, then read these stories, these odysseys, and witness the daily acts of heroism of the narrators and their families. They are stories that need to be told and to be heard.

"... READ THESE STORIES, THESE ODYSSEYS, AND WITNESS THE DAILY ACTS OF HEROISM OF THE NARRATORS AND THEIR FAMILIES."

INTRODUCCIÓN

by Leticia Roa Nixon

"Los mexicanos son como la mariposa Monarca que emigra a El Norte durante la primavera. Vienen y, con su belleza, enriquecen la cultura."—Nelia Castillo

Mi tío Cayetano fue uno de los primeros trabajadores agrícolas mexicanos del Programa *Bracero*, un acuerdo entre los gobiernos de México y Estados Unidos para contratar fuerza laboral para la agricultura en 1942. Años después, tomó un descanso de su trabajo agrícola para venir a la Ciudad de México en ocasión de mi nacimiento en 1952, y cargarme en sus brazos, como mi madre orgullosamente me contaba. Cuando crecí, solamente sabía que mi tío venía a visitarnos por varios meses y después tenía que regresar al "rancho," que estaba en algún lugar en California.

El varón mayor de una familia de ocho hijos, mi tío se dirigió a El Norte, al igual que miles de mexicanos, en un intento de ganar mucho mejores salarios que los que hubiese podido ganar en su propio país. No fue hasta que me convertí en adolescente que me dí cuenta de que mi querido tío era un *bracero*. Por más de 30 años—la mejor época de su vida—mi tío Cayetano vivió casi en aislamiento, retraído, ahorrando casi todo su salario, rehusando estudiar o aprender inglés como un medio de preservar su identidad cultural—su más preciado tesoro.

Una vez, tuvo que operarse de una hernia y nunca le dijo eso a nadie de la familia. Sufrió solo, derramando muchas lágrimas durante esas largas noches lejos de su familia y amigos en un hospital extranjero.

Finalmente, cuando se jubiló y regresó a su país amado, con sus ahorros de décadas de arduo trabajo como pizcador de fruta en el Rancho Corona del Mar, en Goleta, California, el peso mexicano sufrió una de las peores devaluaciones en la historia del país. El dinero del tío Cayetano, ahorrado tan concienzudamenate, se evaporó de repente. Fue un tremendo golpe para un hombre orgulloso y muy trabajador de sesenta y tantos años de edad. Sus sueños se desvanecieron en segundos frente a sus propios ojos. Años más tarde, mi tío Cayetano logró superar su tragedia y se retiró a vivir a Acapulco, donde falleció de cáncer del colon.

by Leticia Roa Nixon

"Mexicans are like the Monarch butterfly who migrates to the North during springtime. They come and, through their beauty, enrich the culture."—Nelia Castillo

My Uncle Cayetano was one of the first Mexican farmworkers under the *Bracero* Program, an agreement between the Mexican and US governments to hire a labor force for agriculture in 1942. Years later, he took a break from his farm work to come to Mexico City for my birth in 1952 and hold me in his arms, as my mother proudly used to tell me. When I was growing up, I only knew that my uncle would come to visit us for several months and would then go back to "the ranch," which was someplace in California.

The oldest male of eight siblings, my uncle headed North as thousands of Mexican men did in an attempt to earn much better wages than the ones he could possibly earn in his native country. It wasn't until I was well into my teens that it became clear to me that my dear uncle was a *bracero*. For over 30 years—in the prime of his life—Uncle Cayetano lived almost in complete isolation, keeping to himself, saving most of his wages, refusing to study or learn English as a means of preserving his cultural identity—his most precious treasure.

One time, he underwent hernia surgery without telling any of us. He endured his suffering alone, shedding many tears during those long nights away from his family and friends in a foreign hospital. Finally, when he retired and returned to his beloved country, with his savings of decades of hard labor as a fruit picker on the Corona del Mar Ranch in Goleta, CA, the Mexican peso experienced its worst devaluation in history. Uncle Cayetano's painstakingly saved money simply evaporated. It was a terrible blow for a proud, hard-working man in his late sixties: his dreams vanished in seconds right before his eyes. Years later, Uncle Cayetano managed to overcome this tragedy and retired to live in Acapulco, where he eventually passed away from colon cancer.

He was the only one in the family who was a *bracero*. I only visited him once on the ranch where he lived and by then the owner had conferred

"Mi tío Cayetano fue uno de los primeros trabajadores agrícolas mexicanos del Programa *Bracero* . . . "

Era el único en la familia que fue *bracero*. Solamente lo visité una vez en el rancho donde vivió y para entonces el dueño lo tenía en un trabajo privilegiado mucho menos arduo. En aquel entonces, no llegué a ver o a hablar con otros trabajadores agrícolas en este bello rancho, que originalmente se extendía desde las montañas hasta el mar. Era el año 1989 y yo había emigrado a Filadelfia para convertirme en una de tres familiares que vivían en los Estados Unidos por razones que no estaban necesariamente relacionadas con el trabajar aquí.

¿Dónde estaban los mexicanos?

A diferencia de California, Texas e Illinois, que son los enclaves de trabajadores agrícolas mexicanos más grandes, la comunidad mexicana de Pensilvania no era muy visible en 1985 cuando vine a vivir a Filadelfia. Lo que abrió mis ojos fue un programa noticioso especial mostrando las condiciones de vivienda de los trabajadores agrícolas mexicanos en Kennett Square, PA. El programa mostraba un campamento de hongueros en el cual, en una pequeña habitación, vivían ocho hombres. Me dí cuenta de que tales condiciones desmentían la noción del sueño americano. En abril de 1993, conocí personalmente la lucha de los trabajadores agrícolas para obtener mejores condiciones laborales y de calidad de vida. Llegué a visitar sus hogares en Kennett Square, así como el pequeño pueblo de Moroleón, estado de Guanajuato, en México, donde muchos habían vivido antes de emigrar.

Me conmovió profundamente conocer a estos hombres industriosos, valientes, orgullosos, decentes, honestos y pacíficos. Simpaticé de inmediato con la añoranza del hogar, su aislamiento, las interminables horas que pasaban trabajando en la oscuridad y humedad, privados de la luz del sol, doblados sobre las camas de hongos, cortando con un cuchillo pequeño y filoso el mayor número de hongos para llenar las canastas. Después de trabajar dos turnos, exhaustos y sin siquiera avistar brevemente la luz del día, la mayoría de ellos enviaba sus ahorros a los hogares de sus familias en México.

Al igual que ellos, sabía lo que es estar desenraizado, dejar un país bellísimo, dotado de paisajes grandiosos, de verdor, con clima cálido todo el

"MY UNCLE CAYETANO WAS ONE OF THE FIRST MEXICAN FARMWORKERS UNDER THE *BRACERO* PROGRAM . . ."

on him a rather privileged position. At that time, I didn't get to see or talk with other farmworkers on the beautiful ranch, which had originally extended all the way from the mountains to the sea. It was 1989 and I had already migrated to Philadelphia to become one of three in our extended family to live in the United States for reasons other than work.

WHERE WERE THE MEXICANS?

Unlike California, Texas and Illinois, which are among the largest Mexican farmworker enclaves, Pennsylvania's Mexican community was not very visible in 1985 when I came to live in Philadelphia. What opened my eyes was a TV news program depicting the living conditions of the Mexican mushroom farmworkers in Kennett Square, PA. The program depicted a mushroom camp where eight single men lived in a small room. I realized that such conditions belied the notion of the American dream. Then in April 1993, I came to personally understand the farmworkers' struggle for better labor and living conditions. I got to visit their homes in Kennett Square, as well as the small town in Mexico where many had originally lived—Moroleón, in the state of Guanajuato.

Meeting these hard-working, courageous, proud, decent, honest, peaceful men touched my heart deeply. I related to their homesickness, to their isolation, to the endless hours they spent working in darkness and humidity, deprived of sunlight, bending over the mushroom beds, cutting with a small sharp knife as many mushrooms as possible to fill the baskets. And then after working two shifts, exhausted and without even a glimpse of daylight, most end up sending their earnings home to their families in Mexico.

Like them, I knew what it was like to be uprooted, to leave a beautiful country, graced with breathtaking landscapes, greenery, year-round warm weather, fresh vegetables and fruit, aromas and textures, unique art and crafts, a traditional cuisine and, most importantly, I knew what it was like to leave the land one calls home. Most of all, I knew what it was to be Mexican, not Hispanic, not Latino, but precisely what you are: Mexican.

año, con verduras y frutas frescas, de aromas y texturas, de arte y artesanías únicas en su género, la comida típica mexicana; y sobre todo, yo sabía lo que es dejar la tierra que uno llama hogar. Más que todo, yo sabía lo que es ser mexicano, no hispano, no latino, pero precisamente lo que uno es: mexicano.

"Al igual que ellos, sabía lo que es estar desenraizado, dejar un país bellísimo . . ."

Antecedentes de la Idea de Escribir este Libro

Yo creo que debí haber compartido con muchos amigos cercanos, activistas y la comunidad en general, mi experiencia de Kennett Square, a través del periodismo y las pláticas informales. Fue mi amigo puertorriqueño Johnny Irizarry, un promotor de la comunidad y el arte, quien me refirió a New City Press. Y una vez que el director, Stephen Parks, escogió a August Tarrier como la editora de esta nueva casa editorial, el sueño de contar las historias orales de la comunidad mexicana de Kennett Square se convirtió en realidad.

Fue la visión y creatividad de August la que modeló un libro con corazón en vez de ser solamente una compilación de datos estadísticos o tesis sociológicas. Este libro incluye una variedad de voces—desde las primeras generaciones de mexicanos hasta la de mujeres, niños y jóvenes. Este es un libro que refleja verdaderamente la vida de la comunidad después de "cruzar la línea," un libro que muestra la riqueza de la cultura mexicana y sus contribuciones a la comunidad en general. Este libro, en su presentación actual, me hace verdaderamente feliz.

Visitar Kennett Square para este proyecto y hablar con mexicanos que no son trabajadores agrícolas me abrió de nuevo los ojos, pues me ayudó a darme cuenta de que después de la amnistía de los 80, el tejido social de la comunidad mexicana había cambiado. En vez de haber mayoritariamente hombres viviendo solos, ahora había muchas familias, así como muchos bebés nacidos en Kennett Square. Los pequeños comercios y restaurantes mexicanos están floreciendo y hay incluso dueños de hongueras—como lo pueden atestiguar el Padre Frank Depman y la Hermana Jane Houtman de La Misión de Santa María, Madre de Dios.

Some Background on How This Book Came About

I have shared with many of my close friends, activists and the community at large my Kennett Square experience through journalism and informal talks. It was my friend Johnny Irizarry, a Puerto Rican community and arts advocate, who referred me to New City Press. And once the director, Stephen Parks, chose August Tarrier to be the Editor of the Press, the dream of telling the oral histories of the Kennett Square Mexican community came true.

It was August's vision and creativity which gave form to a book with *corazón* [heart], instead of one that would have been a mere compilation of

"Like them, I knew what it was like to be uprooted, to leave a beautiful country . . . "

statistics and sociological theses. This book includes a variety of voices—from the older generation of male Mexicans to women, children and youth. It is a book that truly reflects what this community is about after the "crossing-over," one that depicts the richness of Mexican culture and its contributions to the community at large. This book, in its current incarnation, makes me truly happy.

Visiting Kennett Square for this project and talking with Mexicans who were not farmworkers was again an eye-opener for me because it helped me to realize that after the amnesty of the late 1980s the social fabric of the Mexican community had changed. Instead of many men living alone, there were many families now, as well as many babies born in Kennett Square. Mexican small businesses and restaurants are flourishing and there are Mexican mushroom farm owners—as Father Frank Depman and Sister Jane Houtman of La Misión de Santa María, Madre de Dios can attest.

As you read the stories included in this book, you will notice that women are powerful role models for this community, as mothers, sisters and teachers. You will find out that the personal sacrifices of the first Mexican generation are *valió la pena* [truly worthy]. As with other communities around the world, the new generation stands on the shoulders of its ancestors. And most likely, the Mexican children and youth of Kennett Square will have better opportunities for education, freedom of speech and assertiveness, and more technological resources than did their ancestors. These resources will allow them broader possibilities to partake of the many opportunities that the United States has to offer to its residents.

Al leer las historias incluídas en este libro, usted podrá notar que las mujeres tienen un poderoso rol como ejemplos a seguir para esta comunidad, ya sea como madres, hermanas y maestras. Usted se dará cuenta de que los sacrificios personales de la primera generación de mexicanos valieron la pena. Al igual que en otras comunidades del mundo, las nuevas generaciones están sostenidas en los hombros de las generaciones de sus antepasados. Lo más probable es que los niños y jóvenes mexicanos de Kennett Square tendrán mejores oportunidades de educación, de libertad de expresión y seguridad en sí mismos, y tendrán más recursos tecnológicos que los que tuvieron sus ancestros. Estos recursos les permitirán tener mayores posibilidades de aprovechar las muchas oportunidades que los Estados Unidos ofrece a sus residentes.

Si yo tuviese que decir qué es lo que impulsa a los inmigrantes mexicanos a arriesgar su vida para venir a los Estados Unidos, yo diría que es la fe—la fe en Dios, la fe en Nuestra Señora de Guadalupe, y la fe en sí mismos de que van a salir adelante. También diría que esos inmigrantes poseen una fuerza de voluntad indomable y han sido agraciados con el amor más grande por sus familias y amigos, una gran lealtad e integridad y el compromiso de ofrecer lo mejor de sus vidas a pesar de todos los obstáculos y adversidades.

TRABAJO DE EQUIPO

Al igual que en muchas actividades y en la mayoría de los deportes, uno no puede triunfar sin tener un buen equipo. En este proyecto hemos tenido el privilegio de trabajar con un equipo extraordinario de voluntarios muy dedicados. August Tarrier y Mark Lyons han estado firmes en el timón de mando del proceso editorial durante varios años, reuniendo a transcriptores, traductores, fotógrafos y correctores de texto con el fin de que el sueño sea de "carne y hueso." Así que en homenaje a todos los trabajadores agrícolas e inmigrantes del mundo, y en especial a mis paisanos mexicanos, les invito a que disfruten este libro.

If I had to say what it is that drives these immigrants to risk their lives to come to the United States I would say that, fundamentally, it is faith—faith in God, faith in Our Lady of Guadalupe, and faith in themselves to succeed. I would also say that these immigrants are possessed of a relentless will and are graced with the greatest love for their families and friends, a strong sense of loyalty and integrity, and a commitment to bring out the best in their lives, despite all the odds and adversities.

TEAMWORK

As in many ventures and in most sports, you cannot make it without a good team. On this project we have had the privilege to work with an outstanding team of dedicated volunteers. August Tarrier and Mark Lyons have been steady at the helm of the editorial process through several years, gathering transcribers, translators, photographers and proofreaders in order to give our dream "flesh and bones." So in memory of all the farmworkers and all the immigrants of the world and especially of my beloved fellow Mexicans, I invite you to enjoy this book.

R ni Templeton

Seth Lyons

"No Soy Un Burro, Yo No Tengo Temor"

Una Entrevista con Carlos Díaz-Nuñez

Carlos Dí

Carlos Díaz-Nuñez vino por primera vez a trabajar como *bracero* en los campos del Valle Central de California en 1959. Él tenía 20 años de edad. Obtuvo su Tarjeta Verde, o sea, residencia permanente, en 1986, cuando les dieron amnistía a los trabajadores agrícolas. Al fin, podía traer a su esposa y sus hijos a los Estados Unidos. Es vice-presidente de CATA—El Comité de Apoyo a los Trabajadores Agrícolas. CATA organizó la Unión de Trabajadores de Kaolin, la cual organizó la primera huelga contra una compañía de hongos en Kennett Square. Él fue incapacitado en la empacadora de Kaolin hace cinco años, y todavía está tratando de lograr un acuerdo.

"I Am Not A Burro, I Am Not Afraid"

An Interview with Carlos Díaz-Nuñez

Carlos Díaz-Nuñez first came to work in the fields of the Central Valley in California as a *bracero*, or guest worker, in 1959. He was 20 years old. He got his green card, or permanent residency, in 1986, when amnesty was given to agricultural workers. Eventually he was able to bring his wife and children to the United States. He is vice president of CATA—the Farmworkers Support Committee. CATA instigated the Kaolin Workers Union, which organized the first strike against a mushroom farm in Kennett Square. He was disabled in the packing plant at Kaolin over five years ago and is still trying to get a settlement.

az-Nuñez

Soy del pueblo de Santa Mónica Ozumbilla, en Guanajuato. Me da un placer darle mi informe acerca de mi vida. Fue un poco triste porque cuando era un hombre joven era muy pobre. Me dediqué al campo—era un campesino con toda la extensión de la palabra. Pensé en cautivarme con una compañera y así me duré tiempo allí viviendo. Entonces le pedí la opinión a mi papá, haciéndole saber que yo deseaba salirme de nuestro pueblo natal a México, Distrito Federal. Y le dije, "Papá, mira, dame permiso salir porque de otra manera yo voy a desobedecer tus órdenes como un ser querido. Yo llevo la fe en nuestro Señor que Él me va a ayudar para agarrar un buen trabajo y yo salir de ser pobre."

Bueno, éramos pobres, se puede decir, porque mi papá no tenía más que 50 cabras y chivas. No teníamos cabezas de ganado—la riqueza de mi papá era chivas. Tuve dos años en la escuela, fue toda mi escuela. Cuando yo fui niño de unos 10 años, yo andaba en el campo, yo andaba trabajando, ayudando a mi papá. Era campesino, del campo, sembrando con un pedazo de hierro y un mango, haciendo hoyos para cuando se vinieran los ciclos de lluvias, poniéndoles granos de maíz allí y luego cubriéndolos. Le pedía a mi Dios que no fueran mis hijos lo que yo fui—un humilde campesino, trabajando con un caballo y un burro—que su vida no fuese como la mía. Y le doy gracias a Dios que sí, para ellos ha sido diferente.

Se puede decir que aquí las cosas me han ido bien. Mi tierra natal no más es un desierto, a mí me fue mal, porque yo no era feliz, yo era un hombre joven, un hombre noviando, un hombre con ropa toda parchada ¿me entiendes? Se puede decir que no tengo mucho cariño por mi tierra natal. Si me muero aquí en los Estados Unidos, es OK.

Mi pueblo es un pueblo, se puede decir indígeno. En ese tiempo que yo me casé podía haber habido unos quinientos jefes de casa. Desde joven, yo pensaba en desajolarme del rancho. Yo pensaba por si un día Dios me da un hijo, que mi hijo no se haga lo que yo soy. Porque en el rancho, no hay trabajo. Uno se dedica al campo hasta la vuelta de ciclos de lluvias. No hay un porvenir, porque esperando a la naturaleza es una cosa muy difícil. Entonces yo pensaba en salirme de allí.

I'm from the town of Santa Mónica, Ozumbilla, in Guanajuato. It's a pleasure for me to give you an account of my life, which was a little bit sad because when I was a young man I was very, very poor. I dedicated myself to working the land—I was a *campesino*, in every sense of the word. I hoped to win the heart of a girlfriend, so I stayed there in my town for awhile. Then I asked my father for his advice, letting him know that I wished to leave my birthplace to go to Mexico City. I said to him, "Dad, look, please give me permission to go; otherwise, I'm going to disobey your order even though I love you. I have faith that God will help me to get a good job and stop being poor."

Well, I could say we were poor because my father had only about 50 goats. We didn't have cattle—my father's wealth was his goats. I had two years of schooling, that was all. When I was a boy, just 10 years old, I worked in the countryside, helping my father. I was a peasant, from the country, planting with a piece of iron and a handle. I would make a hole and plant a corn seed and then wait for the rainy season. I asked my God that my children would not become who I was—a humble *campesino*, working with a horse and burro— that their life would not be like mine. And I thank God that, yes, it has been different for them.

You could say that things have gone well for me here. My birthplace is no more than a desert—it was bad for me because I wasn't happy, I was a young man, about to get married, a man with patched up clothes, do you understand? You could say I don't feel much affection for my country. If I die here in the US, it's okay.

My town could be called a small village. About the time I got married, there were only 500 households. Since I was young, I dreamed of leaving the ranch. I thought if God ever grants me a son I don't want him to do what I do—because there is no work on the ranch. You work the land according to the cycles of the rainy season. There's no future because when you depend on nature—things are very difficult. So I thought about how to get out of there.

My dreams were those of a very ambitious person wanting to have material things. I wanted to have a stand with a freezer where I could sell vegetables. I dreamed that one day I would have a car and my house would

Mis sueños eran de un ser humano muy ambicioso, dentro de lo material. Quise una tiendita con un hielera, y deseaba vender verdura. Yo soñaba que tenía un día un carro y en mi casa hice un portón de cuatro metros de ancho. "Oh, Dios mío, yo voy a tener una camioneta, pero me voy primeramente." Hice el portón y, bueno—después, pura historia.

"Mi 'hotel' era un panteón y me quedaba en una bóveda."

Yo vine a América por la primera vez en 1959, gracias al gobernador de Guanajuato. En los distritos bajo su jurisdicción, el Ministro de Relaciones Exteriores repartió 100 o 200 tarjetas, para trabajar como *braceros* en América. Entonces había una rifa de las tarjetas. Todo el pueblo se unía con interés de venir a trabajar a América. Lo rifaban y gané el premio. Así me vine aquí a los Estados Unidos—me vine de *bracero* por 45 días. Yo tenía 20 años de edad.

La segunda vez que vine a América era en el 72. Vine como *mojado*. *Mojados* son gente que cruzan la frontera sin documentos—los anenpapelados. Pues el viaje era peligroso, y yo tenía un temor cuando yo llegaba a la frontera. En primer lugar, la juventud en la frontera le roban a uno. Nos robaron, nos quedamos sin dinero, no teníamos a dónde ir a hospedarnos a dormir. Mi "hotel" era un panteón y me quedaba en una bóveda.

Yo vine por *coyote*, se llamaba "Timo." Le pagué $350. Pues pasamos ahí por un lado de Nogales, México, hasta Nogales, Arizona, por el desierto, a caer adelante de Tucson. Me fui primero a California para trabajar en el Valle de San Joaquín. Pero no nos dejaba la inmigración, y después de dos meses y medio, me agarraron. Estuve trabajando en un *field*, y allí nos arrestaron como a unos cuatro compañeros, y estuvimos en una cárcel unos dos días. Entonces nos echaron a todos para Mexicali. Regresé a América en cuatro años, en el 76, y trabajaba con Caterpillar, en Chicago—la compañía que hace máquinas para arreglar carreteras.

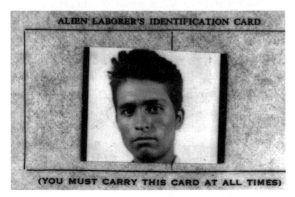

El retrato de Carlos Díaz, de 20 años, en su tarjeta de bracero, o sea huésped-trabajador

Carlos Díaz, age 20, pictured on his bracero or guest worker card

have a 12-foot-wide gate. I said to myself, "Oh, my God, I'm going to have a pickup truck and a car—but first of all I have to leave this place." Well, I made the gate—the rest is history.

I came to America for the first time in 1959, thanks to the governor of Guanajuato. The districts under his jurisdiction were issued 100 to 200 cards by the Ministry of Foreign Relations for work as *braceros*—or guest workers—in America. They raffled off the cards and everyone in town gathered with the common goal of going to work in America. They held the raffle and I won the prize. That's how I came to the United States for the first time—I came as a *bracero* for 45 days. I was 20 years old.

The second time that I came to America was in '72. I came as a *mojado*—a wetback. *Mojados* are people who come across the border without documents. The trip was very dangerous and I was afraid when I reached the border. First of all, the young people along the border rob you. We were robbed, we had no money left, we didn't have a place to sleep. My "hotel" was a cemetery where I slept on top of a crypt.

I came with a *coyote*—or smuggler—called "Timo." I paid him $350. We crossed over from Nogales, Mexico, to Nogales, Arizona and walked through the desert to Tucson. Then I went to California to work in the San Joaquin Valley. But INS wouldn't leave us alone and after two and a half months they caught me. I was working in a field and they arrested four of us and we were in jail for two days. Then they threw us out, to Mexicali. I returned to America four years later, in '76, and worked in Chicago at Caterpillar—the company that makes road repair equipment.

"My 'hotel' was a cemetery where I slept on top of a crypt."

It's dangerous to cross over the border as a wetback because, first, you suffer a lot in the desert. Or you can't get across, or your money dries up, or there's no place to sleep. It's not easy coming North. Many people come and then go back. You end up in debt because you sell what you have to pay the *coyote* and often the *coyote* takes you to an airport where you get arrested by Immigration, and all of your money is down the drain. It's definitely not a safe bet.

I decided to leave Mexico because I couldn't make enough money there to make ends meet for my children. I had to leave so that my children

Sí, es peligroso pasar la frontera como *mojado*, porque en primer lugar, sufre uno mucho en el desierto. En que no puede pasar, que se le termina el dinero, en que no haya ni en dónde dormir. No es muy fácil venir a El Norte. Mucha gente se viene y se regresa para atrás. Todo lo que pasa es que se adeuda, se vende lo que tiene por pagar el *coyote*, y muchas veces el *coyote* lo hace llegar a un aeropuerto donde lo arresta inmigración, y ese dinero ya se hizo nada. No es una cosa de mucha seguridad.

Yo decidí en salir de México porque yo con el dinero que gané allí no podía mantener a mis hijos. Tuve que salirme para que mis hijos vivan más felices. Esa es la razón. Mi esposa no era muy en acuerdo con mi decisión de ir a América, porque como emigrante, un *bracero*, sufría uno mucho. Entonces uno tardaba mucho aquí, de penas un año o año y medio. Y la mujer renegaba porque ella estaba allá y yo estaba acá. Ella era mamá y papá en México. Aunque uno mandaba el dinero, no era muy correcto vivir así, ¿usted me entiende? Cuando uno está joven con mucha pasión, muchos temas de cómo ella vive allá y uno acá, no tenía mucha importancia. Entonces ya cuando nos terminábamos el dinero que llevaba, pues yo me ponía de nervios y ella decía, "Tú ya te quieres ir otra vez, no estás a gusto." Pues no estaba a gusto porque no había en mi tierra natal fuentes de trabajo para incrementar dinero y sobrevivir. Entonces sí me ponía de nervios y me seguí viniendo solo. A través del tiempo yo decidí que no era vida así, y decidí tener la conversación con ella—y de un modo u otro yo me iba a traerlos a América.

En el 76, cuando regresé para trabajar con Caterpillar, me despedí de mi esposa, y estaba dándome de comer, y yo miraba a uno de mis hijos, andando en calzoncito. Y me pensaba si vaya a regresar o no. Porque en el desierto hay muchos animales ponzoñosos, o lo deja el *coyote* sin agua para tomar. Mucha gente se ha muerto en el desierto, ¿me entiendes? En esa ocasión yo salí de mi casa con tristeza, porque dejaba un nene chiquito inocente allí.

Pasaba tres años sin ver a mi familia. Yo les mandaba dinero, pero no era una cosa fabulosa para un matrimonio. Se portó bien mi esposa. Me esperaba por tres años mientras estaba en Chicago. Sí, era difícil estar separado de mi familia, pero ¿qué hacíamos? Hacíamos lo que hacen la gente que quieren que sus hijos adquieran un medio de ser feliz, con dinero, y bastante para comer. Hay que acceder uno a esa conclusión. La esposa sufre allá como uno también aquí. No hay otra manera más que sufrir uno.

Estuve aquí solo, fue verdad; y yo me dí ya el ejemplo que no era vida,

would be happier. That is the reason. My wife was against my going to America because as an immigrant, a *bracero*, you suffered a lot. You stayed here a long time, maybe a year and a half. And my wife would get upset because she was there in Mexico and I was here. She was both the father and the mother in Mexico. And even if I sent money, it was not the right way to live, do you understand me? But when you are young and very passionate, issues like, if she lives there and I live here, did not seem very important. Then when we had spent the money I had brought home, I started getting restless and she would say, "What, do you want to leave again? Aren't you happy?" I wasn't content because in my homeland there are no places to get a job and make more money and to survive. Then I got irritated and I continued coming back alone. As time went by I decided this was no way to live and I decided to have a talk with her—one way or the other I was going to bring my family to live in America.

In '76 when I returned to work at Caterpillar, I said goodbye to my wife as she served me lunch and I watched one of my children running around in his little shorts. I wondered if I would ever return to Mexico alive. Because in the desert there are many poisonous creatures or the *coyote* leaves you there, without water to drink. Many people have died in the desert, do you

Pizcando hongos
Picking mushrooms

Seth Lyons

estar uno solo. Mire, era muy triste, muy triste. Durante ese tiempo, yo me despegué mucho de mis hijos. Yo les dí mucho dinero, pero cuando eran chiquitos no les di mucho cariño. ¿Me entiendes? Decidí ir a un psicólogo, porque dijeron mis hijos que yo era un padre malo—durante ese período yo me separaba de ellos. Nuestro Señor lo sabe que yo siempre me inculcaba al anhelo de ellos, pero no podía estar con ellos por mi situación, porque era muy pobre en México. Yo me vine para acá y duraba un año y medio; entonces llegué atrás y la mujer tenía control allá—ella era mamá y papá. Ella les inculcaba que yo no mandaba dinero y que yo era una persona que sabía vivir y divertirme, con un roce social con todo el mundo, ¿tú sabes? Sí, yo era una persona un poco desviado en mi juventud, pero nunca anhelé dejar a mis hijos por otra mujer.

"La esposa sufre allá como uno también aquí. No hay otra manera más que sufrir uno."

Al menos les mandaba a México dinero. Yo tenía todo los talonarios de cheque, porque yo no supe si el futuro de mañana yo tuviera un escarapela formal, y yo entonces quisiera tener prueba. Y desafortunadamente esto me ocurrió cuando mis hijos prostestaron que yo había sido un padre malo. Para justificarme, yo les dije, "Mire, no fui malo, yo le mandaba dinero a tu mamá, miren, aquí están los talonarios. Me molesta en la razón de que no es verídico eso, que yo fui un padre malo a la larga, por otra mujer ¿me entiendes?

Cuando uno es joven todas las mujeres lo prefieren si usted es un poco pícaro ¿sí o no? Pero yo nunca anhelé dejar a mi mujer por otra mujer o dejar a mis hijos, porque yo se me inculcaba si yo dejo a mi mujer, a la madre de mis hijos, nuestro Señor no me lo puede perdonar.

"YOUR WIFE SUFFERS THERE IN MEXICO AS MUCH AS YOU SUFFER HERE. THERE'S NO OTHER WAY BUT TO SUFFER."

understand? That time I left my home feeling a deep sadness because I was leaving an innocent little boy there.

I didn't see my family for three years. I sent them money, but it was not a wonderful thing for a marriage. My wife was faithful. She waited for me for three years while I was in Chicago. Of course, it was hard to be separated from my family, but what could we do? We did as other people did who want their children to find a way to be happy, to have money and enough to eat. So you do what you have to do. Your wife suffers there in Mexico as much as you suffer here. There's no other way but to suffer.

I was here alone, it's true, and it taught me that being alone wasn't really a life. Look, it was very sad, very sad. During that time I really grew apart from my children. I gave them a lot of money, but when they were small I didn't give them affection. Do you understand? I decided to go to a psychologist because I've had times when my children said that I was a bad father— during the period that I was very distant from them. Our Lord knows that I always longed for them, but I couldn't be with them because of my situation, because I was very poor in Mexico. I came here and lasted a year and a half, then I went back and my wife was in control there—she was both mom and dad. She convinced them that I wasn't sending money and that I was a person who knew how to live the good life, to have a good time hanging out with everybody. Yes, I got side-tracked in my youth, but I never longed to leave my children for another woman.

At least I sent money to my children in Mexico. I kept all the check stubs because I didn't know if in the future I might have a dispute and I wanted to have proof. And, unfortunately, this happened to me when my children protested that I had been a bad father. To vindicate myself, I said, "Look, I wasn't bad, I sent the money to your mother . . . look, here are the check stubs." It bothers me for the reason that it's not true that I was a bad father all along because of another woman, do you understand?

When you are young, all the women prefer that you are a bit of a rogue, yes or no? But I never desired to leave my woman for another or leave my kids because I told myself that if I left my woman, the mother of my kids, our Savior would never forgive me.

Yo decidí traerme a mis hijos a América, porque yo nada más era el beneficiario, yo sólo. Yo empecé a traerme a mi familia para acá en septiembre del 98. Yo me los traje a la esposa y al hijo mayor, con un *coyote*, de *mojados*, pues, sin documentos. Pagué unos $1,700 por los dos. Con el tiempo los otros hijos se vinieron de *mojados* también. Lo que me pasó ahorita, me divorcié.

Esta canción se llama "Una Página Más," por un grupo desconocido de Sinaloa. Es una canción romántica, que siempre me ha gustado.

Una Página Más

Ya es inútil que vuelvas: lo que fue ya no es
Es inútil que quieras comenzar otra vez
No interrumpas mi vida, yo no te puedo amar
Sólo sé que tu boca, no la vuelvo a besar

Tengo un libro vacío y lo voy a empezar
Tengo sed de caricias, tengo ganas de amar
Hoy comienza mi vida, una página más
Hoy me entré ya en la vida, que me quiera ella más

Es la historia de siempre, un amor que se fue
Y espero mañana comenzar otra vez
Sin rencor ni temores, quiero vivir en paz
Quiero encontrar mi suerte, y no dejarla jamás

Cuando mis hijos iban a las escuelas americanas, sufrieron—los pobrecitos tuvieron vergüenza que no podían hablar pinche inglés. ¿Me entiende? Entonces, los americanos, algunos eran malos, dirían, "Hey, ése es un estúpido—no sabe inglés." Yo pienso que mis hijos tuvieron que pasar por una etapa de sintiéndose cohibidos ellos. Los traje ya después de ser chiquitos y se entraron a la escuela. Le doy gracias a nuestro Señor que adquirieron su diploma de High School y que saben defenderse poquito.

El otro día tuve un problema con un vecino. Mis hijos peleaban con la

I decided to bring my children to America because I was the only one who was reaping the benefits of being here. I began to bring my family here in September of '98. First, I brought my wife and my older son with a *coyote*, as wetbacks. I paid around $1,700 for the two of them to come. Eventually, my other children came as wetbacks, too. A little while later I got divorced.

This song's called "Una Página Más"—"One More Page"—by an unknown group from Sinaloa. It's a romantic song that I have always liked.

ONE MORE PAGE

Don't even bother returning: what was, is no longer
It's useless for you to want to start again
Don't mess up my life, I can't love you
All I know is that I will not kiss your mouth again

My life is an open book and I will begin again
I'm thirsty for caresses, I want to love
Today I start my life over, I turn over a new page
Today I began a new life that beckons to me like never before

It's the same old story of lost love
And I hope to begin anew tomorrow
Without resentment or fears, I want to live in peace
I want to find my fortune, to be mine forever more

When my children went to the American schools, they suffered—they felt ashamed because they couldn't speak the damn English. Do you understand? Then, some smart-ass Americans would say, "Hey, this one's stupid—he doesn't know English." I think my children had to go through a stage of feeling shut down. I thank God that they got their high school diploma and they can take care of themselves.

The other day I had a problem with a neighbor. My children were fighting with the woman because she was American. I told them, "Leave it alone, we're not looking for any problems." They were arguing because the

mujer ésa porque era americana. Y yo les dije, "No, deje, no busquemos problemas." Peleaban porque no quería la señora que mis hijos pusieran sus cinco carros en la calle. Ese era un polaca, y ése nunca, durante seis años, nunca nos hablamos. Yo creo que es el racismo. Yo les dije a mis hijos que no pelearan, y no pelearon. Luego ella me metió un *complaint*, diciendo que "Hay mucha gente, por toda la noche, bla, bla, bla, etc." Entonces vino unas agentes del Departamento de Salud, y quisieron saber cuánta gente vivían en mi casa. Les dije, "Mucha, ¿por qué?" Y ellos me dijeron, "¿Cuántos dormitorios tienes?" Les dije, "Bueno, yo me puedo dormir en el piso, si quiero, porque es mi casa. Hay mucha gente, es una familia grande, y cómo durmamos—es nuestro problema." Entonces, era otro tiempo que vino otro guardia para inspeccionar nuestra casa, y le dije, "Quiero que usted me señalara quiénes son las personas que me están metiendo esos complaints. Si usted no me quiere decir, entonces usted me va a responder ante una corte. Yo les voy a meter una demanda a las personas, reclamando racismo."

Como te dije, yo tenía trabajo en una fábrica en Chicago que suplía productos para la Caterpillar, la General Motors, la International. Pero desafortunadamente se puso la planta muy en *lay off* y yo entendía que la gente respetaba su antigüedad. A mí me tocó el *lay off* y allí yo decidí de

"Era muy triste, la vida en los campos."

venirme para Kennett Square, porque una vez antes vine aquí de visita a ver un hermano. Me vine aquí en el 80, y agarré trabajo en los hongos.

Vivíamos en grupos de ocho, diez, puros hombres. Tenía uno que sobrevivir en terminos de los diferentes costumbres del genio, y tenía que convivir uno allí, porque si uno se disgustaba con el compañero, el *farmer* podía botarlo. Pues era muy triste, la vida en los campos. Mirarse uno al otro, o le dió a uno por tomar. A veces su familia le escribió de México y le comentó que tenía problemas uno allá. Habían grupos sociales, pues, echando música, o platicando. Era una vida sola. Sí, habían mujeres que visitaban a los hombres en los campos, prostitutas con que uno hizo el sexo. Pero a veces eran personas que no hicieron éso, se sufrían ya seis o ocho meses sin el sexo hasta que se regresaban a México. Era una vida mala. Sufriendo uno aquí y sufriendo a su familia de uno allá.

Dentro de las casas de hongos están cuatro camas, una encima de la otra. La gente usa escaleras para pizcar en las camas de arriba. Uno se pone

woman didn't want my children parking their five cars in the street. She was Polish and had never spoken to us in six years. I think it's racism. I told my children to stop arguing and they did. Later she filed a complaint about me, saying, "There are too many people out late at night, blah, blah, blah." Then some people from the health department came and wanted to know how many people lived in my house. I told them, "A bunch. Why?" And they said, "How many bedrooms do you have?" I told them, "I can sleep on the floor if I want to because it's my house. There are a lot of people, it's a big family, and where we sleep is our problem. I bought this house, it's mine." A second time, another policeman came to inspect our house and I said to him, "Tell me who is filing these complaints against me. If you don't, you'll have to answer in court. I'll file a lawsuit against these people, claiming racism."

As I told you, I had work in a factory in Chicago that supplied products for Caterpillar, General Motors, International. But, unfortunately, the plant started laying people off and I realized that seniority was going to be a big factor. It was my turn to get laid off, so I decided to come to Kennett Square because one time before I came here to visit a brother. I came here from Illinois in '80 and got a job picking mushrooms.

"Life in the camps was very sad."

We lived in groups of eight, ten, only men. You had to adjust to different temperaments and get along because if you had a falling out with a co-worker, the farmer might fire you. Life in the camps was very sad. We just stared at each other or someone passed around a little something to drink. Your family in Mexico would write you, saying that there were problems there. We hung out together, listening to music or chatting. It was a lonely life. Yes, there were women who visited the men in the camps, prostitutes who you had sex with. But there were men who didn't do that, who suffered for six or eight months without having sex until they got back to Mexico. It was a bad life. You were suffering here and your family was suffering there.

In the mushroom houses there are four sets of beds, one on top of the other. People use ladders to pick on the upper beds. You use a headlamp—like a miner—because the barn is dark. And there are all these vapors which you are breathing in—pesticides, like formaldehyde and so on. Right now, many people are sick and don't even know what from. If you don't go to work because you're sick, they fire you.

una lámpara, un casco electricista, en la cabeza—como minero—porque es oscura la casa. Y sigue absorbiendo los aires—insecticidas, como formaldehyde, etcétera. Ahorita mucha gente está enferma y no sabe ni de qué. Si usted no iba a trabajar por enfermedad lo botaban.

Hay accidentes, también. Pues, se puede romper la escalera y se puede caer, se puede romper un pie o una mano—mucha gente lo hace. Se corta con el cuchillo del hongo, pues sí. Yo tuve mi accidente en Kaolin Mushroom Farms cuando me pidieron que yo descargara a dos *truckes* de unos sacos de 80 libras. Yo le dije a un otro trabajador, "Bájese uno para que lo ayude." Nadie me hizo caso, entonces yo lo hice. Me apeé del trailer a abajo, y un saco me cayó a mí. El patrón me dijo que no tenía nada, y sus doctores del trabajo me dijeron que no tenía nada, que yo podía trabajar.

Yo sufro mucho con esta lástima. Ahora, tengo problemas con caminar y un dolor que no se me quita. Estoy usando un bastón, me da fuerza. He ido a un ortopedista, que me inyecta, pero el dolor continúa después de cinco o seis días. Ahora mi doctor piensa que yo debo considerar una operación. He luchado mucho para obtener compensación, porque no se ha hecho justicia. Me están dando $57 por semana. ¿Usted cree que me voy a mantener con $57? Fui a la corte, y me ofrecieron dinero; pero no era bastante, y no lo acepté. Mi caso todavía está en la corte.

CATA—El Comité de Apoyo a los Trabajadores Agrícolas—es una organización de base que empezó a inculcar a los trabajadores qué derechos teníamos. Era muy difícil, pero después de un rato los trabajadores de Kaolin Mushroom Farms querían empezar un comité de sindicato, y al fin tuvieron un voto y formaron una unión—La Unión de Trabajadores de Kaolin. Esto fue en el 93, yo creo.

En el 96, me fui a trabajar en Kaolin. Yo tenía mucha experiencia trabajando con un sindicato en una planta de aparatos eléctricos in Ciudad México, y por esa experiencia, siempre me atrevía a protestar ante un mundo de gente. Entonces, cuando vine al Kaolin, me hicieron vicepresidente de CATA. El sindicato es una cosa muy, muy buena, porque si no tiene una unión el patrón todo el tiempo va a estar enfocando en sus trabajadores, presionándoles, discriminándoles, pagándoles lo que él quiere. La unión es una base de protección. Mire, la mayoría de los mexicanos no entienden lo que es una unión, y tienen miedo, porque creen ellos que ya no les dan trabajo, ya no se van a mantener. Sería mejor si ellos dicen que los patrones les estén pisoteando,

There are accidents, too. You can break the ladder and fall, you can break a foot or a hand—many people do. Of course, it's pretty much a given that you'll end up cutting yourself with the mushroom knife. I had my accident at Kaolin Mushroom Farms, when they asked me to unload some 80-pound sacks from two trucks. I told one co-worker, "Lower one down, so I can help you." Nobody paid me any attention, so I did it by myself. I got down from the trailer and the sack fell on my foot. The boss said that there was nothing wrong with me and his company doctors said there was nothing wrong, that I could work.

I suffer a lot with this injury. Now, I have problems walking and I'm in constant pain. I use a cane because it gives me strength. I have gone to the orthopedist, who gives me injections, but the pain comes back after five or six days. Now, my doctor thinks I should consider an operation. I have fought hard to get compensation because there has been no justice. They're giving me $57 a week. Do you think that I can support myself with $57? I went to court and they offered me money, but it wasn't enough, so I didn't accept it. My case is still in court.

CATA—El Comité de Apoyo a los Trabajadores Agrícolas or the Farmworkers Support Committee—Is a grassroots organization that began to tell the workers what their rights were. It was very difficult, but after awhile the workers at Kaolin Mushroom Farms wanted to get a union committee going and finally they had a vote and formed a union—Kaolin Workers Union. This was in '93, I believe.

In '96, I went to work at Kaolin. I had a lot of experience with a union in an electric parts plant in Mexico City and because of that experience, I was never afraid to protest in front of anyone. Then, when I came to Kaolin, they made me vice president of CATA. The union is a very, very good thing because without a union the boss will be on top of his workers all the time, putting pressure on them, discriminating against them, paying them whatever he wants. The union protects them. Most Mexicans don't understand what a union is, they're afraid they'll lose their job and won't be able to make ends meet. It would be better if they say that the bosses are exploiting them and it's unjust. Yes, to me, the union is a good thing.

This song is called "El Corrido de César Chávez"—"The Ballad of César Chávez." As a farmworker, it makes me feel sad. It's a good example of what I saw in the Fresno Valley when Mr. César Chávez was working with the

que es injusto. Sí, para mí, la unión es muy buena.

Esta canción se llama "El Corrido de Cézar Chávez." Me da una tristeza como agricultor. Es un ejemplo de lo que yo miré en el estado de California, a un lado de Fresno, cuando el señor César Chávez andaba haciendo por los mexicanos. Yo trabajaba en California en el 72, y miré lo que los farmers hicieron, y supe que no era lo correcto. Entonces yo miré el ejemplo bueno de César Chávez. La gente era indecisa y no sabía qué cosa era una unión. Pero eso pasó—él compuso la unión. Sí, era hombre. Por eso me gusta esta canción.

EL CORRIDO DE CÉSAR CHÁVEZ
por Los Tigres del Norte

No había quien defendiera al campesino
Ni el más mínimo derecho conseguía
De las santas laborales destruídos
Su derecho como humano no existía
Y aunque no quieras creer, querido amigo,
Esto sucedió en los Estados Unidos.

Pero el líder de la unión de campesinos
Veinticinco días estuvo sin comer
Y también como los estados vecinos
Al fin ante tuvo que California que ceder
Y aunque no quieras creer, querido amigo,
Esto sucedió en los Estados Unidos.

César Chávez, César Chávez el caudillo
Al que los agricultores tienen miedo
No necesitó pistolas ni cuchillos
Pero sus demandas se le concedieron
Veinticuatro días en el setenta y cinco
Promulgar la ley agrícola labañero.

Pero cuando los contratos se vencían
Los patrones y otras uniones se aliaron
Ya los *biles* llevaron la policía

Mexicans. I was working in California in '72 and I saw what the farmers did and knew that it was not right. César Chávez set a real example. The people were indecisive and unable to act—they really didn't know what a union was. But that ended—he got the union together. He was a real man. That's why I like this song.

THE BALLAD OF CÉSAR CHÁVEZ
by Los Tigres del Norte

There was nobody to defend the farmworker
He could not even gain his basic rights
Much as the saints of labor were destroyed,
His rights as a human didn't exist
And although you don't want to believe it, my friend,
This happened in the United States.

But the leader of the farmworkers' union
Went 25 days without eating
And like the neighboring states
California finally had to give in, too
And although you don't want to believe it, dear friend,
This happened in the United States.

César Chávez, César Chávez, the strong man
Who all the big farmers were afraid of
He didn't need guns or knives,
But they gave in to his demands
It took 24 days in '75,
To proclaim the agricultural workers' law.

But when the contracts expired,
The bosses and other unions made an alliance
Now the police carried billy clubs
And spilled blood down the faces of the workers
And although you don't want to believe it, dear friend,
This happened in the United States.

Protesting against the pesticides
Chávez organized a strike for the third time

Y con sangre de los frentes los regaron
Y aunque no quieras creer, querido amigo,
Esto sucedió en los Estados Unidos.

Protestando contra los desinfectantes
Chávez hace huelga por tercera vez
Por querer salvar la vez sus semejantes
En su vida casi tuvo que perder
Y aunque no quieras creer, querido amigo,
Esto sucedió en los Estados Unidos.

César Chávez, César Chávez, César Chávez
Como a Gandhi o Luther King yo te comparo
Por si tú no lo sabías, ya lo sabes
Tiene su lugar en el cielo apartado
Y el coro le cantarán ya las aves
Cuando el campo ya no esté contaminado.

Yo tengo una última palabra. Yo le dije a mi hijo, "Mira, yo abrí un plan de retiro, para mi vejez, y te puse como beneficiario." Le he dicho en broma, "Te voy a dejar un día un par de pesos." Y yo quiero que el día que me muera—inclusive si estoy en México o aquí—que me sepulten con una banda, que sea una alegría—que no lloren. Que, al fin, yo he sido gustoso. Y ésa es mi última palabra: "¿Cree que estoy bien o estoy mal?"

Ayer nada menos fuimos a unos lugares, y todo el mundo me hablaba. Un muchacho, un paisano mío, me dijo, "A Don Carlos, todo el mundo de don-dequiera le saluda. ¿Por qué?" Porque mi modo de ser ha sido amistoso. Me acuerdo de una frase de mi padre, "Que vale más la amistad que el dinero." Y sí, es verídico.

Si un amigo mío en México me dijo que estaba pensando en salirse de México y venir acá a los Estados Unidos, yo le diría pues no es como tus sueños de lo que hay en El Norte. Pero, con el favor de El Señor, sí, es mejor que en México. Se sufre por venir acá. Pero uno ayuda a su familia. Vale la pena, porque si usted está ganando 50 pesos [$5] trabajando de las 7 de la mañana a las 12 del día, pues acá se gana $20 en cuatro horas. Vale la pena, 100%. Yo le diría, "Yo te ayudaré."

By wanting to save his own people
He almost lost his life
And although you don't want to believe it, dear friend,
This happened in the United States.

César Chávez, César Chávez, César Chávez,
I compare you to Gandhi or Martin Luther King.
In case you didn't know before, you know it now
You have your special place in heaven
And the chorus of birds will sing to you
When the land is no longer poisoned.

I have one last word. I told my son, "Look, I started a retirement plan for my old age and I put you down as the beneficiary." I said to him jokingly, "I'll leave you one day with a couple of pesos." My wish is that on the day that I die—whether it's here or in Mexico—that they bury me with a band playing and that there is rejoicing—no crying. That is my dream, that they come with a hearse and carry me away and play songs for me. That in the end I have been well-liked. And that is my last word: "Do you think that I'm good or bad?"

Only yesterday we went someplace and everyone was talking with me. One young boy from my country says to me, with admiration, "Look, Mr. Carlos, everywhere we go people greet you. Why?" Because my way is to be friendly with everyone. I remember a phrase from my father, "Friendship is worth more than money." That is indeed true.

If a friend in Mexico told me he was thinking of leaving Mexico and coming here to the United States, I'd say to him, well, it's not like your dreams of what it's like up North. But, with the grace of God, yes, it's better than in Mexico. You suffer, coming here, but you help out your family. It's worth it because in Mexico you may make 50 pesos [$5] working from 7:00 in the morning 'til noon, while here you make $20 in four hours. It's worth it, 100%. I would tell him, "I will help you."

I am not a cultured person, I went to school for only two years. Even though I am a person who had no schooling and am illiterate, I am not afraid. I am not afraid to stand in front of whatever court or whatever judge and fig-ure things out in my own way, do you understand? I am not a burro. I am not afraid.

"Estoy otra vez en lucha de mi pie. Sigo con la misma aliciente del futuro."

Yo soy una persona sin cultura. Yo, mi escuela fueron sólo dos años. A pesar de que soy una persona que no tuve escuela, que soy un analfabeto, yo no tengo temor. Yo no tengo temor de pararme ante de cualquier corte o de cualquier juez o descifrar a mi manera ¿me entiende? No soy un burro. Yo no tengo temor.

Cuando me salí de mi rancho, le dije a mi papá que tengo que ser otra persona, tengo que sobresalir adelante. Y he logrado mis sueños, lo he logrado. Ahora más que nada, sigo siendo un hombre, un ser humano. Yo estoy bien porque estoy maduro, pero sigo con mis sueños. Estoy otra vez en lucha de mi pie. Sigo con la misma aliciente del futuro de mañana. Un filósofo griego dijo esa frase: "El día de ayer lo pasé. El día de hoy lo estoy pasando. El de mañana no sé—vamos andando."

"I AM STANDING UP, FIGHTING. I CONTINUE ON WITH THE HOPE OF WHAT TOMORROW WILL BRING."

When I left my ranch I told my father that I have to be a different person, I have to excel and get ahead. I have succeeded in my dreams, I have succeeded. Now, more than ever, I continue being a man, a human being. I am doing well because I've matured, but I continue to dream. Once again, I am standing up, fighting. I continue on with the hope of what tomorrow will bring. A Greek philosopher once said, "I got through yesterday, I'm getting through today. About tomorrow I don't know—let's keep on walking."

Seth Lyons

"Con El Dolor Del Corazón Se Queda Uno Solita"

Una Entrevista con María Serrato de Zavala

María Serrato

María Serrato de Zavala tiene 52 años de edad. Creció en Las Peñas, México, y se casó con Samuel cuando tenía 18 años. Desde 1975 hasta 1997 ella y sus hijos vivían en México, mientras Samuel venía a Kennett Square para ganar dinero. En los 90 sus hijos empezaron a mudarse a El Norte, y en 1997 ella vino con su hija menor para estar con el resto de la familia. Una parte de esta entrevista tomó lugar mientras ella cocinaba, y terminamos la entrevista mientras ella mantenía a uno de sus nietos en su falda.

"You Stay Alone with Your Heart Aching"

An Interview with María Serrato de Zavala

María Serrato de Zavala is 52 years old. She grew up in Las Peñas, México, and married Samuel when she was 18. From 1975 to 1997 she and her children lived in Mexico, while Samuel came to Kennett Square to earn money. In the '90s her sons began to move North and in 1997 she came with her younger daughter to join the rest of the family. Part of this interview took place while she cooked and we finished the interview as she held one of her grandchildren on her lap.

de Zavala

Cuando me casé con Samuel, apenas cumplí 18 años. Samuel estaba viviendo en los Estados Unidos, y regresó y nos casamos. Después de casarnos se vino él por la frontera de *mojado* y la migración lo agarró y lo tenían preso en San Antonio, Texas. No oía nada de él por seis meses, ni sabía de él. Pensaba que él se había muerto, porque no les dejaban escribir. Después de que cumplía el plazo lo echaron. Me dió gusto cuando llegó, porque yo estaba embarazada de mi primer hijo, y enseguidita mi hijo nació.

Seis meses después, él fue a El Norte otra vez. Yo me sentía mal, porque me daba tristeza quedarme otra vez yo sola. Mire, en México está uno bien pobre y la misma pobreza lo hace a uno prestarse a que su esposo se vaya. Con el dolor del corazón se queda allá uno solita, y él se va a buscar trabajo. Nuestros sueños eran que Samuel ganara dinero para nosotros no sufrir, para vivir.

Pues él se venía y iba, ya tenía yo mi niño, y a veces me dejaba embarazada—y ya cuando volvía ya tenía yo otra vez mi niño. Tuve mi primer niño a los 19 años y ahora tenemos seis. Él duraba en los Estados Unidos a veces nueve meses, a veces un año. Estaba duro, porque usted sabe cuando uno está sola con la familia a veces siempre busca uno el apoyo del esposo para resolver algún problema que se tenga—por ejemplo que se le enferman a

"CON EL DOLOR DEL CORAZÓN SE QUEDA ALLÁ UNO SOLITA, Y ÉL SE VA A BUSCAR TRABAJO."

uno los niños. Y antes no habían teléfonos ahí en las Peñas. Él hablaba a casa de una familia mía, de Moroleón, y me mandaba a hablar con él por teléfono. Me escribía, también.

Samuel empezó a venir acá en el 75, y venía y iba hasta que fue en el 97 cuando nosotros nos venimos por acá. Mi hijo mayor, Jesús, se vino a los 16 años, y vivía con su padre. Entonces mis otros hijos, Juvencio y Javier, vinieron a El Norte, y yo vivía nada más con las tres muchachas. Mis hijas mayores se casaron, y me quedaba yo sola con la más chiquita. Me encontraba sola sin el apoyo, pues, de los hijos ni del esposo. Estaba triste, pero por una

I married Samuel when I was barely 18. He was living in the United States and when he returned we got married. After we got married he came across the border as a wetback, and Immigration got him and kept him as a prisoner in San Antonio, Texas. I didn't hear from him for six months, I knew nothing about him. I thought that he had died because they didn't let him write. After he finished his sentence they kicked him out. I was very happy when he came back because I was pregnant with my first child and soon after my son was born.

Six months later, he went North. I felt bad, it was sad for me to be left alone again. Look, in Mexico you're very poor and it's that poverty that makes you consent to your husband's going away. You stay there alone with your heart aching while he goes looking for work. Our dream was for Samuel to come here to earn money so we wouldn't suffer, so we could live.

"YOU STAY THERE ALONE WITH YOUR HEART ACHING WHILE HE GOES LOOKING FOR WORK."

Well, he came and went and sometimes left me pregnant—then when he came back I had another child. I had my first child when I was 19 and we had six in all. He stayed in the United States nine months at a time, sometimes a year. It was hard because you know when you're alone with your family you look to your husband for help when there's some problem—for example, when one of the kids gets sick. And before there weren't any phones there in Las Peñas. He called the house of my family in Moroleón and they sent for me to talk with him on the telephone. He wrote to me, too.

Samuel started coming up here in '75 and he came and went until '97, when we all came over. My oldest son, Jesús, came when he was 16 and lived with his father. Then my other sons, Juvencio and Javier, came North and I lived alone with my three daughters. The two oldest daughters got married and I was left alone with the smallest. I was alone, without the help of my children or my husband. I was sad, but on the other hand I was happy because my house was peaceful. But then again, I kept hoping they would come back.

parte sí estaba uno a gusto porque estaba uno tranquilo en su casa. Pero, por otra parte, pues, estaba uno con la ilusión de esperarlos, de que volvieran.

Me vine a los Estados Unidos por la primera vez el 12 de julio del 97. Yo no quería venir, porque yo no estaba acostumbrada a salir de mi casa. Mi esposo vino por mi hija y por mí. Salí por avión, me sentía bien rara—me salí de mi casa llorando y llegué aquí llorando [se ríe]. Ya después que llegué aquí ya no lloraba, porque ya ví, pues, que estábamos aquí juntos. Me fui sientiendo más a gusto, pues, estaba con él.

"Salí por avión, me sentía bien rara—me salí de mi casa llorando y llegué aquí llorando."

A los que extrañaba, pues, era a mi familia que dejé allá, a mis hermanas, mi mamá, mi papá. Mis papás ya se murieron, ya nada más mis hermanas quedan. Todos mis seis hijos están aquí, ya, y tengo nueve nietos. Todos viven aquí mismo, en Kennett Square—una hija aquí cerquita, la otra en unos apartamentos, y otra está viviendo aquí conmigo.

Cuando vine aquí, yo aquí no sabía nada, ni estaba yo acostumbrada a las calles. Después de que empecé a trabajar ya nada más conocía de mi casa al trabajo. Pues, ahora sí me gusta Kennett Square, porque ya tengo aquí hartito tiempo, ya me acostumbré.

Yo trabajo en el empaque de Kaolin, siempre he trabajado allí desde que vine a Kennett Square. Dos de mis hijos trabajan ahí, también, en otra área. Hacemos de muchos trabajos: pesando hongo, sacando las patitas del hongo, lavándolo, a veces haciendo *slice*. Lo que más trabajo es calcular el peso en una máquina. Cuando pasan los platos del hongo por la línea, los que vienen más llenos les quito un hongo o dos, y el que va más vacío le pongo uno o dos. Es muy rápido. Es difícil para uno que no lo sabe, como cuando entré, pero ahora no es difícil. Me gusta pesar lo más, porque está otro sitio donde hacen otros tipos de trabajos más pesados. Ahí tiene uno que lavar hongo, esquivarlo, sacar uno las vasijas llenas de agua—todo se moja uno, y si hace mucha agua en el piso, uno mismo está peligrando una resbalada y una caída. Tiene uno que tener mucho cuidado.

Yo trabajo cinco días cada semana. Empiezo a las siete, y si hay harto, trabajamos hasta las nueve de la tarde—14 horas. Algunas semanas trabajo 70 horas. Pasando de 40 horas, nos pagan *overtime*. Yo estoy ganado a la hora

"I LEFT BY PLANE, FEELING VERY STRANGE—I LEFT MY HOUSE CRYING AND I WAS STILL CRYING WHEN I ARRIVED HERE."

I came to the United States for the first time on July 12, 1997. I didn't want to come because I wasn't used to leaving my home. My husband came for my daughter and me. I left by plane, feeling very strange—I left my house crying and I was still crying when I arrived here [laughs]. But once I was here I no longer cried because I saw that we were here together. I felt happier since I was with him.

I missed my family that I left over there the most, my sisters and my mom and dad. Now my parents have died and only my sisters remain. Now all of my six children are here and I have nine grandchildren. They all live in Kennett Square—one daughter lives close by, another lives in an apartment building, and another lives here with me.

When I came here I didn't know anything, nor was I accustomed to the streets. Later, when I started to work, I only knew how to get from my house to work. Now I like being in Kennett Square because I've been here for awhile and I've gotten used to it.

I work in the packing house at Kaolin Mushrooms—I've always worked there since coming to Kennett Square. Two of my children work there, too, in another area. We do many jobs: weighing the mushrooms, taking out the stems, washing them, sometimes slicing them. I mostly work at the scales. When the mushroom pans come by on the line, if they're too full I take out one or two mushrooms and if they're too empty I put in one or two. It's very fast. It's difficult for a person who doesn't know the process, like when I first came to work, but now it's not hard. I like weighing the most because there's another place where they do other types of heavier work. There you have to wash the mushrooms and discard the defective ones. After washing the mushrooms you take out the containers full of water—you can get soaking wet, there's a lot of water on the floor, and you're in danger of slipping and falling. You have to be very careful.

I work five days a week. I start at 7:00 a.m. and if there are enough mushrooms I work until 9:00 p.m.—14 hours. Some weeks we work 70 hours. After 40 hours, they pay us overtime. I make $7.26 an hour and get ten-something for overtime. Each year they increase our hourly wage by a quarter.

$7.26, y gano diez y pico para *overtime*. Cada año le aumentan a uno una quarter.

En mi día libre me levanto temprano a las labores del hogar, dando una lava y recoge, y darle una limpiada a la casa, y a cuidar mis nietecitos, pues. Me doy un tiempito para cocinarle a los hijos, algo que yo no les puedo hacer en los días que trabajo. El día que descanso, trato de hacerles lo que a ellos les gusta—mole con su arroz, o una olla de tamales o una olla con pozole.

La Receta de María Serrato de Zavala para Tamales

- Se compra la carne de cerdo y se pone a cocer en una olla.
- Se pone en cubeta un paquete de maseca, y el caldo de cerdo se utiliza para amasar la masa—esté seguro que no esté tan caliente.
- Luego se pone una lata de manteca a derretir en una cazuela y se le pone a la masa con el caldo. Se amasa la masa con mucha fuerza, hasta que la masa despegue.
- Se hace una cazuela con chile colorado y chile negro, y se hace espesito con un bolillo.
- Se deshebra la carne y se bate con el chile.
- Se le pone la carne en el medio de la masa.
- Se envuelve la masa en la hoja de maíz.
- Se los pone en una vaporera, a cocer.

Se lleva como unas dos horas para hacer los tameles. Me satisface yo hacerlos, cocinar algo que le gusta a mi familia, estar aquí cuidándolos. En México, cuando no tenía mi familia junta, no tenía caso cocinar.

Pienso que hemos logrado los sueños que tuvimos hace 20 años. En México, aunque trabaja uno, se pasa uno muy pobre. Hay veces que no tiene qué comer, pues hasta se endroga. Pero aquí como estamos trabajando todos, comemos bien y no nos preocupamos. Por ejemplo, allá decíamos, "Pues esta semana ya pasó, pero falta ésta y ¿qué vamos hacer sin dinero?"—¿verdad? Esa es la diferencia: aquí estamos ganándolo y a la hora que no tenemos qué comer, salimos a traer comida. Y aunque nos acabemos el cheque, no nos pre-ocupamos, porque ya sabemos que a los dos o tres días nos van a dar otro.

Mi sueño para mis hijos es que lo mejor es seguir viviendo aquí, por

On my day off I get up early to do housework, to wash and pick up, clean up, and take care of my little grandchildren. I take a little time to cook for the children, something that I can't do for them on the days that I work. On the day that I rest, I try to make them something that I know they will enjoy—*mole* with rice, or a pot of *tamales* or a pot of *pozole*.

María Savala's Recipe for Tamales

- Buy some pork and put it in a pot to cook.
- Put a packet of *maseca* [ground corn flour] in a bowl and use some pork broth to knead the dough—be sure that it's not too hot.
- Then you put a cube of butter in a casserole dish to melt and add the dough and broth. Knead the dough very hard, until it doesn't stick.
- Put some red and black chiles in a pan and make it spicy with a piece of *bolillo* [a kind of Mexican bread].
- Pull the meat off in strings and stir it in with the chiles.
- Make a ball of the dough and put the meat in the middle.
- Wrap the dough in a corn leaf.
- Put the leaves in a steamer to cook.

Masa para tamales
Masa *for making tamales*

el trabajo, porque allá en México no hay trabajos, ni se alcanza la gente a mantener. Quiero que mis hijos trabajen y echen sus niños a la escuela para estudiar.

Si una amiga de México estuviera pensando en venir acá y me pidiera mi consejo, yo le diría que no, se descompusiera de allá. Porque luego ya no puede estar uno tranquilo ni aquí, ni allá, porque tiene uno familia aquí y deja una allá. Yo pienso que al descomponerse uno pues no, no está nada bien, porque es mucho el sacrificio que hace uno al venirse para acá. Claro que se viene uno contento y a gusto por estar con su familia, pero deja uno allá sus raíces que uno más quiere—como yo mi mamá y mi papá. Mire, no es fácil cuando le dicen a uno, "Vente a México, porque tu mamá está muy mala para que la veas, vente porque tu papá está enfermo." No es fácil irse uno de inmediato porque estamos lejos y los boletos son muy caros. Cuando mi mamá estuvo mala fui a verla, pero no pude ir a verla cuando murió. Eso es lo difícil—por eso debe pensarlo uno muy bien para venirse. También le diría a ella que es muy difícil acostumbrarse uno a esta vida del norte de los Estados Unidos, especialmente si estamos sin trabajar. Los nervios la agarran a la persona que no trabaja en este país. Si no trabajamos—mejor no venirnos. Cuando uno trabaja, se entretiene uno, se pasa el tiempo muy rápido, no está pensando en nada. Pero si no trabaja, se le va a uno en pensar, en pensar, y no está uno a gusto ni tranquilo. Necesita uno trabajar aquí.

Seth Lyons

María con su esposo Samuel y su nieta Gisel
María with her husband Samuel and granddaughter Gisel

María y Gisel, cocinando
María and Gisel, cooking

It takes about two hours to make the *tamales*. It gives me satisfaction to make them, to cook something that my family likes, to be here taking care of them. In Mexico, when I didn't have my family together with me, I had no reason to cook.

I think we have achieved the dreams we had 20 years ago. Even when you work in Mexico, you are just barely getting by. There are times that you don't have anything to eat, you even get into debt. But it's not like that here because we are all working; we eat well and we don't worry. For example, over there, we would say, "Well, it's the end of the week but we need this or that and what are we going to do without money"—right? That's the difference: here we are making money and when we don't have anything to eat, we go out to get food. And even though our check is spent we don't worry because we know that in two or three days they'll give us another one.

My dream for my grandchildren is that it's better for them to continue living here, for the work, because over there in Mexico there aren't any jobs, there's not enough for the people to survive. I want my children to work and send their children off to study in school.

If a woman friend from Mexico was thinking of coming here and asked for my advice, I would tell her not to uproot herself from over there. Because then you can't be relaxed either here or over there—because you have a family here and you leave one there. I think that when you uproot yourself from your home, nothing goes well, because it's a lot, the sacrifice that you make to come here. Of course, you come here happy to be with your family, but over there you leave the roots that you love the most—like for me, my mom and dad. Look, it's not easy when they tell you, "Your mother is doing very badly, come to Mexico so you can see her; come because your father is sick." It's not easy to leave immediately because we are far away and the tickets are

"Pues nada más nos regresamos para México, a recogernos a nuestra casa allá. Quiero retirarme allá."

Yo no quería comprar nuestra casa en Kennett Square, porque mi ilusión era irme para México algún día. Pero me presté a agarrar la casa por toda mi familia, para que se recogieran mis hijos aquí. Ya estamos viviendo más a gusto y hay más espacio para todo. Allá tengo una casa muy grandota en México, también. Yo me sueño regresar para México, porque entre más tiempo pasa uno, se está poniendo más viejo y un día no podremos trabajar. Pues nada más nos regresamos para México, a recogernos a nuestra casa allá. Quiero retirarme allá.

Si yo pudiera hacerlo de nuevo, quizás vendría, quizás no. Pero si voy allá ahora, voy a dejar mis hijos—por verlos, a lo mejor quedarme. Aquí, por esa parte, no sufre uno, porque tiene uno mucho que comer; pero para la vida tranquila, pues la de México. Si un día no puedo trabajar o que ya esté más vieja pues vamos para México—aunque estemos allá bien pobres, pero siquiera estamos allá.

"WE JUST HAVE TO GO BACK TO MEXICO, TO GO HOME. I WANT TO RETIRE THERE."

very expensive. When my mother was very ill I went to see her, but I was unable to go to see her when she died. That's what is difficult—that's why you should think long and hard about coming here. I would also tell her that it's very difficult to get used to this life up North in the United States, especially if you're not working. She who doesn't work in this country will become a nervous wreck. If you don't work, it's best not to come. When you work, you keep yourself busy, time passes by very fast, you're not thinking about anything. But if you don't work, you get to thinking and thinking, and you're not happy or calm. You need to work here.

I didn't want to buy our house in Kennett Square because my dream was to go back to Mexico someday. But I gave in to getting the house for all of my family, so my children could stay here. Now, we live more comfortably and there is more space for everything. I have a very big house over there in Mexico, too. I dream of going back to Mexico because the more that time passes you by, the older you get, and one day we will not be able to work. Then we just have to go back to Mexico, to go home. I want to retire there.

If I could do it all over again, maybe I would come, maybe not. But if I go back now, I will leave my children, so probably I'll stay in order to see them. Here you don't suffer, because you have a lot to eat, but for the peaceful life, there is Mexico. If I am unable to work some day or I'm older, we will go to Mexico—even if we end up being very poor over there, at least we will be there.

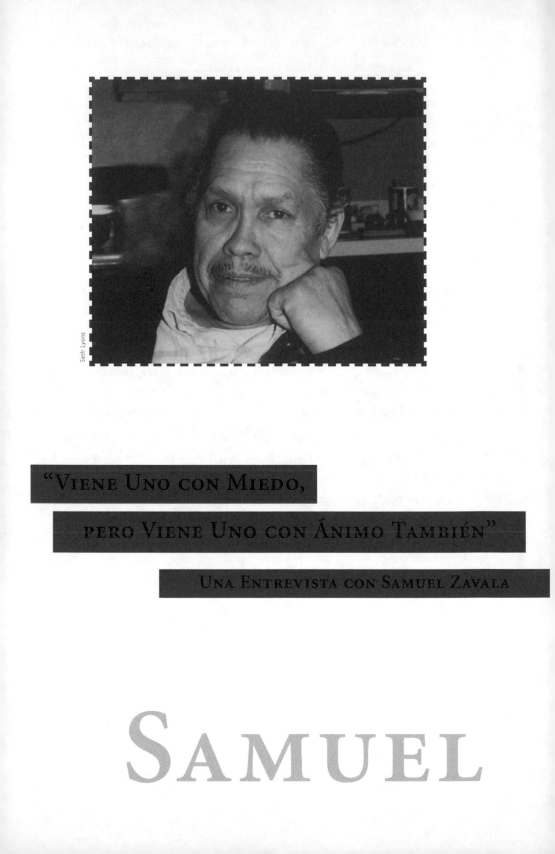

Seth Lyons

"Viene Uno con Miedo,

pero Viene Uno con Ánimo También"

Una Entrevista con Samuel Zavala

Samuel

Samuel Zavala tiene 55 años de edad. Vino a los Estados Unidos por primera vez in 1975, cuando tenía 18 años. Obtuvo su residencia permamente in 1987, cuando la Inmigración les dió amnistía a los trabajadores agrícolas, y les trajo a su esposa y los hijos a los Estados Unidos in 1997.

"You Come with Fear, but You Come with Courage Too"

An Interview with Samuel Zavala

Samuel Zavala is 55 years old. He came to the United States for the first time in 1975, when he was 18. He obtained his permanent residency status in 1986, when the Immigration Service granted amnesty to agricultural workers, and he brought his wife and children to the United States in 1997.

ZAVALA

Yo vivía en el rancho de Las Peñas en el municipio de Moroleón. Allá en México nos manteníamos de sembrar maíz y frijol y eso. Vivíamos pobremente ¿verdad? Sembramos poquito maíz con la mano, con un azadón—un pedacito de fierro—para abrir el surco. No tuvimos animales. Los que tenían animales ya eran personas más importantes. Ellos que tenían animales podrían vender un animal y podrían sembrar más terreno. Nosotros—los que sembramos poquito con la mano—solo tuvimos bastante semilla para durar el mismo año.

Al pasar del tiempo, dejé de sembrar y me empecé a venirme para acá para los Estados Unidos, como mucha gente. Cuando me animé a venirme les dije, "Miren jefes, me voy por allá a la aventura, a los Estados Unidos, a ver si me llevo por allá, me paso la línea. Yo voy para ganar dólares." Por cierto, mucha gente se muere en el camino o algunos se pierden, pero esa es la misma aventura. Habían seis personas en mi familia—mis padres, las dos hermanas se quedaron allá, y yo y el hermano nos venimos para acá. Nos venimos acá a Pensilvania, porque hacía años mucha gente empezó a venir del lugar de nosotros. Pues está muy lejos de Las Peñas, pero había mucho trabajo en el hongo. Llegué por la primera vez en Pensilvania en 75, cuando tuve 18 años.

Mi esposa también vivía ahí en el mismo rancho, en las Peñas. Es una parte pequeña, que hay como unas 40 casas, pues ella ahí tiene su casa. Ahí se conoce uno, y nos hicimos novios. Yo me hice novio con ella cuando regresé de Chicago. Tuve 19 años. Después me venía sin ella, solo, a El Norte. Era un poco difícil, porque ella se quedaba solita allá, y yo venirme para acá a la aventura, solo también. Era una vida triste, sí, triste, que uno está solito para acá y ella por allá y sin poder traerse uno a la mujer para acá.

Dentro de un año tuvimos el primer niño. Y ya después fueron naciendo más cada año, y así. Cada año yo iba y venía, y añadí otra persona a mi familia. Tengo seis hijos, y ya todos están grandes: tres hombres y tres mujeres. Todos están aquí en Kennett Square.

Tomé muchos años de venir para acá, de ir para allá, después de formar mi familia en México. Mi mujer estaba allá y yo acá trabajando. Me iba cada año hasta que salió la ley de que nos dieron, la amnistía en 86. Entonces

I lived in the village of Las Peñas, in the municipality of Moroleón. Over there in Mexico we lived by sowing corn and beans. We were very poor. We sowed a little corn by hand, with a hoe—a little piece of iron—to make a trench. We didn't have any animals. Those who had animals were more important people, they had it easier. They could sell an animal and sow more land. Those of us who planted by hand only had enough seed to last that year.

After awhile, I stopped planting and began to come to the United States, like many people. When I got ready to come, I said to my parents, "Look, I am going on an adventure to the United States, to see if I can get over there, if I can cross the line. I am going to earn money." Certainly many people die on the way or some get lost, but that's part of the adventure. There were six people in my family—my parents, my two sisters who stayed

Seth Lyons

there, and my brother and I who came here. We came here to Pennsylvania because years ago many people started to come from our town. It's far from Las Peñas, but there was a lot of work harvesting mushrooms. I came to Pennsylvania for the first time in '75, when I was 18.

My wife also lived there in the same village, in Las Peñas. It's a small place, like 40 houses or so, and she had her house there. Well, we got to know one another and we became sweethearts. I got

71

yo metí aplicación para que la familia venga a El Norte, y logré, y arreglé los papeles para ellos. Después me decidí traérmelas, a vivir aquí con ellos, con todos.

Bueno, en ese tiempo cuando yo decidí a venir acá mis sueños eran ganar dinero para estarse uno manteniendo un poco mejor. Y pues, sí, se logró el sueño. Cada vez que venía yo, se venía bien, nunca tuve problemas. Yo trabajaba un tiempo, regresaba, ahorraba un dinero, se lo mandaba a mi esposa y me iba para México. Allá se nos gastábamos, se nos comíamos, y luego por otra temporada venía para acá de nuevo. Pues vivía acá ocho o nueve meses y me iba para México. Sobre la Navidad yo iba para reunirme con mi esposa y mis hijos y a ver a mis jefes también—mis papás todavía vivían. Pues era un poco trabajoso salir de mi familia, porque uno aquí estaba solito y haciendo sacrificio de ganar dinero y de mandar su cheque para allá, para que ellas allá también se mantuvieran ¿verdad? Sí, así toda la vida. Cuando se iba uno para México, juntaba uno un dinero para el pasaje y pues nos íbamos para allá, con un dinero que llevaba uno en la bolsa. Ya se descansaba un tiempo uno en México con ellos—como ir a los mercados en Moroleón o a comer uno del bueno.

Vine de ilegal [se ríe]. En ese tiempo cuando yo pasaba la frontera conseguía dinero, y salía con el vecino, con el amigo, para el pasaje para la frontera. Fuimos por autobús de Moroleón hasta la frontera. Ahí cruzábamos el río, o la línea. Ya acá en la frontera buscaba uno a una persona que lo pasara por acá. En aquellos tiempos de antes, le pagábamos al *coyote* $400, $500; después, últimamente, se estaba poniendo más caro—hasta $2,000. Pasé una vez por Laredo, y he pasado por Matamoros también, y Piedras Negras. Y esta última vez, antes de arreglar mi amnistía, por Tijuana nos pasaban. Había un *coyote* conocido que era de Moroleón, se llamaba Manuel Aguirre, sí, con ése me vine varias veces. Él nos pasaba acá y tenía guías en este lado que lo echaban en avión a Los Ángeles, a Filadelfia.

Por ahí por Texas a veces pasaban mucho terreno caminando muchas horas entre el monte, en peligro de un piquete de una víbora. Una vez caminaba por cuatro días, que por cierto, llegando a Chicago nos agarró la migra [se ríe] y nos echaron para México. Y después empezamos a venirnos de nuevo a la siguiente temporada, unos dos o tres meses después.

Los otros de otros países, los salvadoreños, los centroamericanos, pasan una doble línea. Como dice una canción, son "doble *mojados*" porque

engaged to her when I returned from Chicago. I was 19. Afterward, I came without her, alone, up North. It was a bit difficult because she stayed over there alone, and I came here for the adventure and was alone as well. It was a sad life, yes, sad. You're alone here and she's alone there, and there's no way to bring her.

Within a year we had our first child. And then there were more being born every year, that's how it went. Yes, every year I came and went and added another person to my family. I have six children and all of them are grown up already: three men and three women. And all of them are here in Kennett Square.

I spent many years coming back and forth, after starting my family in Mexico. My wife was there, and I was here, working. I went every year, until '86 when the US government passed the amnesty law. Then I applied for my family to come North and I succeeded in arranging their papers. Afterward, I decided to bring them all to live here, to live together, all of us.

When I decided to come here my dreams were to make money, to support myself a little better. And I achieved my dream. Every time I came here to the US, I did well, I never had problems. I worked awhile, saved some money, sent it to my wife, and went back to Mexico. There we spent it, we ate with it and later, in another season, I came over here again. I never spent more than eight or ten months here, then I went back to Mexico. Over Christmas I went back to reunite with my wife and children and to see my mom and dad—they were still alive then. It was pretty difficult to leave my family because you're here in the US alone, sacrificing to make money and sending your check over there, so that they can support themselves, right? Yes, that's how all of our lives were. When you went to Mexico you got together some money for the trip and carried some money in your pocket. Then you relaxed for a time over there with your family—like going to the markets in Moroleón and having a good meal.

I came as an illegal [laughs]. Those times I crossed over I got hold of some money and left with my neighbor, a friend, on the trip to the border. We went by bus from Moroleón to the border. At the border we crossed the river. Then I looked for a person who would take me over. In those times we paid the *coyote* $400 to $500; the last time it was more expensive—up to $1000. Once I crossed through Laredo and I've crossed over at Matamoros and Piedras Negras. And the last time, before arranging my amnesty, they

"Decimos 'mojado' porque cuando uno se pasa por el río en la frontera como ilegal . . . se moja, ¿verdad?"

son ilegales cuando pasan de Guatemala a México, y otra vez cuando pasan de México a los Estados Unidos. Decimos "mojado" porque cuando uno se pasa por el río en la frontera como ilegal, sin papeles, se moja, ¿verdad? Aun si uno se pasa por donde no hay agua, pues, es ilegal—todavía es un *mojado*.

Pues, hay veces que se pasa cuando no está muy caliente, ni muy frío, tiempos que están más o menos bien para caminar. Yo nunca me traté de venir en la mera calor fuerte, porque sí se peligra mucho y hasta gente se ha quedado en los desiertos muerto ¿verdad?—de sed, de hambre, por el mismo calor. Sí, sentimos miedo. Viene uno con miedo, pero siempre viene uno con ánimo también. Viene uno decidido que Dios lo ayude, que no lo agarre la migra, que pase uno de este lado a conseguir un trabajo, para mantener la familia, vivir un poquito más mejor—y ésa es la aventura que nos trae de México.

En México no hay trabajos para uno estarse manteniendo. Esa es la realidad—uno no puede mantenerse, la lleva uno muy pobre, muy pobre la verdad. Trabaja uno en el cerro, picando la tierra con un azadón, sembrando maíz para estarse uno haciendo las tortillas. Después del tiempo de lluvias se va el agua y ya no se da el maíz, ni el frijol. Y ¿de dónde uno come pues? ¿Verdad? Y ya no se da el sueño que uno trae. Mejor de venirse para acá. Por eso decide uno venir a los Estados Unidos.

El Mojado I

Los perros, los guardias, los empujones,
Las esposas, el pavor, los interrogatorios,
Los uniformes, el piso brilloso, los gordos,
Todo le cayo encima, de golpe . . .
Amonestado, amenazado, atolondrado
Vuelve:

"Bienvenido a Mexico" alcanza a leer;
palabras tibiamente gastadas
entre la lluvia que es solo humedo recuerdo,
viento fresco que acaricia la ciudad . . .

Siente los labios secos.
En el centro de la calle
El Programa Paisano lo recibe
Con slogans y sonrisas de TV.

Son las 12 de la noche
Y a lo lejos un radio
Canta el Himno Nacional.

—Enrique Cortazar

"We say 'mojado' [wetback] because when you cross the river on the border as an illegal ... you get wet, right?"

smuggled us through Tijuana. There was a well-known *coyote* from Moroleón, Manuel Aguirre, who I came over with several times. He smuggled us over, then had guides on this side who put you on a plane to Los Angeles, to Philadelphia.

There in Texas sometimes you crossed over a lot of terrain, walking for hours in the mountains, in danger of a snakebite. One time we walked for four days and, sure enough, after arriving in Chicago *La Migra* grabbed us [laughs] and booted us back to Mexico. We returned the next season, two or three months later.

Others from El Salvador, the Central Americans, cross over a double line. Like a song says, they are *doble mojado*—twice a wetback—because they are illegal when they cross over from Guatemala into Mexico and again when they cross over from Mexico to the United States. *Mojado* means "wet." We say *mojado* because when you cross the river on the border as an illegal, without papers, you get wet, right? Even if you go over where there's no water, you're still an illegal, you're still a *mojado*—a wetback.

The Wetback I

The dogs, the guards, the shoves,
The handcuffs, fears, interrogations,
The uniforms, shiny floor, the fat ones,
Everything fell on him, a blow ...
Warned, threatened, confused
He returns:

"Welcome to Mexico"—he catches sight
of lukewarm wasted words
in the rain that is only a humid memory,
cool wind that caresses the city ...

He feels the dry lips.
In the middle of the street
The Paisano Program receives him
With TV slogans and smiles.

It's twelve at night
And in the distance a radio
Plays the National Anthem.

—Enrique Cortazar

There are times that you cross over when it's not too hot or too cold, when the weather is more or less good to walk in. I never tried coming here when it was really hot because you do put yourself in a lot of danger,

"Viene uno con miedo, pero siempre viene uno con ánimo también."

Cuando yo estaba aquí solo, yo vivía en los campos que se llenaba de raza que el patrón juntaba para trabajar. Él nos daba un campamento para vivir donde teníamos una cama en un dormitorio para tres o cuatro personas. Cocinábamos y nos íbamos a trabajar, regresábamos a hacer cocina y a comer. Todo lo hacíamos nosotros solos, los hombres solos. Así era la vida de un soltero: una vida de trabajar, cocinar y dormir, sí. Durante ese tiempo uno estaba, pues mire, haciendo sacrificio, estando solo, pero ganando su dinero y se lo mandaba uno a la familia. Pues, no estaba uno muy tranquilo, pero era por estar uno ganando dinero y estar manteniendo a la familia para que no les falte nada de comer. En ese tiempo aquí no le daban a uno un día de descanso, trabajaba uno día corrido, corrido, los siete días corridos.

Se trabajaba mucho a los principios—se trabajaban 80 horas, hasta 90 horas cada semana. Después la amnistía, en 86, empezaron a darnos un día de descanso. Ya trabajamos menos, a las 60 horas. Yo creo que estaba duro tanto tiempo que a veces los hombres empezaban a tener mujeres en los campos. Y si usaba uno las mujeres se sentía uno tranquilo, ¿verdad? Aunque si pasaban enfermedades.

En estos días, trabajo en la empacadora, pesando hongo shitake, hongo *oyster*, en cajas de tres libras o cinco libras. Ahorita gano a $6.75 la hora. Sí, nos dan *overtime* en la empacadora, pero en los dobles no les dan *overtime*, ¡fíjese! Cuando

Seth Lyons

Samuel Zavala con su esposa María y sus nietos Gustavo y Gisel
Samuel Zavala with his wife María and their grandchildren Gustavo and Gisel

"You come with fear, but you always come with courage, too."

and a lot of people have been left dead in the desert—from thirst, from hunger, or the heat. Sure, we were afraid. You come with fear, but you always come with courage, too. You come having decided that God will help you, that you will not be caught by Immigration, that you will cross over to this side to get a job, to support your family, to live a little better—that is the adventure that brings us from Mexico.

In Mexico, there are practically no jobs. That's the reality—you can't support yourself, you end up being very poor, to tell the truth. You work in the mountains, poking the earth with a hoe, sowing corn to make tortillas. After the rainy season, the water goes away and the corn and beans don't grow. What does one eat then? And the dream that you have had, it is gone too. Better to come here. That's why you decide to come to the United States.

When I was up here alone, I lived in the camps that were filled with Mexicans that the boss got together to work. He provided us a place to live, where we had a bed in a room with three or four people. We cooked and went to work, then we returned to cook and eat. We did everything ourselves, only men. Such was the life of a bachelor—a life of working, cooking and sleeping. You were sacrificing by being alone, but you were making money and sending it to the family. Well, you weren't very happy, but the point was to make money and support your family, so they have food to eat. During that time they didn't give you a day off, you worked day after day, seven days running.

You worked a lot in the beginning—80, or even 90, hours a week. After Amnesty, in '87, they started to give us a day off. Now we work 60 hours. I think that after so much time passed, sometimes men began to have women in the camps. If you used one of the women, you felt calmer, right? Even when diseases were passed around.

These days, I work in the packing house, weighing shitake or oyster mushrooms in boxes of three pounds or five pounds. Right now I make $6.75 an hour. They do give us overtime in the packing house, but in the mushroom houses they don't pay overtime, imagine that! When I picked mushrooms, you separated one size from another in different boxes and they paid you per box.

empecé a trabajar a pizcar hongo, ahí separa uno de un tamaño y otro en las diferentes cajas, y le pagaban por caja. La última vez que yo pizqué hongos era como unos cinco años, en Kaolin Mushrooms. Después entré ahí mismo en la factoría, en la empacadora, pesando, poniendo hongo a una banda o a veces lavando y estaqueando las cajas. De ahí es donde sacan las cajas para los dobles a la gente para que las llenen de hongos. Me salí de pizcar hongo porque, como pizcaba muy poquito hongo, no podía ganar mucho. Yo decidí cambiar de trabajo del empaque, para no madrugar tanto, y vivir más cómodo—más cabal de sueño ¿verdad? Porque antes allá nos levantábamos a las 2:30 de la mañana y la entrada de trabajo era a las 3:00, y trabajábamos los siete días a la semana.

La lucha para tener un sindicato en Kaolin ya andaba cuando yo entré ahí para trabajar. Anduve ahí durante la bola, pero ellos fueron los que se levantaron, todos los que estaban allá antes. Llegué ahí para conseguir trabajo, pero muchos de los compañeros me hicieron pues que entrara a la lucha también ¿verdad? Ya ví que las huelgas son así. Pero yo casi no andaba en éso, nada más que entré ahí a trabajar. Ya, pues, después me aferré a ellos, a apoyarlos ¿verdad? Después me seguí trabajando por Kaolin a la empacadora, pero ahí no tienen la unión.

¿Por qué se levantó la huelga? Porque los patrones les abusaban mucho a los trabajadores—sí por éso se levantaron en la huelga. Los patrones les presionaban mucho en términos de hacerles que trabajaran de más, de hacerles de que trabajaran lo que no debían hacer. Les hacían que pizcaran, que levantaran todo el honguito que se caía; pero eso le nombran otro trabajo aparte, el que se da a clinear todo, el desecho. Y la raza por andar de contrato, no quería entretenerse a limpiar pues, para hacer otras cajas más ¿verdad?

Se puede decir que haya mejorado, por algunos. No toda la gente se une—a muchos no les gusta la forma como está ahorita. No saben qué significa la lucha esa, la huelga, o sea, la unión. Ellos lo que querían era trabajar y ganar dinero ¿verdad?

Yo estaba trabajando sin documentos hasta el 86, cuando el gobierno de los Estados Unidos les ofreció amnistía a los ilegales quien habían trabajado por 90 días en la agricultura. Nos dieron una tarjeta de residencia, la cual renové cada diez años. Ahora que tengo mi tarjeta de residencia permanente, me siento acá ya como americano [se ríe]. Esta tarjeta es muy valiosa para

The last time I picked mushrooms was about five years ago, at Kaolin Mushrooms. Afterwards, I went to work in the packing plant, weighing, putting the mushrooms on a belt or sometimes washing and stacking the boxes. From there the boxes are taken out to the mushroom beds for the pickers to fill them with mushrooms. I stopped picking mushrooms because I could only pick a few, so I couldn't earn much. I decided to change to working at packing, so that I didn't have to get up so early, to live more comfortably—better for dreaming, right? Because before, we woke up at 2:30 in the morning, started work at 3:00 and worked seven days a week.

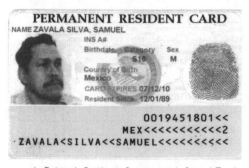

La Tarjeta de Residencia Permanente de Samuel Zavala
Samuel Zavala's Permanent Resident Card

The struggle to have a union at Kaolin was already going on when I went to work there. I was there during the uproar, but the ones who rose up were those who had been there before. I came there to get work, but many coworkers encouraged me to enter the fight as well, right? I knew what strikes were about. But I mostly didn't get involved in that, I only came to work. Afterwards I stuck with them, to support them. I continued working for Kaolin at the packing plant, but they don't have a union there.

Why did the strike start up? Because the bosses abused many of the workers—that's why they rose up to strike. The bosses pressured them a lot in terms of making them work more, to make them do work that they shouldn't do. They made them harvest the mushrooms, then pick up all the mushrooms that fell on the ground, but that was a separate job for the person who cleans up all the waste. And because the Mexicans were working on piece rate, they didn't want to be slowed down by cleaning up, so they could fill more boxes, right?

You can say that it has gotten better, for some. Not all the people are united—many don't like the way it is now. They don't know what the strike, the struggle for a union, means. What they wanted was to work and make money.

I was working without documents until '86, when the US government offered amnesty to illegals who had worked for 90 days in agriculture. They

nosotros porque con ésta, si no la presentamos a la inmigración cuando viene uno para acá, no nos dejan pasar de México. Con ésta nos dejan pasar para acá, como si fuéramos americanos. Y aquí, entonces, ésta también nos sirve para entrar a cualquier trabajo. Ya anda uno libre, por que la tarjeta dice "residente" y "permanente." Sin esta tarjeta pues, no puede uno estar aquí muy tranquilo, muy confiado—especialmente anteriormente, cuando la Inmigración agarraba mucha gente. A mi me agarraron como dos veces, por aquí en los campos, sería como en 78, 79, cuando llegué del trabajo a comer. Nada más dicen pues, "Vámonos para México," y entonces dice uno "¿Cómo voy a pagar lo que debo allá?" Cuando le agarran, uno tiene que quedarse quieto, pues también no correr, puesto que si corre uno, ellos se enojan, y le golpean. Le agarran, le echan para afuera, y pues uno se vuelve a venir de nuevo.

Ya no extraño a México, no se fija uno en cosas que extraña, nada más la distancia que tiene uno a su casita allá en México, sola y abandonada. Nacimos en México pero ahora aquí estamos, viviendo tranquilos, comiendo, y durmiendo [se ríe]. Cuando yo me retiro, si Dios me da licencia que viva, pues puedo estar en las dos partes—allá o aquí—como tengo mi casita en México. Si acaso me fuera, tengo que venir a echar vueltas para acá, a los hijos que se quedan en los Estados Unidos.

Ahora, con la familia está uno más tranquilo. Empecé a traer mi familia acá en el 97. Dos de mis hijos trabajan conmigo. Uno descarga los troques, y el otro trabaja en la empacadadora donde yo peso el hongo. Mi tercer hijo anda pintando casas. Yo vivía aquí sin la familia un poco más de 20 años, entonces yo arreglé documentos para ellos, para traerlos. No me gustaría que hubieran pasado por la frontera sin papeles; no, nunca me dió por traérmelas por el cerro.

Me siento bien tranquilo aquí, entre todos ustedes, me estoy manteniendo, ganando dinero. Somos vecinos de países ¿verdad? Me siento aquí como si yo estuviera allá en México. Antes de que venía mi familia aquí yo tenía otra clase de sueño—de venir a trabajar y ganar uno su dinero y mandárselo allá a la mujer en México. Pero cambian los tiempos. Hubo la facilidad, les arreglamos para venir, y ya estamos por aquí. La vida ahora es diferente porque estamos todos reunidos aquí. Vivimos más cómodos, todos trabajamos. Ese era el sueño de nosotros—estar todos juntos, y ya lo logramos, con la voluntad de Dios. Estamos aquí.

Ya toda la familia está trabajando, y como somos todos trabajadores,

gave us a residency card, which I renewed every 10 years. Now that I have my permanent residency card, I feel like an American [laughs]. This card is very valuable to us because if we don't present it to Immigration when we come here, they don't let us cross over from Mexico. With this card now they let us come over here, as if we were Americans. This card is also useful for getting a job. Now you can go about feeling free because the card says "resident" and "permanent." Without this card, you can't be very relaxed or trusting—especially before, when Immigration grabbed many people. They snagged me two times here in the camps, around '78, '79, when I came home from work to eat. They just said, "We'll, let's go to Mexico," and I said, "How am I going to pay what I owe people over there?" When they catch you, you have to stay calm and not try to run because if you run, they'll get pissed off and beat you. They catch you and throw you out, then you just come back again.

I don't miss Mexico anymore. You don't focus now on the things that you miss, other than how far away you are from your little house back there in Mexico, alone and abandoned. We were born in Mexico, but now we're here, living peacefully, sleeping and eating [laughs]. When I retire, if God grants that I live, I can be in two places—over there or here—since I have my little house in Mexico. If I do go, I'll have to make trips back here, to see my children who stay in the United States.

Now, with my family here, I'm calmer. I started bringing my family here in '97. Two of my sons work with me. One unloads the trucks, the other works in the packing house, where I weigh the mushrooms. My third son paints houses. I lived here without family for a little more than 20 years, then I arranged their documents to bring them over. I wouldn't have liked for them to cross over the border without papers; I never would have brought them through the mountains.

I feel really peaceful here in the United States, among all of you, supporting myself, making money. We're neighboring countries, right? Here, I feel as if I were in Mexico. Before my family came here, I had a different kind of dream—to come here to work and make money to send back to my wife in Mexico. But times change. There was the opportunity, we arranged for them to come, and now we're all here. Life is different now because everyone is back together. We live more comfortably, we're all working. That was our dream—to be all together, here. And we succeeded, with the will of God. We are here.

es importante que la relación entre los *farmers* y los trabajadores esté bien—
venimos a trabajar, y cuando nos tratan bien, uno pues trabaja con gusto
porque sabemos que de ahí nos estamos manteniendo y estamos bien. Pero
todavía hay algo que me gustaría cambiar en mi vida: la ciudadanía. Se dice que
en la ciudadanía tiene uno más derechos. Pero hay que aprender varias preguntas en inglés, y yo estoy en una edad ya un poco avanzada, y no se me
puede pegar el inglés [se ríe]. No hago la lucha de estudiar las preguntas,
porque llega uno tardecito a veces del trabajo y solo tengo un día de descanso. Me estoy dejando pasar el tiempo de cambiar la ciudadanía. Mis hijos también no hacen el propósito de aprender inglés. Se los hemos dicho, "Miren,
ustedes están nuevos, hagan el propósito de aprender." Los americanos, con
su idioma, ganan más mejores sueldos, y nosotros no tenemos su lenguaje. Es
muy duro el inglés ¿verdad? para aprender. Casi no sé inglés.

Mis sueños para mis hijos son menos que ellos sigan viviendo igual
que ahorita, que sigan el ejemplo mío de trabajar y estar disfrutando su
dinero. Y que les den estudio a los niños chiquitos para que sepan el lenguaje
inglés y se defiendan un poco mejor. De lo demás, está todo bien porque las
hijas tienen su trabajo, y una de ellas se está enseñando solita a manejar para
andar transportándose para donde quiera—a la tienda, a la compra, al doctor.
Yo no sé manejar.

Tengo mucho orgullo en mis hijas porque ellas son muy buenas personas, no les gusta pelear, no les gusta estar saliendo tarde, ni tienen envidia
con nadie—no, ellas se tratan muy bien. Y los hijos, es igual—trabajan con
madurez y con amor.

"CUANDO LLEGO DE TRABAJAR . . . ME RECUESTO TANTITO EN LA CAMA . . . PARA ESTAR UN RATO CONTENTO—ESCUCHANDO LA MÚSICA RANCHERA, MI MÚSICA MEXICANA."

Lo que me da más alegría es que estamos reunida toda la familia.
Anteriormente, no era igual. Lo más difícil para mí era estar solito aquí, lejos
de la familia—ellas solas por allá en México y uno acá también solito, llegando
del trabajo para cocinar solito, sin la reunión de la familia. Está uno más
triste, la vida más difícil—tanto para ellas como para uno.

Cuando mi vida era difícil, me gustaba escuchar a mi música
ranchera—la música que se usaba en aquellos años de antes cuando habían

The whole family is working now and since we are all workers it's important that the relationship between the farmers and workers is good—we come to work, and when they treat us right, we work with pleasure because we know that we are supporting ourselves and are doing well. But there is still something in my life I would like to change: my citizenship. They say that with your citizenship you have more rights. But you have to learn various questions in English and since I'm at a slightly advanced age, English isn't able to stick with me [laughs]. I don't make the effort to study the questions because I come in late from work and I have only one day a week to rest. I'm letting the time pass by for me to change my citizenship. My children also don't make a point to study English. We've told them, look, you're new here, make it a point to learn. The Americans, with their language, earn better salaries, and we don't have their language. English is very hard to learn, right? I know hardly any English.

My dreams for my children are for them to continue living at least the same as they are right now, that they follow my example of working and enjoying their money, and give their little ones an education so that they know the English language and can defend themselves a little better. Otherwise, everything else is fine because my daughters have their work and one of them is teaching herself to drive so she can go wherever she wants—to the store, shopping, the doctor. I don't know how to drive.

Pedro Infante, ranchero y famosa estrella de cine
Pedro Infante, famous ranchero and film star

artistas rancheros en México, como Antonio Aguilar, Pedro Infante, José Alfredo Jiménez, Pedro Vargas. Ya ellos murieron, rancheros ya casi no hay. Ahorita están saliendo otras músicas gruperas más a la moda, pero a mí no me gusta eso nuevo ya de ahora. Me gustan las palabras de las rancheras y el estilo de la composición de la canción. Con ese estilo de música me muero.

La música ranchera es importante para mí porque era el estilo de México cuando nací, crecí gustando el estilo, y llegué a una cierta edad mayor con el mismo estilo de la música. No puede gustarle a uno otra música que no es la misma con que uno nace y crece y llega a viejo. Porque no cambia uno, no se adapta uno a otra música.

Cuando llego de trabajar, o estoy en mi día de descanso, me recuesto tantito en la cama y ahí pongo un cassette para relajarme y darme un gusto un rato, estar un rato contento—escuchando la música ranchera, mi música mexicana [se ríe].

CUANDO JUEGO EL ALBUR

Una ranchera por Pedro Infante

Ahora sí ya no tiene remedio
Se acabó nuestra gran ilusión
Ahora sí te arranqué de mi pecho
Aquel sentimiento, aquella obsesión

Comprendí que no vales la pena.
Que de todos te dejas querer
Sí en un tiempo supiste ser buena
Hoy vas por el mundo buscando placer

Ya jugaste el albur en tu vida
Y el destino te lo hizo perder
Tú no quieres sentirte perdida
Pero pronto lo vas a saber

El camino que tú has escogido
Yo lo anduve mil veces también.
Más recuerda que yo soy un hombre
Y el hombre no pierde como una mujer

"WHEN I COME HOME FROM WORK . . . I LIE BACK A LITTLE IN BED . . . TO BE HAPPY FOR AWHILE—LISTENING TO MY *RANCHERA* MUSIC, MY MEXICAN MUSIC."

I'm very proud of my daughters because they are very good people, they don't like to fight, they don't like to go out late, they're not jealous of anyone—they handle themselves very well. It's the same with my sons—they work with maturity and with love.

What gives me the most happiness is to be together with all the family. Before, it wasn't the same. The most difficult thing for me was being alone, far from my family—them in Mexico alone and me here alone, coming home from work to cook, alone, without the family being together. You're sadder, life is more difficult—as much for them as for you.

When life was difficult for me, I liked to listen to my *ranchera* music, the music they used to play in the old days when there were *ranchero* artists in Mexico, like Antonio Aguilar, Pedro Infante, Jose Alfredo Jimenez, Pedro Vargas. They've all died, there are almost no *ranchero* singers left. Right now other music groups are more fashionable, but I don't like that new stuff that's out now. I like the words of the *rancheras* and the composition style of the song. I will die with this style of music.

Ranchera music is important to me because it was the style in Mexico when I was born, I grew up liking the style, and I came to be a certain older age still liking the same style of music. You can't like another style of music that is different from the style you're born with, grow up with and become old with. Because you don't change, you don't adapt to another kind of music.

When I come home from work or I'm on my day off, I lie back a little in bed and put on a cassette, to relax and have some pleasure for awhile, to be happy for awhile—listening to my *ranchera* music, my Mexican music [laughs].

WHEN I TAKE A CHANCE
A ranchera by Pedro Infante

Now it is no longer avoidable
Our great dream is over

Ajajaaaaaaaaaaaaaaaaaaaaaaaaaaayyyyy

En mis brazos no fuiste dichosa
A pesar de que tanto te amé
Preferiste un cariño cualquiera
Tal vez por capricho, despecho o placer

Tú creerás que me dejas llorando
Que la vida me voy a amargar
Pero amor como el tuyo me sobra
Mujeres que engañan hay muchas por ahí

Cuando juego el albur en mi vida
Si el destino me lo hace perder
Buscaré entre la noche tus besos
Para perderme contigo también.

Por lo pronto me sigo de frente
Y me voy sin decirte ni adiós
Por si acaso volvemos a vernos
Allá cuando nada valgamos los dos

Now I ripped you out of my heart
That feeling, that obsession

I realized that you're not worth it
You've stopped loving everything
Once upon a time you knew you were fine
Today you go through the world seeking pleasure

In your life you played with chance
And fate made you lose
You don't want to feel lost
But soon you will know

The path you have chosen
I traveled a thousand times as well
Do remember that I am a man
And a man doesn't lose like a woman
Ajajaaaaaaaaaaaaaaaaaaaaaaaaaaaaaaaaaaayyyyyy

In my arms you weren't happy
Even though I loved you so
You preferred any affection
Perhaps out of whim, spite or pleasure

You believe you left me crying
That life will embitter me
But a love like yours remains
There are so many deceitful women around

When I take a chance in life
If fate makes me lose
I will search for your kisses in the night
To lose myself with you

All of a sudden I'll just take off
And I'll go without saying goodbye
If by chance we see each other again
Over there when the two of us don't mean a thing

"Yo Empecé a Liberarme de Muchas Cosas"

Una Entrevista con Sara Zavala Rosas

Sara Zavala

Sara Zavala Rosas nació en Moroleón, y se casó con
Salvador García, cuya historia también se encuentra en
este libro. Salvador fue a El Norte en 1979, y regresaba
periódicamente a México, donde ellos empezaron una
familia. Sara se quedó en México por 21 años, criando
ocho hijos y haciendo planes para reunir su familia en
Pensilvania. Sus hijos se reunieron con su padre en 1995,
y Sara y su hija menor, Guadalupe, vinieron al área de
Kennett Square en el 2000.

"I Started to Free Myself From Many Things"

An Interview with Sara Zavala Rosas

Sara Zavala Rosas was born in Moroleón and
married Salvador García, whose story is also
included in this book. Salvador came North in
1979 and they began a family. Sara stayed in
Mexico for 21 years, raising eight children and
making plans to reunite her family in
Pennsylvania. Her sons joined their father in
1995 and Sara and her younger daughter,
Guadalupe, came to the Kennett Square area
to join Salvador in 2000.

Rosas

Yo vine a los Estados Unidos hace unos pocos meses, y ahorita yo y mi esposo, Salvador, no vivimos juntos. Yo vivo aquí en Oxford en un apartamento con algunos de mis hijos, y él vive en Coatesville, donde trabaja. Quiero pedirle a Salvador que busque una casa para que estemos juntos todos ¿verdad? Yo pienso, "Oooo, si me fuera para allá a lo mejor hasta yo me animaría a trabajar, y a lo mejor se me irían mis pensamientos negativos—los que me ponen bien deprimida."

Salvador dice que no es pesado lo que hacen las mujeres—que cierran unas de las bolsas de la semilla, así no más. Una de las mujeres que trabaja allí me dijo, "Fíjese que yo me sentía tan mal. Yo le dije a mi esposo, le dije, 'Me buscas trabajo o me mandas para México porque yo aquí me voy a volver loca'." Ella me dijo, "Me siento bien contenta de estar trabajando, porque puedo ayudar a mi esposo, porque estamos trabajando bien duro." Si me fuera con Salvador, a lo mejor todo sería diferente porque podríamos convivir más, estar más tiempo juntos. Y a lo mejor hasta yo también me animaría un tiempo, con unas horitas para mí en un trabajo.

Salvador y yo nos casamos cuando teníamos 20 años. Luego vino un hijo, luego el otro, el otro, el otro y el otro. Cuando yo me casé, vivíamos en un cuartito con su mamá, su papá, una hermana grande, un hermano grande y otros dos hermanos, un niño y una niña más chiquitos—¡todos en el mismo cuarto! ¡Ay, Dios mío! Y luego yo decía, "¿Esto es el matrimonio?" Aún me sentía mal cuando tuve relaciones con mi esposo. Yo pensaba como que Dios nos castigaba, yo pensaba que el sexo no era para gente pobre ni para gente fea. Y como yo me sentía fea y era pobre, pues sí era un castigo. Entonces cuando teníamos nuestra relación, yo sufría tanto—yo lloraba y decía, "¡Ay Dios mío que voy a hacer un pecado tan grande!"

"LUEGO VINO UN HIJO, LUEGO EL OTRO, EL OTRO, EL OTRO Y EL OTRO."

Mi esposo nos visitó una vez al año. Se quedaba dos meses, entonces regresó. Fueron bastantes años cuando mi esposo se vino para acá y me dejó con todos mis chiquillos de todos tamaños ¿verdad? Y fue pasando el tiempo y

I came to the United States a few months ago, and right now my husband, Salvador, and I don't live together. I live here in Oxford in an apartment with some of my children and he lives over in Coatesville, where he works. I want to ask Salvador to look for a house for all of us to be together, right? Right now there are two ladies who work where Salvador works. I think, "Oh, if I went over there maybe I might even get excited about working and, better yet, my negative thoughts—the ones that get me very depressed—would go away."

Salvador says that the work the women do there is not heavy—they seal up the seed bags, not much more. One of the women who works there said to me, "You can't imagine how bad I felt. I told my husband, 'Find me work or send me back to Mexico because I will go crazy here.'" She said, "I feel very happy to be working. I feel good because I can help my husband, because we are working very hard." If I went with Salvador maybe everything would be different because we could live together, have more time together. And I might even have more energy for awhile, with a few hours of work.

Sara Zavala Rosas con su familia en Moroleón
Sara Zavala Rosas with her family in Moroleón

yo veía que los niños mayores estaban entrando a la adolescencia y entonces a mí me agarró como un miedo muy grande—veía que iban creciendo y se iban transformando. Y como él no estaba, yo pensaba que no iba a saber cómo dirigirlos. Ahora sí lo entiendo, que después de un tiempo me entró ese resentimiento con él.

Él ha sido un hombre bien responsable de nosotros, bien responsable. Cuando me casé yo no sabía trabajar en nada. Él me dijo, "Cuando nos casamos tú vas a estar en la casa, tú vas a estar pendiente de la casa, de hacer la comida, de asear mi ropa. Y yo voy a cumplir con lo mío, yo voy a trabajar y voy a cumplir con mi responsabilidad de que no nos falte lo necesario." Y él nos ha dado todo, eso sí. Nunca me ha dejado, él siempre estuvo pendiente de nosotros. A pesar del poco tiempo que mi esposo convivió con sus hijos, él siempre fue un hombre bien amoroso y bien responsable. Si se caía alguno de ellos y lloraba, les decía, "¿Dónde te raspaste? Ya no llores."

Nada más fui pues dos años a la escuela. De niña siempre pensé que yo era bien incapacitada para el aprendizaje. Dios me ayuda a leer y a escribir. Escribir sé muy poquito, pero no sé leer bien; pero escribo mis cartas—como ahora hasta a las nietillas les escribo sus cartas. Yo digo que el estudio es una cosa muy importante ¿verdad? A mí sí me gustaba la escuela, pero mis papás dijeron, "Ésta es mujer, que esté en la casa, y no tiene que andar tanto en la

Carta a Sara de su esposo Salvador, 1980
Letter to Sara from her husband Salvador, 1980

"And then came a child, then another, another, another and another."

Salvador and I got married when we were 20 years old. And then came a child, then another, another, another and another. When I married, we lived in a little room with his mother, his father, an older sister and an older brother and a younger brother and sister—all in the same room! Oh, my God. And later I said, "This is marriage?" I even felt bad about having sex with my husband. I felt as if God was punishing us, as if people who were poor or ugly weren't allowed to have sex. Since I felt I was ugly and poor, it seemed as though sex was a punishment for me. When I had relations with my husband, I used to suffer so much—I would cry and say, "Oh my God, I'm making such a big sin!"

My husband visited us once a year. He stayed two months and then he went back. There were quite a few years when my husband came to the United States and left me with all of the little ones, of all sizes, right? As time passed I saw that the older children were entering adolescence and then it gripped me like a huge fear—I saw that they were growing and changing. And because he wasn't there, I thought that I wasn't going to know how to take charge of them. Now I understand that I began to feel resentment toward him.

My husband has been a man who was very responsible for us, very responsible. When I got married, I didn't know how to do any kind of work. He told me, "When we marry, you will be in the house, you'll watch over the house, making the food, cleaning my clothes. And I will hold up my end, I will work and fulfill my responsibility so that we have everything we need." And, yes, he has always given us everything. He has never left me, he always was watching over us. In spite of the little time that he lived with our children, my husband was always a very loving man and very responsible father. If one of the children would fall and cry, he would tell them, "Where did you scrape yourself? Don't cry, now."

I only went to school for two years. Since I was a child, I always thought I was very incapable of learning. God helps me to read and to write. I know how to write a little, but I don't really read that well; I write my letters—like now, I am writing letters to my little grandchildren. To study is a very important thing, right? I always liked school, but my parents said, "Well, you're

calle—tiene que estar más recogida." Por eso yo ya no seguí la escuela. Cuando yo me casé, yo sí quería ver que mis hijos siguieran estudiando.

"A MÍ SÍ ME GUSTABA LA ESCUELA, PERO MIS PAPÁS DIJERON, 'ÉSTA ES MUJER, QUE ESTÉ EN LA CASA.'"

El mayor de mis hijos, Andrés, siempre sacaba buenas calificaciones en la primaria, y en el último año la maestra me dijo que él debe entrar a la secundaria. "Él es un niño bien inteligente," dijo ella, "es muy disciplinado en todo, pues." Le dije a ella, "Pues es que no podemos, pues como tenemos muchos chiquillos ¿verdad?" Hablé a mi esposo, y me dijo que no. Me dijo, "Mira, yo también quisiera darles un estudio a mis hijos, pero tú sabes bien que no podemos. A lo mejor con mucho sacrificio comenzaría con él, pero si los otros tienen las mismas ganas y el entusiasmo, van a decir 'Yo también quiero ir.' Porque si comienzo con uno, tendré que seguir con todos. No se puede hacer."

Porque estaba yo sola en México cuidando a los niños, me agarraron unos nervios tan feos que yo estuve visitando mucho a un psicólogo. Me daba terapias, porque yo vivía con este miedo que se me hizo como una obsesión. Primero pensaba que mis hijos a lo mejor tomaban un mal camino o un vicio malo. Estaba siempre pensando, "¿Qué va a pasar?" Pensando en una mala noticia, "Que le vaya a pasar algo a mi esposo, que le vaya a pasar un accidente y yo ¿que voy a hacer?" Siempre yo decía en mí, "Yo soy una persona tan inútil—yo no sé trabajar en nada, y si a él algún día le pasa algo, ¿Qué va a ser de mí, de mis hijos, quién me va a sacar adelante?"

Yo siempre quería ser otra persona. Yo tenía una amiga, y me sentía tan bien con ella, como que me sentía hasta importante. Mi amiga me decía, "¡Ay Sara, por Dios Santo! Lo que te gusta es sufrir—eso es lo que te gusta a tí. ¿Por qué te estás dando con el palo? Dale gracias a Dios que te tocó un buen marido, que tienes buenos hijos, que si tu marido se fue lejos de tí, fue por darles una mejor vida, a su capacidad." Yo le decía, "Ya se fue mi vida y mi juventud lejos. Con él lejos de mí se fueron nuestros años."

Al fin, entré en terapia grupal, hombres y mujeres. Era una cosa muy bonita. Siento que me libré de tantos complejos que yo llevaba. Gracias a Dios y al grupo, empecé a entender, empecé a valorarme a mí misma, porque siempre me sentía una persona bien inferior. Yo de niña fui bien reprimida

"I ALWAYS LIKED SCHOOL, BUT MY PARENTS SAID, 'WELL, YOU'RE A WOMAN AND YOU SHOULD BE IN THE HOUSE.'"

a woman and you should be in the house, not going out in the street all the time—you have to be more sheltered. " That's why I didn't continue in school. When I got married, I wanted to see to it that my children studied.

My oldest son, Andres, always got good grades in elementary school and in the last year the teacher told me he should go to high school. "He's a very intelligent child," she said, "he is very disciplined in everything." I said to her, "We can't do it, as we have a lot of little ones, right?" I spoke to my husband and he told me, no. He said, "Look, I also would like to be able to provide an education for my children, but you know that we can't. Maybe with a lot of sacrifice we could start with him, but then if the others share the same desires and enthusiasm, they will say, 'I want to go to high school, too.' If I send one to high school, I will have to continue with all of them. It can't be done."

Sara con su esposo Salvador y su hija Guadalupe
Sara with her husband Salvador and daughter Guadalupe

Because I was alone in Mexico taking care of the children, my nerves got to me so bad that I was visiting the psychologist a lot. I was in therapy because I lived with a fear that became an obsession. First, I thought that my children might take the wrong path, take up a bad vice. I was always thinking, "What will happen?" I was always thinking about bad news, that something would happen to my husband while he was up here, an accident would happen, and what would I do? I always said to myself, I am such a useless

porque mis papás eran de otra manera de pensar. En mi casa yo nunca salía a jugar con nadie. Yo me quedé con ganas de correr, de subirme a un árbol, andar de machona en un árbol, columpearme en unos columpios. Yo nunca tuve nada de eso. Yo admiraba que las otras muchachas sí se sabían arreglar, yo siempre las envidiaba. Ni había espejos en mi casa.

Yo me sorprendo de que ahorita te estoy platicando. Mis padres nunca me dieron la libertad de hablar. Tenía un temor de hablar porque yo sentía una vergüenza que hasta la saliva aventaba—¡fíjate! Yo no daba la cara y me ponía a sudar, y sentía aquella temblorina. Yo no sabía qué decir. Entonces yo empecé a liberarme de muchas cosas. Poco a poquito descubriendo a mí misma lo que realmente yo quería ser desde niña. Y sí, poco a poquito, sin darme cuenta, mi sufrimiento se me fue quitando. Empecé a entender más a las personas, entender más a mis hijos, porque fui muy dura con ellos, porque yo sentía que si los soltaba se me iban ir al puro malo, puro malo. Pero ví crecer a mis hijos y, pues, yo no digo que son unos santos y que no tienen vicios, pero vicios feos, vicios arraigados, todavía ahorita no.

Antes, me llegaba el sentimiento de culpa, "¡Ay! ¿Por qué fui tan mala

An excerpt from the letter: "Sara, enclosed is $300 . . . your husband who never forgets you."

Carta a Sara de su esposo Salvador, 1997
Letter to Sara from her husband Salvador, 1997

person—I don't know how to do any kind of work and if someday something happens to him, what will become of me, of my children, how will I go on?

I always wanted to be another person. I had a woman friend who I felt so good being around, I even felt important. My friend said, "Oh, Sara, for the love of God! You love to suffer—that's what you're choosing. Why are you beating yourself up? Give thanks to God that you've got a good husband, that you have good children, that if your husband was far from you, it was to give you all a better life, as best he could. " I told her that my life and youth were very distant from me. With him being far away, we lost our years together.

Eventually, I went into group therapy, men and women. It was a very beautiful thing, I feel that I freed myself of so many complexes that I carried around with me. Thanks to God and the group, I began to understand, I began to value myself, because I always felt that I was a very inferior person. I was a very repressed girl, my folks were from another way of thinking. At my house, I never went out to play with anyone. I wanted to run, to climb up a tree like a tomboy, to swing on some swings. I never had any of that. I admired other girls who knew how to fix themselves up, I always envied them. There weren't even mirrors in my house.

I'm even a bit surprised that I'm chatting with you right now. My parents never gave me the freedom to speak. I was afraid to speak because I felt such shame that my saliva dried up—imagine! I didn't show my face and I got sweaty and trembled all over. I had no idea what to say. Then I started to free myself from many things. Little by little, I discovered myself, who I really wanted to be since I was a child. And yes, little by little, without my realizing it, my

"LITTLE BY LITTLE, WITHOUT MY REALIZING IT, MY SUFFERING WAS LEAVING ME."

suffering was leaving me. I began to understand people more, understand my children, because I was very hard on them, because I felt that if I left them alone, they would get involved in evil vices. But I saw my children grow and, well, I don't say they are saints and they don't have vices, but as of now they don't have those ugly deeply rooted vices.

Before, I would be overcome with guilt and I would berate myself, "Why didn't I enjoy my children more when they were little, why wouldn't I allow myself to give them as many kisses as I had to give?" Now, the situation

con mis hijos, por qué no los gocé, por qué no les dí tantos besos que tenía que darles cuando ellos eran niños?" Ahora, cambió esta situación con mis hijos, así como están de grandes. Ahora los puedo abrazar y sí hasta les ando dando sus besos. Lo que a mí me da gusto, lo que yo quiero lo más, es que mis hijos vivan bien, que ellos estén bien con sus familias. Yo les he dicho, "Si ustedes son felices, yo soy feliz. Si ustedes viven bien, yo vivo bien."

"POCO A POQUITO, SIN DARME CUENTA, MI SUFRIMIENTO SE ME FUE QUITANDO."

Cuando eran jóvenes, mis hijos eran bien miedosos, como que apenas empezaban a tomar sus propias decisiones, porque yo los quería tener así. Yo era quien tenía que manejar todo, para sentirme tranquila. Después, años atrás, cuando yo me fuí a la terapia grupal, empecé a entender, y después me estaba matando ese sentimiento de culpa. A veces digo, "Mi hija, pobrecita, no la dejé ser niña, ser libre, ella no gozaba su niñez." Era porque se me casó bien chiquita. Pero ya me perdoné yo por lo que pasó. Mi esposo me dijo, "No sé cómo decirte, pero yo te noto diferente." Y yo le pregunté, "¿En mejor o en peor?" y dice él, "En mejor."

Salvador y yo rentamos una casa en Moroleón por muchos años. Entonces fue cuando él dijo, "Me voy a volver a El Norte a ver si Dios nos ayuda a tener nuestra propia casa." Y sí, nos socorrió, e hicimos nuestra casa en el centro de Moroleón. Es mi sueño regresar a México, y le digo a él que ya nos vayamos. Pero él quiere quedarse acá. Antes de venir aquí, pues me imaginaba la vida de otro modo, que iba a ser más fácil. Me imaginaba que íbamos a tener una casa, que íbamos a estar juntos, compartiendo todo en la vida, lo bueno y lo malo. Me imaginaba que no nos iba a ser tan difícil, que tendríamos todo eso de lo económico, que no íbamos a estar tan presionados. Yo me imaginaba que íbamos a andar en todos lados los fines de semana, un domingo a una parte y otro domingo a otra parte. Pues, eso no me llegó—todo es lo contrario. Mis amigas me dicen que mi lugar está aquí, con mi marido—¿por qué me voy? Y les digo que me siento como una extranjera aquí, no me siento cómoda, no me gusta salir del apartamento.

[Un poco después de acabar esta entrevista, Sara regresó a México con su hija, Guadalupe. Unos pocos meses después, su esposo, Salvador, fue a México con la esperanza de convencerla de volver a los Estados Unidos y encontrar un lugar donde ellos pudieran vivir juntos permanentemente. Él regresó, solo, para vivir en Coatesville en una casa con tres de sus hijos.]

with my children has changed because they are grown up. Now I can hug them and, yes, even give them kisses. What gives me pleasure, what I want the most, is that my children live well and are good to their families. I have told them, if you are happy, I am happy. If you all live well, I live well.

When they were younger, my children were very frightened, as if they could scarcely make their own decisions, because I wanted them to be a certain way. I was the one who had to control everything, in order to feel calm. Years back, when I went to group therapy, I began to understand, and later on I began to overcome that feeling of guilt. Sometimes I think about my poor little daughter. I didn't allow her to be a child, to be free, to enjoy her childhood. It was because I got married so young. But now I have forgiven myself for what happened. My husband told me, "I don't know how to tell you this, but I notice that you are different." And I asked him, "For better or for worse?" and he said "For the better."

Salvador and I rented a house in Moroleón for many years. Then he said, "I'm going to go back North and see if God will help us, to see if we can have our own house." And He did help us and we built our house in downtown Moroleón. It's my dream to return to Mexico, and I tell him, "Let's go now." But he wants to stay here. Before coming here I imagined life in a different way, that it was going to be easier. I imagined having a house, us all being together, sharing our lives, the good and the bad. I imagined that it wouldn't be so difficult for us, that we would have enough to live on, that we wouldn't be so pressured. I imagined that we would go everywhere on weekends, this Sunday to one place, another Sunday to another place. Well, this didn't happen to me—everything is just the opposite. My women friends tell me that my place is here, with my husband—so why am I going? I tell them that I feel like a foreigner here, I don't feel comfortable, I don't even like leaving the apartment.

[Shortly after this interview was completed, Sara returned to her home in Mexico with her daughter, Guadalupe. A few months later, her husband, Salvador, went to Mexico with the hope of convincing her to return to the United States and find a place where they could live together permanently. He returned, alone, to live in Coatesville in a house with three of his sons.]

Seth Lyons

"Este Green Card Representa

Años de Sacrificio"

Una Entrevista con Salvador García-Baeza

Salvador

Salvador García-Baeza tiene 54 años de edad, y es del pueblo de Moroleón, México. Vino para trabajar en la industria de los hongos en Kennett Square en 1979, y obtuvo su residencia permanente en 1986. Trajo a sus hijos a Pensilvania en 1996, y su esposa e hija vinieron en 2000.

"THIS GREEN CARD REPRESENTS YEARS OF SACRIFICE"

AN INTERVIEW WITH SALVADOR GARCÍA-BAEZA

Salvador García-Baeza is 54 years old and is from the town of Moroleón, Mexico. He came to work in the mushroom industry in Kennett Square in 1979 and got his permanent residency card in 1986. He brought his sons to Pennsylvania in 1996 and his wife and daughter came in 2000.

García-Baeza

Bueno, mi decisión de venir hacia los Estados Unidos fue porque mi familia era grande, por decir, ocho hijos y mi esposa. Tuve la ilusión de poder progresar, salir adelante. En México la vida es un poco difícil para algunos, como trabajadores, por la sencilla razón de que en México trabaja uno y gana poco. Cuando a los patrones les toca pagar, pues se esconden, le andan pagando a uno hasta el día domingo, o en dos partes. El trabajo que yo desempeñaba era obrero textil, por ejemplo, hacer suéters y hacer playeras. Decidí venir a los Estados Unidos para ver si me iba mejor económicamente y, aunque ganaba bien, pues me hacía falta una casa que fuera mía, sin pagar renta.

Yo, aquí en los Estados Unidos, vivía solo por 22 años. Cada año iba para México cuatro meses y venía y trabajaba ocho aquí, o diez. Yo empecé aquí en los Estados Unidos en el 79, fue pizcar hongos. La más gente que había trabajando aquí en ese año eran puertorriqueños. A través de los años del 80 llegaban más mexicanos, por alguna razón los puertorriqueños se fueron retirando del área.

Lo que yo más extraño de México son los papás, los hermanos—la familia. Ahora, estoy con mi esposa, aquí estoy con mis hijos aunque no con todos. Van a completar un año que vinieron mi esposa y mi hija. Mis hijos han vivido aquí por seis años.

Sí, soy puro mexicano, pero que ya con los 22 años, siento que estoy acostumbrado a la vida de aquí, a la cultura. No quiero decir que ya estoy perdiendo la cultura hispana, la cultura mexicana, pero yo siento que cuando voy pa' México los dos meses o cuatro meses, como que a la semana, como que a las dos semanas ya me quiero venir y estar acá.

A lo que me refiero a la cultura de aquí es que a la mejor con los años que llevo viviendo aquí se acostumbra uno en primero que trabaja uno, que le pagan correcto, que le pagan cada semana. Lo otro es que la gente americana—o como nosotros llamamos, los gringos—con los que uno trabaja, tienen una cosa que nosotros todavía no aprendemos, los mexicanos o los latinos. Que es, lo que me gusta es que uno recibe su pago cada semana, que se puede confiar en la gente americana por, porque sí, el modo de ser es diferente.

—◆●◆—

I made the decision to come here to the United States because my family was large, with eight children and my wife. I had a dream of being able to progress, to go forward. In Mexico life is a bit difficult for some, like workers, for the simple reason that in Mexico you work and earn little. When it's time to get paid, the bosses hide, or wait to pay you until Sunday, or in two parts. I worked as a textile laborer—for example, making sweaters and T-shirts. I decided to come to the United States to see if I could do better economically and, even though I was able to make it in Mexico, I needed a house that was mine, that was mine without paying rent.

I have lived alone here in the US for 22 years. Each year I went to Mexico for four months and I came back and worked here eight or ten months. I came to the United States in '79 and started picking mushrooms. Most of the people who were working here in that year were Puerto Rican. Mexicans were arriving through the '80s and for some reason the Puerto Ricans were leaving the area.

What I miss most about Mexico is my parents and my brothers—the family. Now I am here with my wife and my children, though not all of them. I just recently brought my wife and daughter in the last year. My sons have lived here for six years.

I'm pure Mexican, but now after living here for 22 years, I feel that I'm accustomed to the life here, to the culture. I don't mean to say that I'm losing my Hispanic culture, the Mexican culture. But I feel that when I go to Mexico for two months or four months, after a week or two, I already want to come back and live here.

What I refer to when I speak of the culture here is that maybe after all these years living here, I've become used to the fact that, first of all, you work. And that they pay you correctly, that they pay you

Salvador García en 1980 con su amigo Roberto
Salvador García in 1980 with friend Roberto

En México, casi la mayoría vive en ranchos, en comunidades más pequeñas. Entonces es mucha diferencia la de una comunidad chica que uno dice que es rancho a un pueblo. Yo pienso que en un rancho se sufre más, en el sentido de que hay menos qué comer, menos trabajo. En un pueblo como Moroleón hay mucho trabajo. Pero el problema es que pagan poco y a la gente no le da para vivir.

Bueno, como yo ganaba bien allá, no vine a El Norte porque no tenía qué comer, sino el sueño mío era comprar un terreno, hacer una casa propia para no pagar renta. Pero duré dos años, y no logré hacer la casa. Me fui para México y duré un año allá trabajando, haciendo ropa. Pero volví a venir porque tenía la ilusión de tener una casa propia. Entonces cuando volví a venir por segunda vez lo logré en seis meses comprar un terreno en México y hacer mi casa.

Entonces decía, "Ya tengo casa, ya no pago renta, ya nadie me va a mover de ahí,"—pero no sé, como había algo que me hizo venir a los Estados Unidos otra vez, pero ya no era la necesidad de la casa. Era la ilusión de llegar a tener la *green card*—la residencia—y enseguida lo logré. Primero era con la voluntad de Dios, lo que logré. Entonces sí eran unos sueños más grandes— traer la familia aquí en los Estados Unidos y que los hijos vinieran a estudiar.

"CREO QUE MI ESPOSA TIENE UNAS 300 A LA MEJOR, TIENE TODAS LAS QUE YO LE MANDÉ DURANTE ESOS 21 O 22 AÑOS."

Yo pienso que nuestra familia sobrevivió la separación porque sobre todo hubo comunicación por cartas, cuando eran pequeños de 10 años, de 12 años, de 14 años. Había cartas individuales, una para cada uno, dándole consejos. Creo que mi esposa tiene unas 300 a la mejor, tiene todas las que yo le mandé durante esos 21 o 22 años. Había una carta cada mes. Hubo mucha comunicación por teléfono, preguntaba por todos, platicaba con ellos 10 minutos, 15 minutos. Les daba consejos. Yo sentía una alegría después de hablar con la esposa, con los hijos. Me daba un ánimo muy grande para empezar a trabajar otro día.

Algunas veces cuando el hombre está en El Norte por mucho tiempo, la mujer se va con otro hombre, que la mujer lo engaña, que los hijos agarran el vicio. Ahora hay mucha cocaína en México, mucha mariguana—casi todos

each week. The other thing is that the American people—the "gringos" I work with—they have a thing that we Mexicans or Latinos still haven't learned: what I like is that you receive your pay every week, that you can trust in the American people even though their way is different.

In Mexico, the majority of people live on farms in villages. Well, there's a big difference between a small community, like a village, and a town. I think that in a village you suffer more, in the sense that there's less to eat, less work. In a town such as Moroleón there's a lot of work, but the problem is that they don't pay much and there's not enough to live on.

Well, I did fine there and didn't come North because I had nothing to eat, but rather my dream was to buy some land to build my own house so I didn't have to pay rent. But I spent two years here and didn't succeed in building my house. I went back to Mexico and I spent one year making clothes, but I returned because I still dreamed of having my own house. So when I came back for the second time, I was able to earn enough in six months to buy a piece of land in Mexico and build my house.

Then I said "Now I have a house and I don't have to pay rent—no one is going to move me from there"—but, I don't know, something made me come back to the US another time. Now it wasn't that I needed a house, it was the dream of having a green card—residency—and I got it right away. First, it was with God's will that I got it. Then yes, there were bigger dreams— to get the family set up here in the US and that the children would go to school.

I think that our family survived the separation because above all there was communication through letters, when they were little 10-year-olds, 12-year-olds, 14-year-olds. There were individual letters for each one, giving them advice. I think my wife has maybe 300 letters—all those that I sent during those 22 years, she has them all. Each month I sent one letter. There was a lot of communication by telephone, asking about everyone, talking with them for 10 or 15 minutes. I gave them advice. I felt happy after talking with my wife, with the children. I felt renewed energy to begin work another day.

Sometimes when a man is up North for a long time, your woman goes with another man. Your woman tricks you, your children pick up vices. Now

"I THINK MY WIFE HAS MAYBE 300 LETTERS—ALL THOSE
THAT I SENT DURING THOSE 22 YEARS."

por. Ser. dia. de. San. Balentin
y. de los. Novios. y. porque. Eres. Todo
Mi. amor. Fernando. Esta. Pequeña Tarjeta
pero. Conel. Cariño. que. Siempre.
Te. Tengo. Fernando. Esta. Tarjeta
deciando. Nunca. Perder. Tu. Amor
que. Aunque. Nos. Encontremos
Lejos. Siempre. Estar. Conel.
pensamiento. Cerca. Eso. Espero
Siempre. Es. Loque. deceo.
Toda. una. Vida. y. que.
pases. un. dia. Feliz. Te.
decea. Tu. Esposo.

SARA. Y. SALVADOR

(26. de. Enero)
(de. 1981.)
c c c c

you're all I'll ever want!

Happy Valentine's Day,
Sweetheart

Tarjeta de San Valentín para su esposa Sara en México, en 1981
Valentine card to his wife Sara in Mexico, 1981

fuman mariguana, la mayor de la juventud. En mi caso me tocó suerte por la voluntad de Dios que la señora mía supo llevar los hijos por buen camino. Ni uno, ni uno, creo yo, que fuma mariguana, que echa cocaína, pero sí toman cerveza.

Sí, como no, era duro por estar separado de mis hijos. No los vi crecer. Ahora sé cómo son porque los veo. Y si ellos toman unas seis cervezas viendo televisión, lo pueden hacer estando yo al lado. Pero yo los estoy viendo lo que están haciendo y, más, que sé que nadie ha tenido problemas con la policía, que nadie ha estado en la cárcel. Entonces digo para mí es un orgullo por el comportamiento que tienen y también un orgullo con la esposa, que los supo dirigir cuando yo estaba en los Estados Unidos. Hay familias que no son así.

Por primera vez vine aquí, llegué a los Estados Unidos un 23 de noviembre, el Día de Acción de Gracias, de 1979. Mi primer viaje, salí de Moroleón a Tijuana. En Tijuana me hallé un *coyote* que vivía cerca de Moroleón. Él tenía a alguien quien pasaba la gente a cruzar la frontera. En Los Ángeles tenía una casa con una familia que se la cuidaba, a tenerla aseada. Entonces él tenía contactos en el aeropuerto para conseguir los boletos de

there's a lot of cocaine in Mexico. Many, almost all, are marijuana smokers—the majority of the youth. In my case, I was lucky through the will of God that my lady knew how to keep my children on the straight path. Not one, not one, I don't believe, smokes marijuana or does cocaine, but they do drink beer.

Of course, it was difficult being separated from my children. I didn't see them grow up. Now I know how they are doing because I see them. And if they drink maybe six beers watching television, they can do it with me at their side. I see what they do and, what's more, I know that no one's had problems with the police, that no one's been in jail. Well, I can say that I feel proud of how they've behaved and also I'm proud of my wife, that she knew how to take charge when I was in the United States. There are families that aren't like that.

The first time I came here, I arrived in the United States on the 23rd of November, Thanksgiving Day, in 1979. On my first trip, I went from Moroleón to Tijuana. In Tijuana I found a *coyote* who lived near Moroleón. He had somebody who brought people over the border. In Los Angeles the *coyote* had a house with a family who took care of those who arrived, who helped them get cleaned up. He had contacts at the airport to get the tickets for each one of the guys that came. Then when he had 30 to 40 people to send

Salvador Villicaña

La casa de Salvador García y Sara Zavala Rosas en Moroleón
Salvador García and Sara Zavala Rosas' house in Moroleón

cada uno de los muchachos que venían. Cuando él tenía cuarenta a treinta personas que para mandar a Chicago, que para mandar a Milwaukee, que para mandar a Nueva York, y en el caso mío a Filadelfia, él reservaba los boletos.

Bueno, en las cinco veces que yo vine con *coyote* entre noviembre del

"YO DE REPENTE NO PUDE CORRER—ALGO ME PASÓ COMO QUE SE ME RESECÓ LA GARGANTA."

79 y el año del 86, que fue cuando arreglé yo mi amnistía, yo pagaba $700 a $800 para cada pasada, para cada *coyote*. Yo nunca, nunca tuve miedo porque él era un *coyote* que trataba bien a la gente, por decir. En México uno que quería venirse con él hacía uno la maleta de tres pantalones, tres camisas, o sea para cambiarse de ropa tres veces. Entonces uno hacía la mochila y uno se la llevaba a su casa. Como él se venía en avión, él acarreaba con 20 o 10 mochilas, o las que fueran para tener uno ropa en su casa en Los Ángeles. Entonces uno llegaba a Tijuana a un hotel, y a él ya lo conocían en el hotel, y si uno llegaba sin dinero allí le daban hotel para dormir dos, tres días y él pagaba. Entonces

él le mandaba a uno dinero para comer y uno andaba para divertirse una noche en una cantina, y después uno le pagaba ya cuando estaba acá. Entonces para mí fue una persona buena gente, un buen *coyote*, que hay muchos que no—nomás lo tratan a uno de robar y eso. Pero el señor sí era especial.

Pasamos por la línea así: Un *trailer* puede traer a sesenta personas adentro. Entonces llega el oficial de Migración y les suena las llantas con un martillo, y dice, "No

Mark Lyons

La casa alquilada de Salvador García en Coastesville, donde él vive en el piso superior con tres de sus hijos

Salvador García's rented house in Coatesville where he lives on the top floor with three of his sons·

to Chicago, to send to Milwaukee, to send to New York or, in my case, to Philadelphia, he reserved the tickets.

During the five times that I came with a *coyote* between November of '79 and '86, when I arranged my amnesty, I paid $700 to $800 to the *coyote* for each crossing. I never, never was afraid because he was a *coyote* that treated people well, as they say. In Mexico, if you wanted to come with him, you packed a suitcase with three pairs of pants and three shirts, three changes of clothing. Then you packed your backpack and had it taken to his house. He transported 10 or 20 backpacks in the plane, so you would have clothes at his house in Los Angeles. Then you arrived at a hotel in Tijuana. They already knew of him in the hotel and if you arrived without money, he would pay for your hotel room for two or three nights. He then would send you some money to eat and at night you went out to have a good time at a bar. You paid him later when you got here. Well, to me he was a good person, a good *coyote*, although there are many who are not—the bad ones only try to rob you and things like that. But this gentleman was special.

"Suddenly I couldn't run—something happened to me, like my throat was parched."

We crossed over *la línea*—the border—like this: Sixty people can fit inside a trailer. Immigration comes along, taps on the tires with a hammer, and says, "It's not very heavy." Then the driver gives the Immigration officer an envelope containing money. The only thing Immigration asks is, "How many are you bringing?" The driver says "Well, I'm bringing 40, I'm bringing 60." The government claims they need 1,000 or 2,000 more Immigration police, but the problem is that people at the checkpoint get, let's say, $50, or now I don't know if it's $100, for each person indicated by the *coyote*. *La Migra* doesn't hesitate to do business with *coyotes*.

I never had a problem getting across, until my fifth and final time that I came as an illegal. Finally, the border patrol caught me in Tijuana, in the following manner: At 12:00 at night, Immigration has a shift change when they have their coffee break. Then the highway is clear, no one is watching it. That's when the illegal crosses, when the *coyote* brings them over. All of a sudden there was a very powerful shot—like four different gunshots combined. Someone turned on some floodlights, which lit up everything for maybe a half

lleva mucho peso." Ya el que viene manejando el *trailer* le da un sobre con dinero. Ya no más el oficial dice, "¿Cuántos traes?" El chofer dice, "Pues que traigo 30, traigo 60." El gobierno quiere poner 1000 o 2000 vigilantes más de La Migración. Pero el problema es que los que están en la garita de algún modo reciben, por decir \$50, o ahora no sé si \$100 por cada persona que le indica el *coyote*. O sea, que La Migra automáticamente se vende con los *coyotes*.

Nunca tuve un problema con cruzar, hasta mi quinto y último viaje como un ilegal. Al fin, me agarró Migración en Tijuana, en la siguiente manera: A las doce de la noche es el cambio de Migración que toman café, que está la carretera libre, que no está cuidando nadie. Es cuando el ilegal pasa, el *coyote* pasa al ilegal. Hubo una balacera muy fuerte—como de cuatro pistolas diferentes. Alguien aventó luces, se iluminó todo, un área por decir una media milla en redondo. Yo de repente no pude correr—algo me pasó como que se me resecó la garganta. Entonces me agarró Migración, me puso las esposas. Un oficial de La Migración me preguntó cómo me llamaba en inglés y yo le respondí en inglés. Entonces él me dice que bienvenido a los Estados Unidos en inglés, yo le respondí en inglés. Y él me dice, "Tú sabes inglés, ¿ya has estado en los Estados Unidos?" "Sí," yo le digo, "Sí, ésta es la quinta vez que entro de ilegal a los Estados Unidos." Dice, "Pues, bienvenido de todos modo." Hablamos en español, porque él era chicano, de padres mexicanos.

"ME PUEDES, CONFIAR EN MÍ—QUÍTEME LAS ESPOSAS Y ENTRAR EN ESE BURGER KING PARA COMER UNA HAMBURGUESA Y UN CAFÉ."

Yo miraba desde por decir a unos 200 pies cuando llegó una ambulancia. Adentro, yo vi tres cuerpos tirados por los oficiales de Migración. Una ganga de mexicanos salieron a robar una familia y a una muchacha la abusaron de ella sexualmente. La ganga balacearon a La Migración y La Migración contestaron el fuego con pistola y mataron tres. Vi a un oficial que tenía un balazo en el pecho.

Entonces el oficial que a mí me esposó me dijo, "Te voy a llevar al corralón para echarte para Tijuana." Y yo le dije, "Mira, suéltame porque yo necesito llegar a Pensilvania por arreglar mi *green card*, y si me reportas no puedo arreglar mi *green card*." Dijo, "Yo te comprendo lo que me estás

mile around. Suddenly I couldn't run—something happened to me, like my throat was parched. Then Immigration grabbed me and they put me in handcuffs. The officer asked me what my name was in English and I answered in English. And he said to me, "You know English. Have you already been to the United States?" "Yes," I told him, "Yes, this is the fifth time that I have entered as an illegal to the United States." He said, "Well then, welcome, at any rate." We spoke in Spanish, because he was a Chicano, with Mexican parents.

I watched from about 200 feet away as an ambulance approached. Inside were three bodies, shot by the Border Patrol. A gang of Mexicans had robbed a family and raped a girl. The gang shot at the Immigration agents and the agents returned fire, killing three. Three of the gang were dead, plus an agent had been shot in the chest.

Then the agent who handcuffed me said, "I'm going to take you to the big pen and throw you back to Tijuana." And I said to him, "Look, let me go because I need to get to Pennsylvania. I am here to get my green card, and if you report me, then I won't be able to get it." He said, "I understand what

"You can trust me—take off my handcuffs and let's go into that Burger King to eat a hamburger and coffee."

you're saying, but I can't let you go." I told him, "Well, let me go me and I'll be on my way. If not, you are going to throw away my plan, my dream of getting a green card." He said, "*Lo siento*, I'm sorry." I said that if he threw me out, tomorrow I would return to cross over.

I said to the Immigration agent, "I'm hungry—I haven't eaten since this morning. You can trust me—take off my handcuffs and let's go into that Burger King to eat a hamburger and coffee." "No," he says, "I can't take off the handcuffs because you could escape." I say, "I give you my word that if you let me go I won't escape. What I want is to eat a hamburger." He says, "Okay, I'll trust you."

He took the handcuffs off and we went into the Burger King. It seemed that they knew him there. "Officer," I tell him, "If you want a coffee, I'll pay for it." He says, "Did you bring money?" I tell him, "Just $20." He says, "Forget it, the girls here give me coffee and hamburgers. I'll pay them tomorrow. Keep the money because tomorrow you're going to cross over again and you'll need it to eat in Tijuana." He put the handcuffs back on me.

diciendo pero no te puedo soltar." Le dije yo, "Bueno, suéltame y me voy. Si no, me vas a echar mi plan, mi ilusión de tener una *green card*." Dijo, "Lo siento, *I'm sorry*." Yo decía que si él me echa para afuera yo mañana me vuelvo a pasar.

Dije al oficial de Migración, "Tengo hambre, no he comido desde la mañana. Me puedes, confiar en mí—quíteme las esposas y entrar en ese Burger King para comer una hamburguesa y un café." "No," dice él, "no te puedo quitar las esposas porque te puedes escapar." Digo, "Yo le doy mi palabra que si usted me suelta no me escapo, lo que quiero es comer una hamburguesa." Me dice, "Está bien, voy a confiar en ti."

Me quitó las esposas y entramos al Burger King. Parecía que allí lo conocían los que trabajaban allí. "Oficial," le digo, "Si quiere un café, dígalo—yo lo pago." Dice, "¿Traes dinero?" Le digo, "Nada más $20." Me dice, "Olvídate, las muchachas aquí me dan café y hamburguesas y yo les pago mañana. Guarda la plata porque mañana te vas a pasar otra vez y la vas a necesitar para que comas en Tijuana." Me volvió a poner las esposas.

Dice, "Te voy a echar pa' México, ya te llevo en este *van*." Digo, "*Ohhh gracias*." Dice, "No sé por qué, pero me gusta tu amistad." Sacó un billete de 20 dólares y me lo dió, y dice, "Toma para que comas algo mañana en Tijuana, porque yo sé que esta noche te echamos para allá y te vas a pasar mañana en la noche." Yo regresé el próximo día, y no tuve problemas. Pasé cinco millas arriba, en la misma carretera—una hora se hace caminando a pie.

Cuando por fin vino mi esposa después de 20 años de ser separados, yo tuve que mandar el dinero para los boletos del avión, ¿verdad? Y luego, de un momento rápido, comprar cosas—camas, cosas de la cocina, lo que se necesita. Yo tuve que agarrar créditos con los amigos—los $100 con éste, que $300 con éste otro. Esto es común, cuando personas necesitan dinero, tienen una emergencia—posiblemente puede ser de problemas con la salud, o el coche se rompió, o traer su familia de México—la persona va a otra persona y le dice, "Mire, yo necesito préstamos. Un hermano mío va a cruzar la frontera con *coyote*, y necesito juntar $1500 para mandarle al *coyote*, para que el *coyote* me lo mande." Un amigo dice, "Yo tengo $300, te los presto," y un compañero de trabajo dice, "Yo tengo $100." Y junta los $1500, se le manda al *coyote*, y entonces, cuando la persona que viene con *coyote* empieza a trabajar, él empieza a pagar a mis amigos que me prestaron el dinero para su viaje. Es un intercambio bueno.

He says, "I'm sending you back to Mexico, I'll take you in this van." I say, "*Oh, thanks*." He says, "I don't know why, but I like how you're friendly." He took out a twenty-dollar bill, gave it to me, and says, "Take it so that you can eat something tomorrow in Tijuana because I know that tonight we'll send you over there and tomorrow night you're just going to cross back over." I came back the next day and didn't have any problems. I crossed four or five miles up the road—one hour on foot.

When my wife finally came, after we had been separated for more than 20 years, I had to send money for plane tickets, right? And all of a sudden I had to buy things—beds, things for the kitchen, the necessities. So I had to get credit from friends—$100 from this one, $300 from that one. This is common: when people need money in an emergency—it could be health problems or car trouble or you have to bring your family from Mexico—you go to your friends or coworkers and say, "Look, I need a loan. My brother is going to cross the border with a *coyote*. I need to put together $1,500 so that the *coyote* sends him to me." One friend says, "I have $300 I can lend you," and a coworker says, "I have $100." You scrape together the $1500 for the *coyote* and then when the person comes here he goes to work and starts to pay back my friends who lent me the money for his trip. It's a good exchange.

I brought my children here with the intention that what happened to me won't happen to them. I've been lucky with the children because now they have better work than I. They make more. Two of them build pools—at times

Seth Lyons

Salvador García con sus hijos Andrés (derecha) y Salvador
Salvador García with sons Andres (right) and Salvador Jr.

Yo les arreglé a mis hijos con el fin de que no les pasara lo que me pasaba a mí. Pues me ha tocado suerte con los hijos porque ahora ellos tienen mejor trabajo que yo, ganan más. Dos de ellos trabajan construyendo albercas—hay veces que ganan más de $1000 cada semana. Otro trabaja en un *warehouse* grande, subiendo lapiceros y cuadernos, todo artículo para escuelas, ropa para la K-Mart. Y también gana bien—por decir, unos $800, $700 por semana.

Como toda tradición mexicana, los hijos hacen lo mismo que yo o cualquiera: lo que hacen es trabajar y olvidarse de la escuela. Ellos no han estudiado nada, nadie ha ido a la escuela. Han aprendido poquito inglés, lo que agarran de la gente en la calle, lo mismo que yo. Yo tengo 22 años más o menos viviendo en los Estados Unidos y yo no sé inglés, pero por donde quiera ando.

Para mi esposa, es completamente nuevo estar aquí en los Estados Unidos. Ella no está a gusto aquí, porque extraña a su mamá y su papá en México. Y yo pienso que para hacerla sentir más cómoda aquí, ella necesitaría trabajar, y no sentirse sola en el apartamento todo el día. La hija trabaja, entonces mi esposa se queda en casa para hacer la comida para la tarde cuando que llegamos, ¿verdad? Pues, yo pienso que si ella trabajaba, tendría más contacto con diferente gente, gente que piensa diferente. Entonces, le meterían mejores ideas, y ella pensaría menos en estar en México, ¿verdad? El problema que tiene ella es que nunca ha trabajado y siempre estaba en el hogar. Yo siempre estaba mandándole dinero, y ella no tuvo necesidad de trabajar. Como ella ya tiene 50 años de edad, se siente como si aquí trabaja, es porque ya yo no quiero darle dinero, o que ya no la quiero. Pero no es eso. Yo le digo, "Trabaja aquí, para que te sientas menos encerrada."

Bueno, la primera vez que vine solo, igual que todos—casi todos los 22 años vivía con diez compañeros que trabajábamos juntos, vivíamos juntos, solos puros hombres. Para vivir, los *farmers* no le dan a uno buena casa. Ellos dicen que no pueden darle a un Hispano buenas casas porque no las limpia uno. Pero se debe dar cuenta que no hay tiempo para cleanear, tener bien aseado, tener la cocina limpia. Si se da uno cuenta que si entra uno a trabajar a las tres o dos de la mañana y sale a las seis u ocho de la noche, no le alcanza a uno el tiempo más que para llegar a casa, hacer de comer, bañarse y dormir para estar listo al otro día a la una de la mañana. Entonces no se puede tener la vivienda limpia porque no hay tiempo—no duerme uno

they make more than $1000 a week. Another works in a big warehouse loading pencils and notebooks—school items—and clothing, for K-Mart. He's paid well, too—about $700 or $800 per week.

As is the Mexican tradition, my children do the same as myself or anyone: they work and forget about school. They haven't studied anything, not one of them has gone to school. They've learned a little English, what they pick up from the people on the street, the same as myself. I've lived 22 years more or less in the United States and I don't know English, but I can still go wherever I want.

For my wife, being in the United States is completely new. She doesn't like it here because she misses her mom and dad in Mexico. And I think that for her to feel more comfortable here, she needs to work instead of being alone in the apartment all day. My daughter works and my wife stays home to prepare the meal for when we arrive home from work, right? I think that if she worked she would have more contact with different people, people who think differently. Then she would be exposed to lots of different ideas and would think less about being in Mexico, right? The problem is that she has never worked and was always at home. I always sent money, so she never needed to work. She's in her fifties now, so she feels that if she works now it's because I no longer want to give her money or that I no longer love her. But it's not that. I tell her, "If you work here, you'll feel less isolated."

I was alone the first time that I came, same as everyone—almost all of 22 years. I lived with 10 guys. We worked together, lived together, just men. The mushroom growers don't give you a decent house. They say that they can't give nice houses to Hispanics because we won't clean them. But they should realize that there's no time to clean, to make it neat and tidy, to have a clean kitchen. If you start work at 2:00 or 3:00 in the morning and leave at 6:00 or 8:00 at night, you don't have any time to do anything but go home, cook up something, take a shower, and fall asleep, to be ready at 1:00 in the morning for the next day. You can't have everything clean because there's no time—you can't even get enough sleep.

In some camps there were nearly 100 people, all men. I arrived to live in one of those camps. It's difficult because since we are all men, there are disputes. On the weekend some drink beer and others smoke marijuana— there are arguments and at times there are knife wounds, gunshot wounds, sometimes even a death. The beer drinkers don't let you sleep, it's a lot to put

suficiente.

Hubo campamentos que llegamos a estar 100 personas, todos hombres. Yo llegué a vivir en uno de esos campamentos. Bueno, es difícil porque como son puros hombres, hay pleitos. El fin de la semana la gente toma cerveza, o fuma mariguana—hay pleitos, y a veces hay heridos con cuchillo, con pistola, a veces hasta un muerto. Los que toman cervezas no le dejan dormir, es mucho aguantar. O sea, es duro, a veces es más dura la vida así con los compañeros que el trabajo.

Yo pienso que por el primer año siente uno que es diferente que vivir con su familia, pero si ya dura uno más viviendo con puros hombres se acostumbra uno. Pero el primer año o tres meses es muy pesado—no se acostumbra uno; pero sí, sigue. Es pesado porque tiene uno que hacer de comer, tiene uno que lavar trastes, lavar su ropa. Unos piensan una cosa, otros, otra, y muchas de las veces tiene uno que aguantar ciertas cosas para poder sobrevivir. Entonces, ahora que yo tengo mi esposa aquí yo veo que, pues, que es mejor siempre—hay limpieza, hay comida preparada cuando uno llega de trabajar, su ropa limpia y planchada. Y hay ese . . . ese ánimo, ese convivio familiar.

Algunas veces usaron prostitutas en los campamentos—llegaban las mujeres que se vendían. Entonces, necesitaba uno usar un poco de inteligencia. Habemos hombres que tuvo una prostituta sí cada ocho días. Podía uno irse a la cama con ellas por $10, por $15, o por $5. Habían mujeres que se metían con dos o con tres en términos de una hora, de dos horas. En mi caso yo era un poco reservado, sí; yo no era de que usó una cada 8 días o 15, si acaso una vez al mes y con mucha precaución. Y yo ya sabía por lo que les oía a los compañeros de trabajo en Moroleón, de cómo protegerse. Dijeron dentro de los campamentos que si uno hace el sexo una vez a la semana o dos veces o tres, que era un descanso para el cuerpo, que le dió más ánimo para seguir trabajando.

Bueno yo pienso que de alguna manera todas las mujeres se dan cuenta que uno de hombre que está solo acá usa prostitutas. Entonces hay mujeres que no lo admiten y empiezan por pelear con su esposo, se dejan, o ellas hacen lo mismo en el pueblo en México de donde viva, hacen lo mismo por venganza. En mi caso es diferente, porque mi esposa y yo hemos platicado sobre lo que es la necesidad, no es un vicio. Lo único que ella dijo es, "Sí, bueno, sabes que, por ejemplo, hay SIDA, que hay sífilis." Ella dice, "¿Aun así lo hiciste?" Entonces le dije yo, "Sí. Como necesidad, sí, sabiendo, sabiendo los

up with. Yes, it's difficult—at times that sort of life with the guys is harder than the actual work.

I think that for the first year you feel that it's very different from living with your family, but if you last you adjust to living with only men. But the first three months or first year are very tiresome—you don't get used to it, but you have to go on. It's tedious in that you have to make your meals, you have to wash dishes, wash clothes. Some think one way and others another and much of the time you have to put up with some things to be able to survive. Now that I have my wife here I see that—and this is always better—the house is clean, the food's ready when you arrive from work, and your clothes are cleaned and pressed. There's that . . . that energy in living together as a family.

Some used prostitutes in the camps—women came who sold themselves. Then, you needed to use a little intelligence. We had men who had a prostitute every eight days. You could go to bed with them for $10, for $15, or $5. There were women who were with two or three in one hour or two hours. In my case, I was a little reserved; I wasn't one who bought a prostitute every eight days or fifteen, but maybe once a month, if that, and with a lot of precaution. And I already knew from what I heard from my work buddies in Moroleón how to protect myself. The word in the camps was if you had sex once a week or two or three times, that it was a release for the body that gave you more energy to continue working.

Well, I think that in some way, all women realize that as a man who is alone here, you need to use prostitutes. Then there are women that don't admit it and start to fight with their spouse, they leave them, or they do the same thing in their town in Mexico, wherever they live—they do the same out of vengeance. In my case, it's different because my wife and I talked about it as a necessity, not a vice. The only thing that she said was, "Okay, you know that there's AIDS, that there's syphilis." She said, "Despite that, you did it?" And I told her, "Yes, as a necessity, yes, knowing all of the risks that there are." Now that I'm older, I no longer sleep around once a month, or even once a year. But before, yes. Now 17-year-olds, our children who are 20 or 25, they also continue to do it.

I realize that all the young people want to come to the United States because they're motivated to have a car, to have a house, to help their families. Three weeks ago, three young boys came to work with me. Well, as they

riesgos que hay." A lo mejor, ahora que ya tengo más edad, ya no lo hago ni cada mes, ni a la mejor cada año. Pero antes, sí. Ahora, gente de 17, los hijos de 20 o 25 años, también lo siguen haciendo.

Yo estoy consciente de que todo el joven quiere venir a los Estados Unidos motivados por tener un carro, por tener una casa, para ayudar su familia. Hace tres semanas llegaron tres muchachos jóvenes a trabajar conmigo. Entonces, como eran nuevos, los que ya sabían—que tienen seis, siete años allí—no les querían decir cómo hacer el trabajo. Entonces yo les llamé para un lado y les dije, "Ahorita tenemos que hacer ese trabajo y los otros trabajadores los van a estar viendo a ustedes, sí, se van a estar riendo, burlando, y 'ja, ja, ja, ja, y que no saben.' Pero no puedo hacerlo con la misma velocidad de ustedes nuevos. Ustedes están nuevos pero no saben, pero yo les voy a decir cómo se hace, y vamos a salir adelante." Y ya dijo uno que era de Moroleón. "Está bien, digo yo, conozco a tu mamá y tu papá, entonces aquí todos vamos a ser camaradas y yo les voy a enseñar cómo se hace ese trabajo. Me ayudan y yo les ayudo a ustedes."

Empezamos a trabajar muy temprano. Se pizca el hongo y lo lleva a Nueva York o a donde lo manden con los trailer. Ahora la gente se queja mucho de que se empieza muy temprano, que no se duerme las suficientes horas. El primer año que empecé a trabajar en el hongo, empezaba a las cinco de la mañana, y había veces que se terminaba a la una de la tarde, a las dos, a las tres. Pero había veces que no se terminaba de un día para otro—entonces lo que se trabajaba eran de cinco de la mañana a nueve de la noche.

Ahora donde trabajo, crecemos los *spawn* de hongos. Empiezo a las tres de la mañana, cargamos un *truck* de *spawn* para el hongo y lo repartimos en varios pueblos. Entonces ya cuando termino dentro de las ocho y las once de la mañana me meto a un área de la fábrica a hacer *spawn* para el hongo. Primero se pone el *spawn* en una bolsa de plástico, y después se mete las bolsas a unos túneles, le nombran *boilers*. Se le pone a una temperatura de 256 grados calientes por tres horas, y entonces se abren las *boilers*. Se enfrían las *spawn*, y al día siguiente se destapa las *spawn*. Finalmente, se desecha la química sobre las semillas.

No explican nada acerca de las químicas. Lo único que yo veo es que los *spawn* huelen a medicina, a química, ¿verdad? Entonces cuando esa semilla se lleva a las hongueras a sembrar para que nazca el hongo, pues se destapa la bolsa—tú la rompes con un cuchillo. Luego no hay suficiente equipo para

were new, those who had been there for six or seven years didn't want to tell them how to do the work. Then I took them aside and said, "We have to do this work and the other workers will be looking at you—yes, they will be looking at you and laughing and making fun, 'Ha ha ha, they don't know how the work is done.' But I can't do it at the same speed as you new guys. You are new and don't know, but I will tell you how it's done. Let's all work together." And one already told me he was from Moroleón. "That's good," I said, "I know your mom and your dad. Then here we'll all be buddies. I'll show you how to do this work. You help me and I'll help you."

We start work very early. We harvest mushrooms and they are taken to New York or wherever they send them by trailer. Now people complain a lot about how they start very early, that they don't sleep enough hours. In the first year that I started to work with mushrooms, I began at 5:00 in the morning and there were times that I finished at 1:00 in the afternoon, at 2:00, at 3:00. There were times that you didn't finish from one day to the next—then you worked from 5:00 in the morning until 9:00 at night.

Where I work now, we grow mushroom spawns. I start at 3:00 in the morning. We load up a truck with spawns and distribute them to different towns. Then when I finish, between 8:00 and 11:00 in the morning, I work in an area of the factory making mushroom spawns. First you put the spore in a plastic bag, then you put the bags in tunnels called "boilers." You heat the spores at 256 degrees for three hours and then the boilers are opened. Next, the spores are frozen and the following day they are uncovered. Finally, a chemical is poured on them.

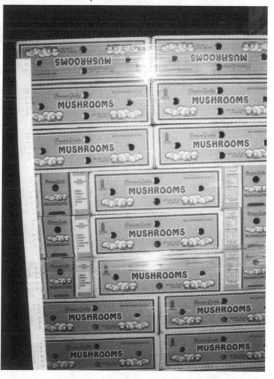

They don't explain anything about the chemicals. The only thing that I've noticed is

Seth Lyons

Hongos listos para transportar
Mushrooms ready for shipment

protegerse, como mascarillas o guantes. El trabajo del hongo es sucio—uno anda buscando cambiarse de ropa todo el día.

Generalmente, se pagan por caja, o por contrato. Hay *farmers* que pagan por horas, pero la gente prefiere trabajar por contrato, por caja, porque le apura uno más, y gana más.

Yo recibo seguro de salud, y algún ahorro, de que uno puede ahorrar un cinco por ciento de lo que gana. El trabajador que gana $300 por semana puede ahorrar $15. La misma compañía da otro $15 como parte del bono. Que viene siendo el programa de retiro.

Me pagan $7.20 cada hora, y he trabajado allá por ocho años. En ninguna parte se paga tiempo y medio. Ahora estoy yo trabajando un mes y medio 13 horas diarias—70-80 horas semanales—y no pagan tiempo y medio. Ellos dicen que no se paga tiempo y medio porque es un trabajo que le nombran "agricultura." Yo pienso que pasando de 40 horas la semana se debe pagar tiempo y medio, no importa cómo se llame—"agricultura," o cualquier clase de trabajo. Lo importante que pienso yo es que uno trabaje.

Yo pienso que donde estoy, no es fácil de quejarse y formar un grupo porque allí le tienen un miedo horrible, espantoso a que uno vaya a defenderse. Porque tienen miedo que les digan no más trabajo para tí por andar quejando. Yo pienso que el miedo de ellos es que la mayoría no tienen papeles—10%, no más, tienen sus papeles. De esos 80 empleados mexicanos donde trabajo, quince tenemos permiso de trabajo y papeles buenos, y pienso que 65 son ilegales. Los trabajadores tienen miedo quejarse por ser despedido. Pero es la verdad también que los mexicanos sin documentos no tienen mucho miedo de ser deportados. Entonces, por decir, algún día la inmigración entra, y hay una redada de los 65 ilegales. Automáticamente la fábrica se queda sin gente. Entonces, los 15 que quedarán no vamos a hacer el trabajo de los otro 65, ¿verdad que no? [Se ríe] También, si no tuviera gente para hacer el trabajo, yo diría, "Yo quiero ganar $9.00 a la hora, en vez del $7.20 que gano ahora." Y me tendrían que pagar. Pues, los ilegales sí quieren trabajar para pagar el *coyote* los $1500 o los $1200 que le cobran.

Aunque los patrones saben bien que es ilegal agarrar ilegales, ellos lo hacen—porque pagan más barato ¿Si? Es un tipo de explotación—las ganancias de ellos son muy buenas con el ilegal. El gobierno de los Estados Unidos dice que el ilegal es una carga para los Estados Unidos, pero yo pienso que no.

that the spawns smell like medicine, like chemicals, right? Then when that spawn is taken to the mushroom workers to plant so that the mushroom grows, the bag is opened—you slit it with a knife. Many times there's isn't proper equipment for protection, like masks or gloves. Mushroom work is dirty—all day long you keep wanting to change your clothes.

Usually they pay you by the box, by contract—piecework. Some farmers pay by the hour, but most people prefer to work by contract, per box, because you can go faster and make more.

I receive health insurance where I work and some savings. You can save about 5% of what you make. A worker who makes $300 per week can save $15. The company itself gives another $15, as a bonus. That makes up your retirement plan.

They pay me $7.20 an hour and I have worked there for eight years. Nowhere do they pay overtime. I've been working 13 hours a day for a month and a half—70 to 80 hours a week—and they still don't pay time-and-a-half.

They say that they don't pay overtime because it's "agricultural work." I think that after 40 hours a week, you should be paid overtime, it doesn't matter what you call it—"agriculture,"or whatever kind of work. I think the important thing is that we do our jobs.

I think that where I am, it's not easy to complain and band together because people have a horrible fear—they're very scared to defend themselves. They fear that they would be told, "No more work for you because you're a troublemaker." I think they're afraid because most of them don't have papers—maybe 10% have papers. Of the 80 Mexican employees where I work, 15 have work permits and proper

Seth Lyons

Abono para los hongos
Mushroom compost

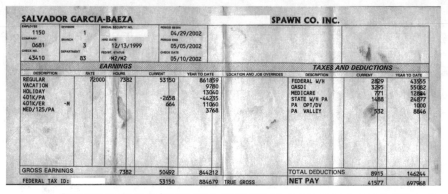

El talonario de cheque de Salvador García: trabajó 73 horas en esa semana, sin pago de tiempo extra
Salvador García's pay stub: he worked 73 hours that week, with no overtime pay

Porque si el ilegal gana $300 a la semana y a uno le rebajan *tax* sobre ingresos, a uno le rebajan Seguro Social, *taxes* locales, y *taxes* de estado, entonces ¿cómo es el ilegal una carga? Si el gobierno está pensando en echar esa gente ilegal para afuera, para México o para El Salvador, o para Guatemala, o Argentina donde sea, dime ¿quién va a trabajar? ¿Quién? Porque los americanos no van a trabajar por las $6.50 a la hora. La gente que trabajan en las fábricas, las hongueras, la construcción, muchos hoteles, los restaurantes, ¿no? Como MacDonald's, o Burger King, o Wendy's—la mayoría son mexicanos. Yo pienso que el gobierno de los Estados Unidos debe hacer lo que hizo conmigo y con todos los mexicanos en 1986—darnos la amnistía y la residencia.

"DIME ¿QUIÉN VA A TRABAJAR? ¿QUIÉN? PORQUE LOS AMERICANOS NO VAN A TRABAJAR POR LAS $6.50 A LA HORA."

Cuando yo estoy enfermo, yo voy a un doctor que habla español, para mejor comunicación, ¿verdad? porque no sé mucho inglés. Los demás mexicanos tienen en la mente que es mejor la medicina de México, que la que recomiendan los médicos americanos. Y la comunidad mexicana se queja mucho de que, por ejemplo, un médico americano te pone una cita en dos meses, tres meses. No lo aceptan que les da una cita para su primera visita en un mes, porque dice uno, "En un mes yo ya me he muerto—si yo voy a ver un doctor hoy, es porque estoy enfermo."

Yo pienso que aquí en los Estados Unidos hay mejores aparatos, y que un médico americano tiene que saber lo mismo, o más, que un doctor

"TELL ME, WHO WILL DO THE WORK? WHO? AMERICANS WILL NOT WORK FOR $6.50 AN HOUR."

papers and I think that 65 are illegal. The workers are afraid to complain because of being fired. But, also, it's true that undocumented Mexicans aren't very afraid of being deported. Let's say that one day INS comes in and rounds up the 65 illegals. Suddenly the factory is left without people. The 15 of us that are left will not do the work of the other 65, isn't that right? [Laughs]. Also, if there were fewer people to do the work, I could say, "I want to make $9.00 an hour instead of the $7.20 I make now." And they would have to pay me. Because, you see, the illegals are motivated to work because they have to pay off the *coyote*, to pay the $1,500 or $1,200 they charge.

Even though the bosses are very aware that it's against the law to hire illegals, they do it anyway—because they can pay them cheaper wages, right? It's a type of exploitation—they increase their profits by using illegal workers. The US government says that the illegal is a burden for the United States, but I don't think so. Because if the illegal makes $300 dollars a week and they take out income tax, they take out Social Security and local taxes, state taxes, then how is the illegal a burden? If the government is thinking about kicking out those illegal people, sending them back to Mexico or El Salvador or Guatemala or to Argentina, wherever, tell me, who will do the work? Who? Americans will not work for $6.50 an hour. The people who work in factory jobs or picking mushrooms or construction or who work in hotels or restaurants like McDonald's, Burger King, Wendy's or Chi Chi's—most of them are Mexican. I think the US government should do what they did with me and all of the Mexicans in 1986—give us amnesty and residency.

When I get sick, I go to a doctor who speaks Spanish because he can understand me better, right? I don't know much English. Most Mexicans have this idea that the medicine in Mexico is better than that practiced by American doctors. The Mexican community complains a lot that you can't get an appointment with an American doctor for two or three months. They don't like the fact that you have to wait all that time just to get a first visit, saying, "A month from now I might already be dead. If I go see a doctor today, it's because I'm sick now."

I believe that we have better medical equipment here in the United States and that an American doctor has to know as much, if not more, than a

mexicano. Porque en México no hay muchos laboratorios buenos, o aparatos que te puedan ver lo que tú tienes por dentro en el cuerpo. Y en México si un médico te opera, y te deja unas pinzas o unos guantes adentro tú no le puedes poner una demanda. Y aquí sí puedes.

Casi la mayoría de los mexicanos usan medicinas tradicionales. Como tienen familiares que vienen de México les encargan, que, "Yo sé que estas pastillas son buenas para ésto, yo siento que tengo ésto—¿me las traes?" Y ya el que viene, ése trae una cajita, o dos. Y si me dicen a mí, "Salvador, tú tienes cáncer, y necesitas curártelo," entonces yo digo, "Bueno, pues, mejor me voy a curar a México." Pero yo no uso medicinas tradicionales, como hierbas, porque yo pienso que si el médico estudia para ser médico, y él receta las medicinas, debe tomar las medicinas—no las hierbas [se ríe].

Con todos mexicanos, latinos que andamos trabajando, estoy seguro que el que tenga residencia es igual al que no la tiene. ¿Por qué? Porque si el que no tiene residencia está trabajando y el que la tiene está trabajando, todos debemos tener el mismo derecho.

Yo trabajé de ilegal aquí por seis o siete años. Cuando uno tiene sus papeles hay menos posibilidad de explotación por la razón de que si uno es legal o es residente la gente ya sabe más de cómo defenderse. Yo pienso que el ser ilegal sí le mete cierto miedo al *farmer* donde esté uno trabajando. Por decir, "Si haces huelga yo te echo a La Migra o yo te corro del trabajo." En el caso mío yo nunca tuve miedo, porque sabía bien que si a mí me echaban a Moroleón, yo allí tenía trabajo para estar comiendo. Y menos tuve miedo porque yo sabía que luchaba por mi familia.

[El oficial de Inmigración me dijo], "Si eres mexicano cántanos la canción de 'La Bamba.'"

Yo me acuerdo el día que recibí mi *green card*, en el 86. Fui a una oficina de Migración que había en el pueblito que se llama Lima. Me hicieron preguntas, que si Migración me había agarrado alguna vez, que si tenía problemas con la policía. Les dije que no. Entonces me dijeron que si era mexicano, les dije que sí. Me dijeron, "Si eres mexicano cántanos la canción de "La Bamba." ¿Cómo es que es? Si la cantas y vemos que sí te la sabes, es que eres mexicano. Si no, es que nos está mintiendo." Ahí me tienen cantando "La Bamba," y yo allí demostrándoles que sí era mexicano, sí.

Mexican doctor. Because in Mexico there aren't many good laboratories or equipment that can view your internal organs. Plus, in Mexico if a doctor operates on you, he might leave some forceps or some gloves inside you, and you have no way to sue. But here you can.

The majority of Mexican people use traditional medicine. Since they have relatives that come from Mexico, they say to them, "I know these pills are good for this and I feel that I have this, so can you bring them for me?" So the relative will bring a box or two. If I was told, "Salvador, you have cancer,

[THE IMMIGRATION OFFICAL SAID TO ME], "IF YOU ARE A MEXICAN, SING US THE SONG 'LA BAMBA.'"

and you need to cure yourself," I would say, "Well, I prefer to go cure myself in Mexico." But I don't use traditional medicines, like herbs, because I think that if a doctor studies to be a doctor, he is qualified to prescribe medicine and I think that you should take the medicine. Not herbs [laughs].

I think that with all the Mexicans and Latinos that I work with, someone who has residency is the same as someone who doesn't have any. Why? Because if the one without residency is working and the one with residency is working, we should all have the same rights.

I worked as an illegal here for six or seven years. When you have your papers there's less possibility for exploitation because if you are legal or are a resident people know more about how to defend themselves. I think that to be illegal does involve a certain fear toward the farmer who you work for. Let's say, if you go on strike, I'll tip off Immigration or I'll make sure you don't work. In my case, I never was afraid, because I was certain that if they sent me back to Moroleón I had work there. And I was less afraid because I knew I was fighting for my family.

I remember the day I got my green card, in '86. I went to an Immigration office in a town called Lima. They asked me questions—if INS had caught me, if I had problems with the police. I told them no. Then they asked me if I was a Mexican, and I said yes. They said, "If you are a Mexican, sing us the song 'La Bamba.' How does it go? If you sing it and we see that indeed you know it, then you are a Mexican. If not, you are lying to us." So they had me singing "La Bamba" and there I was, showing them that I was indeed a Mexican.

La Bamba

Para bailar la Bamba
Se necesita una poca de gracia
Una poca de gracia para ti, para ti
Y arriba y arriba
Yo no soy marinero
Por ti seré, por ti seré, por ti seré
Bamba, Bamba
Y para subir al cielo, se necesita
Una poca de gracia . . .

Y ya, como la juez quiso, allí juré que no iba a tener problemas con la policía, que no drogas, que no iba a estar dándoles problemas, nada, no pleitos. Me dieron mi *green card*, me retrataron con el emblema de Migración. Yo y mi amigo de Moroleón fuimos juntos, nos tocaron a los dos. Era muy bonito, el muchacho así me abrazó, yo lo abracé, le abrazamos a la americana que nos entrevistó. Todo fue algo bonito. Yo me sentía muy emocionado, como que muy orgulloso de haber agarrado mi primer *green card*. Para celebrar nos fuimos a un restaurante, y pues comimos ensalada, pescado, luego fuimos a una cantina, nos tomamos unas cuantas cervezas.

Con el tiempo les arreglé los *green cards* a mi esposa, hijos, cinco o seis en total, el mismo día. Fuimos a Ciudad Juárez, por El Paso. Me acuerdo que fue en la tarde, la una o dos de la tarde, nos metimos a una Kentucky, comimos gallina, bien le celebramos, con soda, comida. Bueno, duraron unos tres meses para traer mi familia a Kennett. Y ahorita de vivir aquí van a cumplir un año.

Yo obtuve mi *green card* en el 86. Bueno, para mí significa un gran orgullo por haberla obtenido a base de sacrificio de muchos años. Me sentía muy orgulloso por la sencilla razón de que a lo mejor a Migración ya tenía que dar molestias, iba a estar más seguro en mi trabajo. Nunca he dado problemas a ningún gobierno, llámese policía local, llámese policía estatal. Y estoy muy orgulloso de tener un buen comportamiento aunque mi padre todo el tiempo fue campesino y por trabajar no tuvo el tiempo por darme consejos. Ahora yo siempre les doy consejos a mis hijos. Este *green card* representa años de sacrificio—de no estar con la familia, de vivir y trabajar con puros hombres, de sufrir. Es duro.

La Bamba

To dance la Bamba
You need a little bit of grace
A little bit of grace, for you, for you
And get up, come on
I am not a sailor
For you I will be, for you I will be
Bamba, Bamba
And to get to heaven, you need
A little bit of grace . . .

And so, just as the judge asked me to, I swore that I didn't have any problems with the police, no drugs, that I wasn't going to give them problems, nothing, no complaints. They gave me my green card, they photographed me with the emblem of Immigration. I and my friend from Moroleón went together, the two of us. And it was very nice, the guy hugged me and I hugged him. We hugged the American who interviewed us. It was something beautiful. I felt very emotional, very proud to see myself holding my first green card. To celebrate we went to a restaurant and, well, we ate salad and fish. Later we went to a bar and drank a few beers.

Eventually, I arranged for my wife, children, five or six in all, to get their green cards, all on the same day. We went to Juarez through El Paso—I remember that it was at 1:00 or 2:00 in the afternoon. We stopped at a "Kentucky." We ate chicken, we really celebrated with soda and food. Well, it took about three months for me to bring them to Kennett Square. And now they've been living here going on a year.

I obtained my green card in '86. I feel great pride for having gotten it, after years of sacrifice. I felt prouder for the simple reason that maybe, though Immigration had to be a bother, I was going to be more secure at my work. I have never created any problems for local police or state police. I am very proud of my good conduct, even though my father worked the land all the time and didn't have the time to give me advice. Now, I give advice to my children. This green card represents years of sacrifice—not being with my family, living and working with men only, suffering. It's hard.

I had a goal, which was to have a house in Mexico. I accomplished it and, I don't know, I continued coming here. Then when I did get the green card, my goal was to work and stay out of trouble. I don't want to say that I'm

Yo tenía una meta que era tener una casa en México. Lo logré y no sé, seguí viniendo. Entonces ya cuando tuve la *green card*, pues mi meta era trabajar y portarse uno bien. No quiero decir que soy bien buena gente—me ha tocado suerte que ni en México ni aquí nunca he sido preso por nada. Nunca he tenido un problema con la policía, ni allá ni aquí.

Pues que ahora ya tengo la casa, tengo un sueño de comprar otro terreno, tener un ahorro en el banco para cuando un hijo se pusiera enfermo, tener para el doctor. O para cuando llegara a México salir a pasear dos o tres días, visitar a otra parte, dormir en un hotel una noche o dos, comer bien en un restaurante. Y tener dinero para siempre, un ahorro, aunque fuera pequeño. Yo tengo un sueño de regresar, pero no puedo decir cuándo. Ahora tengo 54 años de edad—si Dios me da licencia de vivir más años a lo mejor me pensione. Alcanzar una pensión aquí es muy importante, porque en México no la hay para la gente. El que logra tener una pensión en México, con lo que da la pensión al mes, uno no come una semana con eso. Pues, bien sea para regresar para México con la pensión y ya teniendo casa, teniendo dos o tres terrenitos. Sí, pienso que si llegara una enfermedad cuando ya no pueda trabajar ni tener con qué curarme, con qué ir al doctor, tener qué comer—para éso estoy logrando la pensión.

Yo tengo un dicho: "Que toda persona que sea floja, que no le gusta trabajar, no tiene derecho a comer." El otro dicho que tengo es que "No tengo miedo a las balas, sino que hay que tener el miedo a los agujeros que hacen." [Se ríe.]

Pues cuando me muera, me gustaría que me recuerden con cariño, que me recuerden por lo que yo les di en mi vida—cositas. El orgullo más grande que tengo es sobre la gente que yo conozco, de amigos, de vecinos, en México y aquí. Y compañeros de trabajo, que he vivido con ellos y he trabajado con ellos. Tengo orgullo de estar cumpliendo con mi familia, con mis hijos. Siempre estuve pensando en ellos cuando estuvieron en México, de mandarles dinero, que no les faltara para comer. Aunque aquí luego me tomaba unas cervezas, nunca fue más de seis, o así. No gastaba todo el dinero que ganaba sólo en mí. Siempre pensaba en la esposa, en los hijos. Que no les faltara en dónde vivir, y qué vestir, y qué comer, y su educación. Yo le digo a la esposa mía, le digo, "Tú corriste con suerte conmigo, en tu matrimonio conmigo."

a good person—I've been lucky because neither in Mexico nor here have I been imprisoned for anything. Never have I had a problem with the police over there or here.

Well, now that I have a house, I dream of buying another piece of land, of having savings in the bank for when a child would become sick, for the doctor. Or for when I would arrive in Mexico to go traveling for two or three days, to sleep in a hotel a night or two, to eat well at a restaurant. And to always have money, savings, even if it would be small. I dream of going back, but I can't say when. Now I'm 54—if God permits me to live longer, I hope to get my pension. To get a pension here is very important because in Mexico there is hardly any of that for people. If you're lucky enough to have a pension in Mexico, you still only get it once a month and you can't even eat for a week on that amount. How good it would be to go back to Mexico with my pension from the United States, already having a house and maybe two or three little pieces of land! When I think about getting an illness and not being able to work, I realize that I need to have money to cure myself, to go to the doctor, to eat. Because of that I need to get the pension.

I have a saying: "If you are lazy, if you refuse to work, then you have no right to eat." The other saying I have is, "You don't need to be afraid of bullets, but you do need to be afraid of the holes they make." [Laughs]

When I die, I would like to be remembered with affection. I want people to remember what I gave them in my life—the little things. What I am most proud of is the people that I know—friends and neighbors, in Mexico and here. And coworkers I have lived and worked with. I am proud to have fulfilled my obligations to my family, my children. I always took care of my family when they were in Mexico and sent them money so they would have enough to eat. Even though I would drink a few beers, it was never more than six or so. And I didn't spend all of the money that I earned on myself. I always thought of my wife, of the children. I wanted to make sure that they had a place to live, clothes to wear, food to eat, and an education. I tell my wife, I tell her, "You got lucky when you married me."

Liz Hayden

Una Entrevista con Guadalupe y Jorge García Zavala

Guadalupe Cristina

Lupe y Jorge son dos de los hijos de Sara Zavala Rosas y Salvador García-Baeza. Lupe tiene 19 años, y Jorge tiene 26 años. Poco después de esta entrevista, Lupe regresó a México con su madre, y Jorge seguía viviendo en Pensilvania con su padre, y trabajando en la industria de los hongos. Mientras vivía en Oxford, PA, Lupe trabajaba en los servicios de alimentación en la Universidad de Lincoln.

"It's The Dream of Having Things"

An Interview with Guadalupe and Jorge García Zavala

Lupe and Jorge are two of the children of Sara Zavala Rosas and Salvador García-Baeza. Lupe is 19 years old and Jorge is 26 years old. Shortly after this interview, Lupe returned to Mexico with her mother and Jorge stayed on in Pennsylvania, living with his father and working in the mushroom industry. While living in Oxford, PA, Lupe worked in food services at Lincoln University.

García Zavala
and Jorge García Zavala

"VA CRECIENDO UNO CON ESA IDEA DE UN DÍA VENIR— LUEGO CUANDO UNO TIENE UNOS CATORCE O QUINCE AÑOS, ES EL TIEMPO PARA VENIR, A TRABAJAR."

Jorge

Mi nombre es Jorge García Zavala. Mi apodo es Goy. Yo, la primera vez que vine a los Estados Unidos fue en 1995. Yo tuve la idea de venir porque mi papá ya tenía muchos años viniendo. Y va creciendo uno con esa idea de un día venir—luego cuando uno tiene unos 14 o 15 años, es el tiempo para venir, a trabajar. Yo, cuando llegué a los Estados Unidos, vivía con mi papá. La mayoría del tiempo que tengo aquí he vivido con él.

Cuando vine a El Norte por primera vez, vine solo. Llegué en avión. Ya mi papá me había arreglado los papeles, pero era algo desconocido para mí y llegué a Filadelfia y llegué solo sin ni un peso en mi bolsa, sin ni un número de teléfono por si me perdía, sin ninguna dirección. Nada más sabía que mi papá iba a estar esperándome en el aeropuerto. Al principio tuve miedo. Pero luego no, porque el avión hizo trasborde en Tejas y allí hay personas de Inmigración que hablan español y me ayudaron a encontrar el siguiente vuelo. Y aquí en Filadelfia, pues, nada más seguía la gente, con la que venía en el avión. Y abajo donde se recoge el equipaje, allí estaba mi papá.

Lupe

Yo vine por la primera vez en avión también, con mi mamá. Fuimos a California a visitar a mi hermana, y de allí surgió la idea de venirnos para Pensilvania, a probarse cómo era la vida. Llegamos aquí en el año 2000, con nada. En un *trailer* duramos viviendo dos meses. Ya después fue cuando nos vinimos para este apartamento. Los primeros días no teníamos tele, ni un teléfono.

Jorge

Cuando uno se imagina la vida en los Estados Unidos, solamente piensa en las cosas materiales—es la ilusión de *poder tener cosas*. Piensa uno así porque cuando las personas que estamos aquí regresan a México, por ejemplo, llevan buena ropa, buenos tenis. Pero, cuando uno está aquí, es muy diferente. Sí, puede uno tener todo, pero hay que trabajar. Pues, viene uno aquí a ciegas, hasta cuando ve uno que no es fácil. Pero, ahora ya estoy acostumbrado aquí, vivo a gusto aquí. Y cuando regreso allá, también estoy a gusto.

"You grow up with this idea of coming to the US— later, when you're 14 or 15, it's time to come, to work."

Jorge

My nickname is "Goy." I came to the United States for the first time in 1995. I got the idea to come because my dad already had been coming for many years. You grow up with this idea of coming to the US—later, when you're 14 or 15, it's time to come, to work. When I arrived in the United States, I lived with my dad—most of the time I have lived here with him.

When I came North the first time, I came alone. I arrived on a plane. My dad had already arranged it, but it was completely foreign to me and I arrived in Philadelphia without even a dollar in my pocket, without even a telephone number in case I got lost, without an address. I only knew that my dad was going to be waiting for me at the airport. At first I was afraid. But later on I wasn't because the plane made a transfer in Texas and there were Immigration people who spoke Spanish who helped me to find the next flight. And here in Philadelphia, well, I just followed the other passengers and down where you pick up the baggage—there was my father.

Lupe

I came the first time by plane as well, with my mother. We went to California to visit my sister and there we got the idea of coming over here to Pennsylvania, to check out for ourselves what life was like. We arrived here in the year 2000, with nothing. We lived in a trailer for two months, then afterwards we came to this apartment. At first, we didn't have a TV or a telephone.

Jorge

When you imagine living in the United States, you only think about the material things—it's the dream of *having things*. You think like that because when the people who are here return to Mexico they bring nice clothes, nice sneakers. But when you're here it's very different. Yes, you can have everything, but you have to work. You come here blindly, until you see that it's not easy. But now I've gotten used to it here, I enjoy life. And when I return there, I also enjoy life.

Lupe

Lo que a mí no me gusta de aquí en los Estados Unidos es el estilo de vida. Porque aquí hay una presión para mí. Siento como que la vida aquí es rutinaria, siempre lo mismo, lo mismo, lo mismo: del trabajo a la casa; de la casa al trabajo. Los trabajos quedan lejos, y tienes que tener medios para poderte ir al trabajo. Si aquí tú no tienes coche, no puedes trabajar. El idioma es otra cosa. Aquí vas a un trabajo y lo primero que te preguntan es "¿Sabes inglés?" Cuando empecé a trabajar nunca me imaginé que iba a ser tan difícil. Los primeros días que fui a trabajar, me sentí bien rara porque la gente no hablaba el mismo idioma que uno. Lo peor es que una se siente muy insegura

"Aquí vas a un trabajo y lo primero que te preguntan es '¿Sabes inglés?'"

de no poder comunicar. Un compañero de trabajo me traducía, me ayudó en esos trabajos por los primeros días. Sí, fue difícil. Pero uno decide, de todas maneras, salir adelante, hacer la lucha. Ya con los días, ya es mejor.

Todos los trabajadores allá en mi trabajo son puros morenos. Una mujer nos ayudaba lo más. Ella estaba casada con un puertorriqueño, entonces ella hablaba español e inglés. Pero tú te notas de que cada quien hace su grupo, porque uno no sabe el idioma de la otra.

Jorge

Mi vida sí cambió, ahora que están aquí mi mamá y mi hermana. Ya me siento más a gusto yo, más tranquilo que cuando vivía con mi papá y más personas diferentes que no son familiares, que no más son compañeros de vivienda—todos hombres. Y tiene que salir uno del trabajo y hacer la comida, y lavar la ropa. Y aquí mi mamá nos hace todo eso. Por eso, esta vez, estoy yo más a gusto.

Lupe

What I don't like about being here in the United States is the lifestyle. When I'm here, I feel a lot of pressure. Life is routine, it's always the same, the same, the same: from work to home; from home to work. Work is very far away and you have to have a way to get to work. If you don't have a car here, you can't work. The language is another thing. Here you go to work and the first thing that they ask you is, "Do you know English?" When I started to work, I never imagined that it would be so difficult. The first days that I went to work it felt very strange because the people didn't speak the same language as I did. The worst thing is that you feel very insecure because you can't communicate. A co worker translated for me, she helped me during the first

"HERE YOU GO TO WORK AND THE FIRST THING THAT THEY ASK YOU IS, 'DO YOU KNOW ENGLISH?'"

days of work. Yes, it was difficult. But you make up your mind to keep going by any means, to struggle. Now, day by day, it's getting better.

All of the workers at my job are black. One woman helped us the most. She was married to a Puerto Rican, so she knew Spanish and English. But you notice that each person chooses her own group because we don't all speak the same language.

Jorge

My life has changed now that my mom and sister are here. I already feel happier and calmer than when I was living with my dad and different people who aren't relatives, who are only housemates—all men. And you have to leave work and cook meals and wash your clothes. And here my mom does all that for us. That's why, this time, I am happier.

Rini Templeton

Seth Lyons

"Democracia, y Libertad, pero ¿para Quién?"

Una Entrevista con Salvador Villicaña

SALVADOR

Salvador Villicaña tiene 55 años de edad. Es de La Ordeña, un pueblo cerca de Moroleón, y vino a los Estados Unidos en 1969, cuando tenía 21 años de edad. Vino para trabajar en el área de Kennett Square en 1971, y ha vivido allá desde entonces. Ha trabajado como honguero, como organizador de trabajadores agrícolas y educador de salud y seguridad, y ha vendido alimentos a los trabajadores agrícolas en los campamentos. Ahora es educador de VIH, que visita a los trabajadores agrícolas y les provee consejería y pruebas de VIH. Él también le provee transportación a la gente en la comunidad, llevándole a las citas con médicos, abogados, etc., y le ayuda con traducción. Él es un miembro de la Junta Directiva de La Comunidad Hispana, una agencia de servicios sociales en Kennett Square. Salvador vive con su hija y nieto, y con su cockatiel llamado Arnie.

"DEMOCRACY AND FREEDOM, BUT FOR WHOM?"

AN INTERVIEW WITH SALVADOR VILLICAÑA

Salvador Villicaña is 55 years old. He is from La Ordeña, a village near Moroleón. He came to the United States in 1969, when he was 21 years old, arrived in Kennett Square in 1971 and has lived there ever since. He has been a mushroom worker, a farmworker organizer and health and safety educator, and has sold food to farmworkers who live in camps. He is currently an HIV counselor who does outreach to farmworkers and HIV testing and counseling and provides transportation to people in his community. He also helps people who need bilingual support with translation and filling out forms. He is on the Board of La Comunidad Hispana, a social service agency in Kennett Square, where he lives with his daughter and grandson and a cockatiel named Arnie.

VILLICAÑA

Cuando yo llegué por la primera vez a los Estados Unidos, en 1970, trabajaba en Ohio, entonces en Indiana, en la temporada de los vegetales. Cuando se acabó la temporada fui buscando trabajo en la manzana. Allí duré dos semanas cuando llegó la Inmigración y nos llevó atrás, para México. Estuvimos una semana en Detroit en la cárcel, una noche en Chicago y luego a El Paso. Nos echaron en octubre del 70.

Durante ese tiempo tuve varias agarradas que me dieron. Una vez nos agarraron con el *coyote* en la carretera, y estuve encarcelado en un campo cerca de Corpus Cristi; le llaman Los Fresnos. Nos castigaron por no querer decir que le estábamos pagando al *coyote*. Después de un mes, salimos deportados.

Bueno, yo pienso que hay las complicaciones con pasar la frontera más que nada por la ignorancia de uno, de no conocer el área, no saber para dónde ir. Que uno depende de quien lo vaya a cruzar, y, pues, si esa persona comete cualquier error, los que sufren son los pasajeros.

Vine a Kennett Square cuando regresé, después de que me echaron de Michigan para México. Ya teníamos entendido que había mucho trabajo aquí—que pagaban mal, pero que había mucho trabajo. Ya nosotros teníamos una cadena de contactos entre nosotros mismos de a qué lugares podíamos llegar. Entonces conseguimos unas direcciones y dicimos, "Vamos a llegar a tal fulano en Kennett Square." Yo trabajaba en las fincas de los hongos del 71 al 99. Yo todos los días estaba en el trabajo.

Me casé en 1975. Mi esposa era nacida aquí, en los Estados Unidos. Sus abuelos eran alemanes—no eran americanos, eran europeos [se ríe]. Me divorcié en el 82. Todas las amistades de mi hijo son norteameraicanos. Él casi no ha tenido relaciones aquí en Kennett Square con mexicanos, aunque vivíamos cerca de ellos. Ninguno de los niños aprendió a hablar español, porque su madre era europea.

La mayoría de los mexicanos vienen aquí a los Estados por la devaluación del peso mexicano. Yo estoy seguro que no venía ninguno si el peso estuviera a peso por dólar. El problema es que allá la mayoría de los precios están puestos a base del dólar. Vamos a poner la gasolina. Usted pone más

When I first came to the United States in 1970, I worked in Ohio and then Indiana, harvesting vegetables. When the season finished I went to Michigan looking for work in the apple orchards. I lasted two weeks there when Immigration came and took us back to Mexico. We were in jail for one week in Detroit, one night in Chicago, then to El Paso. They threw us out in October of '70.

During this time, Immigration nabbed me several times. Once they caught us with a *coyote* on the highway and I was imprisoned in a camp close to Corpus Christi; it was called Los Fresnos—the Ash Trees. They punished us for refusing to admit we paid a *coyote* to bring us across. After a month we left as deportees.

I think that the complications with crossing over the border are due more than anything to your ignorance, not knowing the area, not knowing where you're going. You depend on who's taking you across and if that person makes a mistake, it's the passengers who suffer.

I came to Kennett Square when I returned after being thrown out of Michigan and sent back to Mexico. We understood that there was a lot of work here—they paid poorly, but there was much work. We already had a chain of contacts among ourselves of what places we could come to. Then we got some addresses and said, "Let's go to this guy in Kennett Square. " I worked on the mushroom farms from '71 to '99. I worked every day.

I got married in 1975. My wife was born here in the United States. Her grandparents were German—they weren't Americans, they were Europeans [laughs]. I got divorced in '82. All of my son's friendships are with North Americans. Here in Kennett Square, he has almost no relations with Mexicans, even though we have lived close to them. None of my children learned to speak Spanish because their mother was European.

The majority of Mexicans come here to the United States because of the devaluation of the Mexican peso. I am sure that no one would come if the peso was matched one to one with the dollar. The problem is that over in Mexico the majority of the prices are based on the dollar. Let's take gasoline—you get more gasoline here with $20 than with $20 in Mexico. Then,

gasolina aquí con 20 dólares que con 20 dólares en México. Entonces ¿cómo usted va a estar ganando el sueldo de México y pagar estos precios? ¿Cómo puede un pequeño comerciante en México pagar a la gente bastante para darle trabajo, cómo va a competir? Su negocio se va para abajo. Entonces no hay empleo. Las corporaciones son las que controlan eso, el gobierno no está controlando nada. Por ejemplo, el gobierno pone una ley de comercio libre que vamos a enforzar. Pero cuando la corporación dice, "Déjenme en paz," eso se queda en paz. Y se presume de una democracia, de una libertad. ¿Pero, cuál?

"La mayoría de los mexicanos vienen aquí a los Estados por la devaluación del peso mexicano."

Las condiciones del trabajo han cambiado bastante. Ahora hay gente que se dedica únicamente a hacer el *spawn*, o hacer la tierra, o vaciar los dobles, o hacer las cajas—y es únicamente lo que hacen. Para los pizcadores, lo más difícil es separar las clases de hongo.

Bueno, el pago es una cosa que no se ha mejorado. La única compañía que paga mejor es Kaolin, donde yo trabajaba, y donde hay el sindicato. Otras fincas siguen pagando un dólar la caja, y si se hace cuatro cajas por hora, ya no sacan sueldo mínimo. Pero aún hay más: en antes todo el hongo iba a la misma caja, no se separaba. Ahora hay que hacer un montón de separación también. Si el trabajador pizca bastantes cajas cada hora para ganar el sueldo mínimo, le dicen, "Tú te puedes quedar a trabajar conmigo." Si no las hacía, "Tú tienes que irte." Ahora, el que no pizca seis cajas cada hora no puede quedarse a trabajar. Es especialmente difícil para los que son nuevos, pizcar seis cajas.

Ahora, la situación está bastante mal. Por ejemplo, la primera vez que yo llegué aquí me cobraban 15 dólares semanales por comida en el campamento. Ahora yo sé que algunos patrones están cobrando sobre 90 por semana por la comida.

Cuando estuvo Clinton el Presidente, él dijo algo sobre de aumentar el salario mínimo un dólar. De Bush, yo no lo he oído hablar nada de eso. Él ha recortado los *taxes*, pero ¿para quién? Yo, desde que han recortado los *taxes*, pago más—no nos está beneficiando en lo absoluto eso. El sueldo mínimo sigue lo mismo, desde 1997—ningún cambio en seis años—luego muchos

"THE MAJORITY OF MEXICANS COME HERE TO THE UNITED STATES BECAUSE OF THE DEVALUATION OF THE MEXICAN PESO."

how are you going to make the Mexican salary and pay these prices? How is a small merchant in Mexico going to pay people enough, how is he going to compete? His business will go under. So there are no jobs. The corporations are in control of this, the government isn't in control of anything. For example, the government makes a law about free trade and says it will enforce it. But when the corporation says, leave me alone, then it's left alone. It's supposed to be about democracy, about freedom. But for whom?

Work conditions have changed a lot. Now people devote themselves to only growing spawn, or preparing the soil, or emptying the barns, or making the boxes—just one thing. For the pickers, the most difficult thing is sorting the different kinds of mushrooms.

The pay is one thing that hasn't gotten better. The only company that pays better is Kaolin, where I used to work and where the union is. They pay more by the box. Other farms continue to pay $1.00 per box, so if you harvest four boxes an hour, then you wouldn't get the minimum wage. But there's even more. Before, all the mushrooms went into the same box—they weren't sorted. Now you have to do a lot of sorting, too. If the worker can pick enough boxes per hour to make minimum wage, they tell him, "You can stay to work with me." If you don't do enough boxes, then "You have to leave." Now, if you don't harvest six boxes an hour you can't work. It's especially difficult for new people to pick six boxes.

Now the situation is pretty bad because everything costs more. For example, when I first came here, they charged $15 a week for meals in the camps. Now some bosses charge over $90 a week for food.

When Clinton was President, he said something about increasing the minimum wage by a dollar. I haven't heard Bush say anything about that. He has cut taxes, but for whom? Since they have cut taxes, I'm paying more—in no way do we benefit.

Un real de la colección de monedas de Salvador Villicaña
A real from Salvador Villicaña's coin collection

trabajadores están peor que hace unos tres o cuatro años, porque los precios van para arriba. Por ejemplo, el precio por el agua que se usa en las viviendas es triple ahora.

Muchos no entienden la ley del sueldo mínimo. Ellos no más saben que hay una ley que le pagan el sueldo mínimo, pero no entienden los detalles. Yo entiendo que el sueldo mínimo debe de ser sin ningún otro chantaje que les hace a muchos trabajadores—por ejemplo los discuentos que sacan por comida o vivienda. Si esos discuentos entran al sueldo mínimo, pues—no están ganando el sueldo mínimo. Él debería de quedarle su sueldo mínimo después de sus discuentos. Eso es algo que no saben los trabajadores. Como trabajador, es importante saber no únicamente lo que el patrón le requiere al empleado, sino cuáles son sus derechos en el área de trabajo y cuáles son las obligaciones que la compañía tiene para usted. Entonces puede entender si se violaron sus derechos o no. No únicamente en este país, sino en el mundo entero, los derechos de los trabajadores de bajo sueldo son constantemente violados, y ellos ni siquiera se imaginan cómo, porque no saben cuáles son sus derechos. Por ejemplo, hay una ley que se llama "El Derecho de Saber" y la mayoría de los trabajadores no la saben. Un otro ejemplo es que la mayoría de los trabajadores desconocen su derecho a un receso de quince minutos por cada tres horas de trabajo, y no tienen este receso como la ley indica. También están perdiendo las horas de comida para alimentarse, porque se pizca por rato, y no quieren perder dinero.

Dentro de la casa de hongo hay varios peligros físicos, especialmente la exposición a las pesticidas—que los patrones están negando mucho.

Carta a Salvador Villicaña de La Ordeña
Letter to Salvador Villicaña from La Ordeña

The minimum wage has stayed the same since 1997—no change in six years—and so many workers are worse off than they were three or four years ago because prices are going up. For example, the cost of water for your house has tripled.

Many don't understand the minimum wage law. They only know that there is a law that pays them minimum wage, but they don't understand the details. I understand that the minimum wage does not entail the bosses black-mailing the workers—for example, the deductions that they take out for food or housing. If these deductions infringe on the minimum wage, well, then they're not earning a minimum wage. The minimum wage should stand regardless of the deductions. This is something that the workers don't know anything about. As a worker it is not only important to know what the boss wants from you as an employee, but also what your rights at work are and what obligations the company has towards you. Then you can understand whether your rights have been violated. Not only in this country, but in the whole world, the rights of low-paid workers are constantly violated, and they can't even imagine how because they don't know what their rights are. For example, there's a law called "The Right to Know" and most of the workers don't know about it. Another example is that the majority of workers don't know about their right to a 15-minute break every three hours and most don't have this break as required by law. They also skip their lunch break because they pick by piece rate and don't want to lose money.

Inside the mushroom house there are several physical dangers, especially pesticide exposure—which the bosses deny. After certain chemicals are applied, the bosses send the workers into the mushroom house before the mandated re-entry time has elapsed without telling them that they shouldn't enter the area yet. There have been cases of leukemia and problems with breathing, related to pesticide exposure. Some of the owners provide video training about pesticides, but this video never includes the rights of the worker to file a complaint when there is an incident, nor does it include where to submit a complaint or how to do it. This training only serves to cover the owner's butt.

Many workers have had problems with their sight—I don't know if it is because of working so much in the dark or because of the artificial light. Many have arthritis in their fingers after picking so rapidly for so many years in a damp area.

Después de aplicar las pesticidas, los patrones están mandando que los trabajadores entren a la casa de hongos antes de que ha pasado el tiempo de reentrada, sin decirles que no deben entrar esa área todavía. Ha habido casos de leucemia y problemas con respiración, relacionados a la exposición a los pesticidas. Algunos de los patrones están dando un entrenamiento sobre las pesticidas bajo un video, pero jamás ese video incluye los derechos del trabajador de hacer una queja cuando hay un incidente, ni incluye dónde someter una queja, ni cómo hacerlo. Ese entrenamiento sólo sirve para cubrir las nalgas del patrón.

Muchos de los trabajadores han tenido problemas con la vista, no sé si es por trabajar tanto en el oscuro o la luz artificial. Muchos tienen artritis en los dedos después de pizcar rápido por tantos años en un área mojada.

Hay muchas caídas, también, y la compensación sobre esto está muy mala. Hay un doctor aquí en Kennett Square que les manda a los trabajadores a trabajar sin examinarlos bien—hay personas con huesos fracturados, y el doctor les dice que están buenos para trabajar. Este doctor tiene un contrato con la compañía que provee seguro de compensación de trabajadores. Y el trabajador tiene que esperar 90 días para buscar una segunda opinión de otro doctor.

Pues, poca gente quiere hablar de las violaciones de las leyes laborales porque siempre hay un riesgo de perder el empleo. Mi pregunta es "¿Quién, en realidad, enforza esa ley?" Cuando hay una violación laboral no se le puede hablar con los patrones o la policía. En algunas ocasiones los trabajadores han ido a OSHA [la Administración de Salud y Seguridad Ocupacional], y no tienen a nadie disponible para agarrar un *complaint*, o que hable su idioma. No tienen a alguien que seriamente quiera investigar cómo ocurrió el caso. Si el inspector va a la campañía de hongos, siempre hace una cita con el patrón—siempre va a la oficina, pero nunca va al área del trabajo. Y si hay penalidades que le dan al patrón, son como un *slap on the wrist* que le llaman en inglés. La ley no significa nada para los trabajadores. Lo que está escrito es constantemente violado, y no hay quien la enforce.

Los trabajadores hacen quejas raramente, porque cuando se han hecho quejas, no han visto ningún cambio. Los inspectores están controlados por los patrones, por el Departamento de Agricultura, por el Departamento de Trabajo, y la EPA. Y también, el que hace una queja es despedido, y viene otro trabajador nuevo que sepa menos que él, y la situación sigue igual o

There are many falls, too, and the compensation for this is very bad. There is a doctor here in Kennett Square who sends the workers back to work without examining them carefully—there are people with broken bones who are told by the doctor that it's OK for them to work. This doctor has a contract with the company that provides workers' compensation insurance. And the worker has to wait 90 days before he can get a second opinion from another doctor.

Few people want to talk about violations of the labor laws because there's always the risk of losing your job. My question is: who actually enforces the law? When there's a labor violation you can't talk about it with the bosses or the police. On some occasions, workers have gone to OSHA [the Occupational Safety and Health Administration] but they don't have anyone available to take a complaint or there's no one who can speak their language. They don't have anybody who seriously wants to investigate the case. If the inspector comes to the mushroom company, he always makes an appointment with the boss—he goes to the office, but never to the work area. And if they do penalize the owner, it's like a slap on the wrist. The law doesn't mean anything for the workers. What is written is constantly violated, and nobody enforces it.

La Ordeña, el rancho de Salvador Villicaña en México
Salvador Villicaña's village of La Ordeña, Mexico

peor. Se mueve todo muy lento—el proceso de responder a una queja puede durar años, y además no se ven ningunos resultados. No hay una razón visible para ellos para someter una queja contra una violación.

Voy a cumplir 31 años en Kennett Square, y yo realísticamente lo veo igual. Los patrones están peor que cuando llegué yo a los Estados Unidos la primera vez. En aquel tiempo, la mayoría de los patrones eran pobres, tenían sus negocios pero no eran unos hombres ricos. Entonces, muchos de ellos pues, de pronto se hicieron millonarios. Antes, compraron Chevys, y los guardaban hasta por diez años, como el resto de nosotros; ahorita hay patrones que sacan tres carros nuevos al año, y algunos cuestan hasta $80,000. Y los patrones son más exigentes.

Afortunadamente el rico necesita el pobre, quien es la fuente de trabajo para sus beneficios. Pero cuando el rico tiene que dar beneficios a esa fuente, entonces es cuando está la negativa. Para mí, hay para todo, pero el rico no quiere perder el control y el poder. Esa es la conclusión mía.

Vi una película este fin de semana, sobre Jesucristo, y encontré palabras que se me graban en la mente: cuando una persona tiene miedo a lo desconocido, se quiere proteger más de lo necesario. Entonces, si se ve alguien que no tiene ningún control de eso, lo siente como una amenaza, y por eso se protege. Y aquí nosotros hemos encontrado que continuamente la gente de Kennett Square usa la policía para eso, para intimidar a nosotoros los mexicanos sin poder y para a la vez proteger los anglos de lo que tiene miedo—y así mantener ese control que siempre ha tenido. Eso es la conclusión que yo hago. La gente mexicana está oprimida por dos partes, por el trabajo y por la policía.

Salvador Villicaña, a los 18 años
Salvador Villicaña, 18 years old

Yo pienso que los trabajadores no van a mejorar su vida mientras que siga este tipo de gobierno que hay en los Estados Unidos. El trabajador no va a poder gobernar nada ni controlar nada. Yo he estado con reportero que ha hecho reportes de las violaciones y los abusos dentro de una finca.

The workers rarely file complaints because when complaints have been made, they haven't seen any change. The inspectors are controlled by the bosses, by the Agricultural Department, by the Department of Labor and the EPA. Also, anyone who files a complaint is fired, so another worker comes along who knows less than he does and the situation remains the same or worse. Everything moves very slowly—the process of responding to a complaint can take years and, besides, they don't see any results. There is no obvious reason for them to submit a complaint against a violation.

I've been in Kennett Square for 31 years and it seems the same to me. The bosses are worse than when I came to the United States the first time. At that time the majority of the bosses were poor—they had their businesses but they weren't such rich men. But now many of them have become millionaires. Before, they bought Chevys and kept them for 10 years, like the rest of us; now they buy three new cars a year, some costing over $80,000. And the bosses demand much more from the workers.

Fortunately, the rich man needs the poor person, who is the source of work for his profits. But when the rich man has to give benefits to that source, that's when the bad stuff happens. To me there's enough for everyone, but the rich don't want to lose control and power. That is my conclusion.

I saw a movie this weekend about Jesus Christ and some of the dialogue stayed with me: when you're afraid of the unknown, you want to protect yourself more than might be necessary. Once you have power, you don't want to lose it. Then if you see someone who doesn't have any power, you feel threatened, you protect yourself. In Kennett Square, the police are continually used for that, to intimidate the powerless Mexicans and at the same time protect the Anglos from that which they fear—in order to maintain the control that they have always had. The people are oppressed in two ways: by their work and by the police.

I think that workers will not improve their lives as long as the United States continues to have the same type of government. The worker will not be able to govern anything or control anything. Everything is blocked. I have been with reporters who have done reports of labor violations and abuses on a farm. The articles are never published. What does that tell us?—that the newspaper is corrupt or is afraid of the rich. Then, when the workers want to form a union, the owner talks about how the unions are bad. You can't imagine how afraid the rich man is of losing power. He's afraid that the workers will sue

"LA ÚNICA RELACIÓN DIRECTA ENTRE LOS MEXICANOS Y LOS ANGLOS ES POR PARTE DEL TRABAJO, ES UNA CONVENIENCIA."

Jamás se publican. ¿Qué nos dice eso?—que el mismo periódico está corrupto o le tiene miedo al rico. Y cuando los trabajadores quieren formar su sindicato, el patrón habla de que los sindicatos son malos. Hay tanto miedo de parte de perder el poder por parte del rico que uno jamás imagina. Porque él tiene miedo que los trabajadores lo van a demandar por dinero cuando hay abusos. Entonces ¿qué hace?—tapar; tapar todo. Así, aquí no pasa nada cuando hay abusos. Y la policía se va con eso, se queda conforme. Esos son casos que yo personalmente los he presenciado.

Yo veo una buena relación entre los mexicanos y los norteamericanos, dentro los compañeros de trabajo y los familiares de los patrones. Hay un tipo de conexión. Pero quitado de eso, no hay una buena relación. Por ejemplo, yo tengo vecinos anglos que no tienen ningún acercamiento conmigo, no tenemos relaciones. Yo tengo eso en la mente, que en realidad, detrás de uno están hablando mal de uno. La única relación directa entre los mexicanos y los anglos es por parte del trabajo, es una conveniencia.

Es como una salida fácil para echarle a alguien la culpa de los problemas que surgen dentro de la comunidad. El más grave problema que yo veo, es que cuando uno hace conclusiones imaginatorias acerca de diferente gente—siempre se está bien equivocado. For ejemplo, había algunos apartamentos, y dijeron que los mexicanos vivían en condiciones sucias, pero la señora blanca que era la encargada de los apartamentos vivía peor que los otros, su apartamento era lo más peor. Entonces ¿qué quiere decir eso?—que todos tenemos lo mismo. Lo único es que si tenemos más dinero, podemos vivir tantito, tantito mejor. La otra cosa buena aquí es que hay un sistema de corte. Que uno todavía por lo menos puede hacer las apelaciones en corte o demandar—algo que en muchos países no existe.

Cuando la gente de México es afectada por cualquier injusticia—dentro del área del trabajo, dentro de la comunidad—diría yo que he estado envuelto, he estado siempre haciendo algo. Ahora, estoy trabajando por el condado, haciendo consejería sobre el SIDA. Yo sigo trabajando con la gente—que es lo que siempre he hecho. El hecho que yo hablo inglés ha cambiado mi vida mucho. Yo no miro obstáculos para mí cuando, por ejemplo, hablo cuando

him for money when there are abuses. So what does he do? He covers up, he covers up everything. So nothing happens here when there are abuses. And the police go along with it, they march to the same tune. These are the cases that I personally have seen.

"The only direct relationship between Mexicans and Anglos is through work, it's a convenience."

Actually, I see a good relationship between the Mexicans and the North Americans, between the workers and the bosses' families. There is a kind of connection, but other than that there isn't a good relationship. For example, I have Anglo neighbors who don't have anything to do with me, we don't have a relationship. In my mind, the reality is that they talk badly about you behind your back. The only direct relationship between Mexicans and Anglos is through work, it's a convenience.

It's an easy way out to blame someone for the problems that arise in the community. The most serious problem that I see is when you draw imaginary conclusions about different people—you're always mistaken. For example, there were some apartments where they said the Mexicans lived in dirty conditions, but the apartment of the white lady who was in charge of the apartments was the worst one. What does that say?—that we're all the same. The only thing is that if we have more money, we can live a little better. The other thing that's better here is that there's a court system. At least you can still make court appeals or sue—something that doesn't exist in many countries.

When people from Mexico are affected by whatever injustice—at work, in the community—I would say that I've gotten involved, I've always done something. Now I am working for the county, doing counseling about AIDS. I continue to work with the people—that's what I've always done. The fact that I speak English has greatly changed my life. I am not prevented from speaking up when I see abuses—if you don't understand the language you can't do that. And because I speak English, when I am with people in positions of power, I see them as people just the same as me.

I have more experience than many Mexicans because I have been involved with many different types of people. There are people that only stay with the people they know. Not me. There was a group that came from

Seth Lyons

Salvador Villicaña con parte de su colección de monedas
Salvador Villicaña with some of his coin collection

veo los abusos—si uno no entiende el idoma no puede hacerlo. Y por la razón de que hablo inglés, cuando estoy con personas en posición de poder, las veo que son personas nada más igual que yo.

Yo tengo más experiencia que muchos mexicanos, porque he tratado mucha gente diferente. Hay gente que únicamente se queda nada más con sus conocidos. Yo no. Había un grupo que venían de Zacatecas. Entonces, yo estuve siempre con ellos y aprendí un tantito diferente como son las cosas. Había un grupo de Michoacán, cuando ellos, necesitaban algo, les decía yo cómo lo hicieran. Conocí también mucho aquí el área, y depende del problema que tengan yo siempre sabía como tratar o dónde buscar la información. Antes, todos los días de la semana, tenía algo que hacer con alguien que tenía problemas. Y por tratar tanta gente diferente yo pienso que sí, me dió más experiencia que el que se mantiene únicamente en su campo donde trabaja y de allí sale poco.

Soy un miembro nuevo de la Junta Directiva de La Comunidad Hispana, un agencia que provee servicios sociales a nuestra comunidad. Es una experiencia nueva, y estoy en el proceso de aprendizaje. Pienso que me invitaron a estar en la Junta porque por ley hay una necesidad que los hispanos participen, y yo también lo veo la necesidad porque hacen decisiones que afectan a nosotros. Me escogieron por mi experiencia como un trabajador social. Yo me considero un trabajador social por el trabajo diario que he hecho informalmente con la gente por muchos años, porque tengo el conocimiento de la gente hispana del área—de cómo y dónde viven, de cuáles son sus orígenes. Hay gente que conoce caras pero no sabe de qué está

Zacatecas: I was always with them and I learned a little bit about how things are for them. There was a group from Michoacán: when they needed something, I told them how to take care of it. I knew a lot about the area and, depending on the problem, I knew how to handle it or where to look for information. Before, every day of the week, I had something to do for somebody who had problems. And by relating to so many different people, I think that, yes, it gave me more experience than someone who only stays in his camp and seldom goes out.

I am a new member of the Board of Directors of La Comunidad Hispana, an agency that provides social services to our community. It's a new experience and I'm in the process of learning. I think they invited me to be on the Board because by law Hispanics have to participate and I see it as a need, too, because they make decisions that affect us. They chose me because of my

"THE REALITY IS THAT THE COMMUNITY BENEFITS A GREAT DEAL FROM THE MIGRANT WORKER."

experience as a social worker. I consider myself a social worker because of the daily work that I have done informally with the people for many years, because I have knowledge of the Hispanics in the area—where and how they live, where they come from. There are people who recognize faces, but don't know what's behind those faces. And I do—that's the difference.

I have done many things in my life. I started my coin collection with a coin buyer in Mexico. I had no experience. He told me what kinds of coins to look for—what years, their condition—and I began to buy coins. Up here I started to order them by mail because I couldn't find Mexican coins in the coin shops. I was fascinated by the silver eight *reales* from the Republic of Mexico, between 1824 and 1897. The *real* was the most well-known coin in the world at that time, like the dollar is today. I don't know exactly, but I think I have about $25,000 invested in my collection.

The reality is that the community benefits a great deal from the migrant worker. The workers spend money everywhere, where they sell beer, where they sell food, at the doctor's. And the only benefit that the workers get is a minimum wage. There is no other benefit for them—they don't get unemployment or any medical benefits.

The rich run the government—they can say what they want, that's it.

detrás de esas caras. Y yo, sí—eso es la diferencia.

He hecho muchas cosas en mi vida. Empecé mi colección de monedas con un comprador de monedas en México. Yo no tuve ningún experiencia. Él me decía qué tipo de monedas buscar—los años y su condición—y empezaba a comprar monedas. Aquí yo las empecé a ordenar por correo, porque no podía encontrar monedas mexicanas en los *coin shops*. A mí me fascinaron los ocho reales de plata de la República de México, desde 1824 hasta 1897. El real era la moneda más conocida en el mundo en ese tiempo, como el dólar de hoy. No sé exactamente, pero yo pienso que tengo invertidos alrededor de $25,000 en mi colección.

"LA REALIDAD ES QUE LA COMUNIDAD SE BENEFICIA MUCHO DEL TRABAJADOR MIGRANTE."

La realidad es que la comunidad se beneficia mucho del trabajador migrante. Los migrantes dejan dinero en todo, desde donde venden la cerveza, donde venden la comida, y los doctores. Y el único beneficio que recibe el trabajador es su sueldo mínimo. No hay otro beneficio para ellos—no pueden recibir desempleo, o ningún beneficio médico.

El rico es el gobierno—que digan lo que quieren, pero eso es. No hay, por otro lado, nadie que representa los intereses de los trabajadores. Por esta razón, hay la necesidad de una representación para los trabajadores en la legislatura. La única forma que yo veo para mejorar la situación de los mexicanos es buscar un representante político para el área. Pero todavía no hay un movimiento para hacer eso. Yo lo he propuesto ante algunas organizaciones pero ellos todavía no lo ven que sea el tiempo. Para mí, sí, es el tiempo, porque dentro de todos los lugares donde se toman decisiones importantes para la comunidad, todas las leyes están en contra del migrante—todas.
Para los migrantes en mi comunidad, me gustaría ver represetación política a un nivel estatal, porque la local no va a ayudarles mucho. Para lograr eso, tenemos que empezar en la escuela para preparar los estudiantes que entiendan las leyes y los procesos para elegir un representante para la comunidad que esté de acuerdo con la gente.

Todavía, la situación para los meaxicanos recién llegados está mejor que antes. Yo me acuerdo que, cuando de los 80 para atrás, casi era yo el único que tenía carro para transportar gente al aeropuerto, o al doctor o lo

There is no other side that represents the interests of the workers. That's why workers need to be represented in the legislature. Without a doubt, everything that is being done in the legislature is being done against migrants. The only way I see to improve the situation of the Mexican community is to look for a political representative for our area. But there's not a movement to do that yet. I have proposed to some organizations that we find a political representative, but they don't think it's time. To me, it is time because in all the places where they make important decisions for the community, all the laws proposed to the legislature are anti-migrant—every one. For the immigrants in my community I'd like to see political representation on a state level because they won't get much help on the local level. To achieve this, we have to begin in school, to prepare students to understand the laws and the processes for electing a representative who agrees with the people in the community.

Still, the situation for Mexicans who have come over recently is better than before. I remember when, from the '80s back, I was practically the only one in the area who had a car to take people to the airport or to the doctor or whatever. And now Mexicans have many cars. Before we only came to work in the mushrooms and now it's not like that. Now people come already knowing where they're going to work because a relative or someone tells them, I have work for you in such and such a place. And now people don't necessarily have to work in the mushroom industry, there are jobs in almost anything that you can imagine. There are people who were working in mushrooms before and now are putting up drywall, some are repairing or building houses, others painting, several are roofers.

The life of young Mexicans here is different than the life of their parents. Every day I see that the children don't end up picking mushrooms. They do some other type of work—in the stores, for example, or doing construction. Many graduate from high school. They speak English. I think that their

Salvador Villicaña dentro de su oficina del Departamento de Salud
Salvador Villicaña in his office at the Department of Health

que sea. Ahora muchísimos mexicanos tienen carros. En antes el único trabajo a que veníamos era el hongo, y ya no es así. Ahorita viene gente que desde que viene sabe donde va a trabajar, porque el pariente o alguien les dice, te tengo trabajo en tal parte. Entonces ya no necesariamente la gente tiene que trabajar en el hongo, hay trabajo en casi todo lo que se imagina. Hay varios grupos de gente que estaba trabajando en el hongo antes, que están poniendo el *drywall*, unos reparando o construyendo casas, otros que pintan, varios poniendo el *roofing*.

La vida de los jóvenes mexicanos aquí es diferente de la vida de sus padres. Yo veo cada día que los hijos no regresan a pizcar hongo. Hacen cualquier otro tipo de trabajo—tiendas, por ejemplo, o la construcción. Hay muchos que se gradúan de high school. Ellos hablan inglés. Yo pienso que su futuro no tiene límites, está abierto para lo que la persona quiera llegar. Pero es muy importante qué tipo de amigos escogen. Hay amigos que lo conducen a algo que parece bien al principio, pero que no va a llevar a ningún lado, y no llegarán al potencial de ellos. Empiezan a ir a la universidad y se desvían de su visión que tenían para los estudios, y terminan en un fracaso. Tienen que evitar amigos que les gusta emborracharse, o hacer mucho *party*. Le diría a la nueva generación que sepan quiénes son ellos, y después sepan lo que quieren. El único que está en control es uno mismo.

future is unlimited—a person can achieve anything. But the type of friends they choose is very important. There are friends that lead you to something that looks good at first, but doesn't go anywhere, and they don't achieve their potential. They start at the university, then turn away from the vision that they had for their studies and it ends in ruin. They have to avoid friends who like to get drunk or party. I would say to the new generation that they should know who they are and then know what they want. You yourself are the only one in control.

SALVADOR VILLICAÑA Y SALVADOR GARCÍA-BAEZA
HAN SIDO AMIGOS POR MUCHOS AÑOS. EN LOS 80
JUGARON JUNTOS EN EQUIPOS DE BÉISBOL, CON
SALVADOR V. PICHANDO Y SALVADOR G. CACHANDO.

Salvador Villicaña

Para pasar el tiempo, estuvimos jugando béisbol por algunos años, pero nada más juegos informales, sin tener una liga. Tuvimos siempre la tendencia de jugar béisbol por la razón de que era lo que jugábamos en México la mayoría de nosotros. Yo pichaba antes en México, pero la mayoría de los jugadores que hay de aquí no sabían jugar muy bien. Pues, luego había ya más gente que jugaba béisbol en México, y decidimos formar una liga. La mayoría de los jugadores eran mexicanos, había unos puertorriqueños y dos o tres blancos. Se nombraron los equipos Highlight, Panel Brothers, Herr's Potato Chips, por los que les daban camisetas y gorras.

Pero el béisbol es muy caro. Nadie en el área prestó un campo, ni pudimos conseguir *umpires* sin tener los jugadores asegurados. El paquete completo para cada juego costaba $100 por equipo. Eso no incluye que había que comprar los bates de béisbol y los guantes y eso. Entonces es muy caro—por eso pienso que probablemente casi nadie juega el béisbol ahora.

Lo que yo afrenté a la última era que la mayoría de los jugadores eran más jóvenes que yo, y mi tiempo ya había pasado. Todavía yo era un buen *pitcher*—yo podía tirar rápido y varias pichadas. Pero cuando se necesitaba tener un buen relevista no lo teníamos. Yo piché muchos juegos de diez entradas, el juego entero—era demasiado viejo para eso.

TWO SALVADORS—ONE PITCHING, ONE CATCHING

Seth Lyons

Salvador Garcia and Salvador Villicaña

SALVADOR VILLICAÑA AND SALVADOR GARCÍA-BAEZA HAVE BEEN FRIENDS FOR MANY YEARS. IN THE 1980S THEY PLAYED TOGETHER ON BASEBALL TEAMS, WITH SALVADOR V. PITCHING AND SALVADOR G. CATCHING.

Salvador Villicaña

To kill time, we played baseball for several years, but only pick-up games, without a league. We always tended to play baseball because that was what most of us played in Mexico. I pitched before in Mexico, but the majority of the players here didn't know how to play much. Later, there were more people who had played baseball in Mexico and we decided to form a league. Most of the players were Mexicans, there were some Puerto Ricans, and two or three whites. The teams named themselves after whatever sponsor gave them jerseys and hats: Hi-Lite, Panel Brothers, Herr's Potato Chips.

But baseball is very expensive. Nobody in the area would let you use a field and you couldn't get umpires unless the players were insured. The complete package for each game cost $100 per team. That doesn't include buying bats and gloves and stuff like that. It's a lot of money to play—I think that's why hardly anyone plays baseball anymore.

I finally had to admit that most of the players were younger than I, and that my time had already passed. I was still a good pitcher—I could throw a fastball and other pitches. But when a good relief pitcher was needed, we didn't have one. Many games, I had to pitch for 10 innings, the entire game, and I was too old for that.

Salvador García-Baeza

En el primer verano del 80 empecé a jugar béisbol con
más mexicanos de compañeros, formaban equipos de béisbol. Jugábamos luego hasta dos días por semana, los sábados, los domingos, en una liga, o luego partidos amistosos
de mi equipo de puros mexicanos contra puros americanos. La liga se ha ido, se ha ido descomponiendo, porque
la gente no termina de trabajar y así no tienen tiempo para
jugar. Por ejemplo, ahora la comunidad mexicana empezó a
unirse con las esposas, con los hijos aquí. El mexicano
quiere más horas trabajadas para agarrar más dinero, para
pagar la renta, los gastos de los hijos en la escuela, y se
están olvidando del deporte. Lo que ahora la comunidad
mexicana está haciendo es estar con familia—por decir los
fines de semana hacer en casa o en casa de otro amigo
parrilladas de carne, barbacoa, y tomar cerveza.

Mark Lyons

Colección de bolas de béisbol de Salvador Villicaña
Salvador Villicaña's baseball collection

"La liga se ha ido, se ha ido descomponiendo, porque la gente

"Now the league is gone because people don't finish working

Salvador García-Baeza

During that first summer of '80, I started to play baseball with other Mexican friends, who formed baseball teams. We played up to two times a week, Saturdays and Sundays, in a league or, later, with friendly groups of all-Mexican teams against all-Americans. Now the league is gone—it has fallen apart because people don't finish working early enough and they don't have time to play. For example, now the Mexican community here gets together with their wives and children. Mexicans want more hours at work so they can save more money, to pay the rent and the expenses of the children in school. They are no longer so interested in sports. What the Mexican community is doing now for enjoyment is spending time with family—say, on the weekends you might have a barbecue and drink beer at your house or a friend's house.

Apertura de la liga de béisbol, 1986 (Salvador Villicaña a la izquierda)
Opening day of baseball league, 1986 (Salvador Villicaña, far left)

NO TERMINA DE TRABAJAR Y ASÍ NO TIENEN TIEMPO PARA JUGAR."

EARLY ENOUGH AND THEY DON'T HAVE TIME TO PLAY."

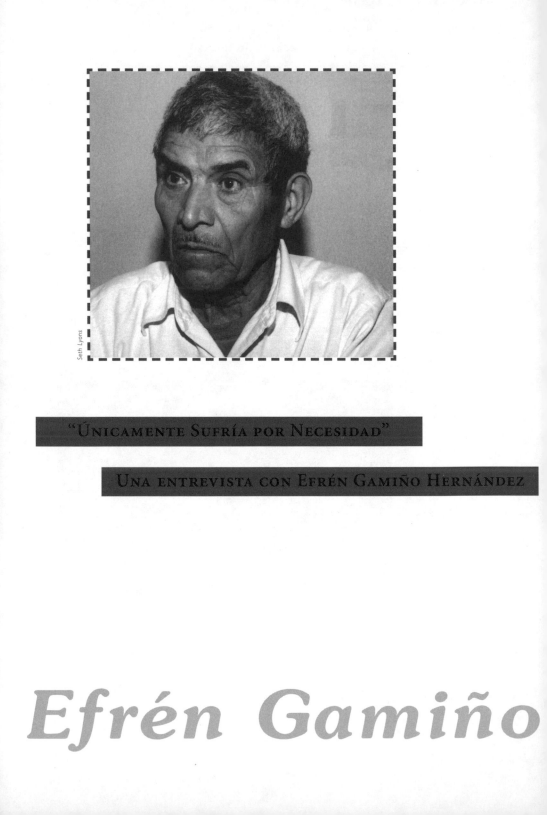

Seth Lyons

"Únicamente Sufría por Necesidad"

Una entrevista con Efrén Gamiño Hernández

Efrén Gamiño

Efrén Gamiño Hernández tiene 71 años de edad. Vino a
los Estados Unidos el 27 de octubre de 1979, cuando
tenía 48 años. Fue miembro del Concilio de CATA—El
Comité de Apoyo a los Trabajadores Agrícolas—por 12
años. En 1993, CATA organizó la Unión de Trabajadores
de Kaolin, la cual organizó la primera huelga contra una
compañía de hongos en Kennett Square, y—después de
nueve años de demandas legales y manifestaciones—al
fin firmaron un contrato en el 2002.

"I Only Suffered Out of Necessity"

An Interview with Efrén Gamiño Hernández

Efrén Gamiño Hernández is 71 years old. He came to
the United States on October 27, 1979, when he was
48. He was a member of the Board of Directors of El
Comité de Apoyo a los Trabajadores Agrícolas (CATA)—
the Farmworkers Support Committee—for 12 years. In
1993, CATA organized the Kaolin Workers Union, which
instigated the first strike against a mushroom company
in Kennett Square and—after nine years of lawsuits and
demonstrations—finally signed a contract in 2002.

Hernández

Yo le puedo ir explicando cosas a usted muy clarito para que se vea una historia verídica, no mentiras. Yo a usted le puedo dar explicación de muchas clases de formas de vida en México, por qué yo he ido, por qué estoy aquí. Por 23 años las llevo conociendo todas clases de formas de cómo se promueven los movimientos aquí, de los patrones y los procedimientos del gobierno. Entiendo que los trabajadores sí deben de reclamar sus derechos, porque tienen fortaleza y reconocen los sufrimientos que han llevado aquí. Lo digo porque lo he visto verídico.

Yo soy de Nocupétaro, en el estado de Michoacán, México. En Michoacán, siempre trabajaba en la agricultura, trabajo de campo. No tuvimos propiedades, pero rentamos terrenos. Sembrábamos maíz, fríjol, picante, sandía, melones. Vendimos un poco, pero uno de pobre no le va quedando nada, sólo ahí pagando los gastos que hace por la siembra. Es muy duro porque el que es pobre no puede hacer principal propio, librarse de los gastos de comer y vestirse, y los gastos que hace para laborar. No le queda cómo progresar. Y el mismo gobierno está quitándole a uno todo con muchos impuestos. No, no pude sobrevivir—por eso hice el ánimo de venir para acá a buscar un mejor medio de vida.

Mi sueño era venir a ajustar una ayudita para apoyar a mi familia, a buscar una mejoraría de vida para mi familia. Mi familia ya estaba en México. Mi esposa falleció de 56 años, en México. Aquí he estado viviendo, estuve yendo y viniendo. Alcancé a recibir la visa para ella, pero acababa de morir como unos cuatro meses antes de que me llegara la visa.

Mis hijos, unos están aquí y otros están allá. Mis dos hijas, mujercitas, me han seguido, se vinieron. Tienen hijos. Una hija está viviendo conmigo, la otra vive aparte, acá, bien cortito. Una de mis hijas trabaja en un restaurante, haciendo comida y limpieza; y la otra trabaja también, haciendo limpieza de casas.

En Kaolin comencé a trabajar en el 87, el once o el diez de mayo. Mucho personal del trabajo estaba muy descontento. Había muchas maldades, cosas injustas que estaban haciendo con nosotros, de tratarnos de una manera muy humillante, castigándonos. No estábamos contentos con el sistema

I can explain things to you very clearly so that you will see a true history, not lies. I can give you an explanation of the many ways of life in Mexico, what I've gone through, and why I'm here. I've spent 23 years learning about all kinds of ways that the movements are promoted here, about the bosses and the government procedures. I understand that the workers should demand their rights because they have strength and recognize the suffering that has gone on here. I say it because I have truly seen it.

I am from Nocupétaro, in the state of Michoacán, Mexico. In Michoacán, I always worked in agriculture, farm work. We didn't have property, but we rented plots. We planted corn, beans, peppers, melons. We sold a little, but being poor you don't have much left over after paying the expenses of planting. It's very hard because when you're poor you can't make much profit for yourself after you pay the expenses of eating and clothing yourself and the costs of working the land. There's nothing left to get ahead. And your own government is taking everything else away from you through a bunch of taxes. I wasn't able to survive—that's why I got up the courage to come here to look for a better way of life.

My dream was to come here to get together a little stash to support my family, to find a better way of life for my family. My family was still in Mexico then. My wife died when she was 56 years old, in Mexico. I had been living here and I was coming and going back and forth. I managed to get a visa for her, but she died about four months before the visa came.

Some of my children are here and some are over there. My two daughters, young women, have followed me, they came over. They have children. One daughter is living with me, the other just a little ways from here. One of my daughters works at a restaurant, cooking and cleaning, and the other one does housecleaning.

I started to work at Kaolin in '87, the 11th or 10th of May. Many people from work were very discontented. There were many evil things, unjust things, that they were doing to us, humiliating us, punishing us. We weren't happy with the system of work that they imposed on us. It was very repressive, it paid very low wages, and the workplace conditions were very neglected. They were

del trabajo que nos imponían a nosotros. Era muy represario, pagado muy bajo el sueldo, y las condiciones de mucho descuido. Estaban siempre regañándonos, hablándonos muy duramente, acosándonos. Y la compañía les daba mucho apoyo a los supervisores para que nos estuvieran castigando mucho.

Los sueldos del trabajador eran muy mal pagados, también—a mí me pagaron, cuando empezaba a trabajar, a $5.25 la hora. Tabajamos desde las cinco de la mañana, pero la salida del trabajo no era firme, era a veces a las seis, a veces a las ocho, a veces a las nueve de la noche. Unos días trabajábamos hasta 15 y 16 horas. Los dueños nos imponían que trabajáramos seis días—un día de descanso por semana.

Había muchas cosas de peligro que se presentaban en el trabajo. Unas personas se golpeaban y se caían en las máquinas que movilizan las *pallets* de hongo, donde cargan los *tráileres*, se golpeaban. Cuando uno se golpeaba allí, lo mandaban con el médico, pero no le querían dar un descanso. Tenía que seguir trabajando. La compañía—como sobrepotentes de dinero—ponían de acuerdo al médico que les impusiera a los trabajadores que siguieran allí trabajando.

Nosotros sentíamos que el trabajo era un castigo muy duro para nosotros. Por eso acordamos que teníamos que organizarnos para poder reclamar nuestros derechos, que nos respetara ante la ley. Estábamos ya cansándonos mucho de recibir mucho castigo, muchas represalias, los sueldos muy, muy bajos. Eso fue por lo que nos organizamos. Tratamos de formalizar una unión. Muchos de los trabajadores en Kaolin empezaron a tener acuerdo entre cómo se podía poner una demanda al gobierno—aunque muchos de los trabajadores tenían temor porque no tenían sus documentos legales y sentían que iban a ser despedidos del trabajo.

"Nosotros sentíamos que el trabajo era un castigo muy duro."

Entonces acordamos agarrar apoyo con el Comité de Apoyo a los Trabajadores Agrícolas [CATA]. CATA nos apoyó a demandar al gobierno que nos pusieran atención y nos respetaran nuestros derechos. Fue CATA que lanzó el movimiento para formalizar la huelga. El primero de abril, 1993, los trabajadores formalizaron un paro, una huelga. En julio, 1993, tuvimos un voto para la unión, y ganamos, 130-102. Pero los dueños seguían en su sistema de castigar muy duramente al trabajador. Se negaron a reconocer la unión, no querían tomar en cuenta y respetar las leyes de las uniones sindicales.

always reprimanding us, talking to us very harshly, harassing us. And the company urged the supervisors to keep punishing us a lot.

The workers were very badly paid, too—when I started to work they paid me $5.25 per hour. We started work at 5:00 in the morning, but the end of the shift wasn't fixed—at times it was 6:00, at times 8:00, at times 9:00 at night. Some days we worked up to 15, 16 hours. The bosses imposed a six-day workweek on us—one day of rest.

There were many dangerous things that were introduced at work. Some people got knocked down and they fell into the machines that moved the mushroom pallets, where they load the trailers. When you got hit there, they sent you to the doctor, but they wouldn't want to give you time off. You had to keep working. The company—these super-powerful people with money—made a deal with the doctor, so the doctor would make the workers keep on working.

We felt that the work was a very harsh punishment. That's why we all agreed that we had to organize ourselves in order to demand our rights, so they would respect us before the law. We were getting very tired of being punished all the time, of the many reprisals, the low wages. That's why we organized ourselves. We tried to form a union. Many of the workers at Kaolin began to agree on filing a complaint to the government, although many were afraid because they didn't have their legal documents and felt that they would be fired.

"WE FELT THAT THE WORK WAS A VERY HARSH PUNISHMENT."

Then we agreed to seek support from the Farmworkers Support Committee [Comité de Apoyo a los Trabajadores Agricolas—CATA]. CATA helped us demand that the government pay attention to us and respect our rights. It was CATA that launched the movement to formalize the strike. On April 1, 1993, the workers organized a work stoppage, a strike. In July 1993, we had a vote for the union and won, 130-102. But the bosses continued their system of punishing the workers very harshly. They refused to recognize the union, they didn't want to acknowledge and respect the laws of unionizing. Finally, the courts made the company recognize the union.

There were several people who were fired by the Kaolin bosses—

Finalmente las cortes hicieron que la companía reconociera la unión.

Había varias personas que despidieron los patrones de Kaolin—los que dispusieron sus palabras reclamando sus derechos cuando se presentó la huelga. Después, cuando se aprobó la unión, algunos de los trabajadores despedidos no volvieron y a otros no les dieron trabajo. Los patrones todavía no quieren reconocer los compañeros de trabajo que ya conocían de esa época—los que promovieron la demanda, que promovieron la huelga. Quieren eliminar ese grupo que fueron trabajadores en esa época.

La huelga le ha ayudado mucho a la gente, porque ahora los patrones siempre temen que el gobierno se les venga encima. Para mí la huelga y la unión es muy ayudable, sí, porque ahora hay muchas clases de garantías de ayuda para nosotros los trabajadores. Yo he visto que ha mejorado tantito, con menos represalias por los patrones, desde que se reconoció esta unión por la compañía de Kaolin. Es la única compañía en Kennett Square en que ha entrado la unión. Creo que hay unas clases de mejoras para el trabajador, viendo que hay que tener valor y ánimo para reclamar sus derechos. Con la unión los patrones no van a poder maniobrar a su gusto y seguir con los abusos. No van a poder. Pero todavía, hay mucha gente tímida, que les tienen temor a los patrones. Hay mucho que hacer para recibir el reconocimiento de los derechos. Y pocas personas de la comunidad mexicana tienen orientación cómo reconocer los derechos que deben de ser respetados para ellos. No saben nada de cómo reclamar sus derechos.

"ÚNICAMENTE SUFRÍA POR NECESIDAD."

Es importante tomarse en cuenta los sufrimientos que cada quien va cruzando en la vida—cosas difíciles, como de no conocer la escuela, de no conocer la letra, de ser pobre y no poder hacer un ahorro para apoyar a su familia, de no poder trabajar. Yo me he sentido contento, a gusto, por muchas cosas. Yo tenía deseos de poder ayudar a mi familia, y lo he logrado. Aquí, hasta he podido recibir el arreglo de una jubilación, por haber trabajado 20 años. He podido conseguir una casa. Todo—por mi trabajo, por tanta lucha Ahora, estoy retirado. Estoy seguro—si llego a arreglar mi ciudadanía—voy a finalizar mi vida aquí. Mi familia está aplicando para la ciudadanía, también. Para mí, la ciudadanía representa mejores beneficios, más apoyo y garantía que viviendo en otros países.

Cuando yo llegué aquí a Estados Unidos por primera vez yo vi que los

those workers who raised their voices demanding their rights when the strike started. Later, when the union was approved, some of the fired workers didn't return and they didn't give others their jobs back. The bosses still don't want to recognize the coworkers who they knew from that time—those who promoted the complaint, who promoted the strike. They want to eliminate that group who were workers at that time.

The strike has helped people a lot because now the bosses always are afraid that the government will come down on them. To me, the strike and the union are very helpful, because now there are many kinds of guarantees that help us, the workers. I have seen that it has gotten a little better, with fewer reprisals by the bosses, since the union was recognized by Kaolin. It's the only company in Kennett Square which the union has been able to infiltrate. I believe that there are some kinds of improvements for the workers, who see that they must have valor and courage to demand their rights. With the union, the bosses won't be able to manipulate as they please and continue with their abuses—they just won't be able to. But still, there are many timid people who are afraid of the bosses. There is much to do in order to get recognition of our rights. And few people from the Mexican community have an understanding that their rights must be respected. They don't know anything about how to demand their rights.

It's important to realize the suffering that each person endures in life—difficult things, like not being able to go to school, not knowing how to read, being poor and not being able to save up anything to support your family, not being able to work. I myself have felt happy and content because of a variety of things. I wanted to be able to help my family and I have succeeded. I've even been able to get a pension, for having worked 20 years. I've been able to get a house. Everything is because of my work, because of struggling so much. Now, I'm retired. I am sure—if I get my citizenship—that I will live out my life here. My family is applying for citizenship, too. For me, citizenship represents better benefits and more protection and guarantees than living in other countries.

"I ONLY SUFFERED OUT OF NECESSITY."

When I came here to the United States for the first time, I saw that the work rules were very strict and very repressive. I saw that conditions weren't favorable for the workers, who were really punished by the American

reglamentos del trabajo eran muy estrictos y muy represarios. Vi que no eran muy favorables para el trabajador, era muy castigado de parte de los patrones americanos y sus supervisores, que en México le nombramos *mayordomos*. Vi esas clases de abusos que hacen los dueños de grandes riquezas contra nosotros los humildes pobres, los trabajadores. Yo decidí sufrir y aguantar varias clases de castigos porque traía la necesidad y el deseo de ayudar a mi familia allá en mi país, en México. Únicamente sufría por necesidad. Hay muchas personas que yo he visto que lo sufren; pero se aguantan, no porque están muy contentos aquí en este país de Estados Unidos—únicamente sufren para sostenerse y sus familias.

"Yo, como mexicano, siempre les diré a mis paisanos, siendo humildes pobres como he sido yo, que se cuiden mucho, y pongan buen ánimo en su mente."

Nunca quisiera yo mirar que los patrones estuvieran tan encima de nosotros recastigándonos tanto como lo han hecho todo el tiempo. Para mí sería un gusto, una alegría, mirar que fueran respetados todos los derechos del trabajador. Yo desearía que siempre hubiera buen ánimo de mucha humanidad pobre. Yo, como mexicano, siempre les diré a mis paisanos, siendo humildes pobres como he sido yo, que se cuiden mucho, y pongan buen ánimo en su mente y defiendan sus derechos y pidan que los patrones—todos los grandes ricos americanos—no sean sin consideración con nosotros. Nosotros, los mexicanos, les estamos dando la fortaleza de producción—dependen de nuestro trabajo. Tenemos que seguir pidiendo que nos tenga consideración este gobierno americano, y se nos arreglen los documentos para que seamos respetados igual como cualquiera de los que ya tienen sus documentos legales.

bosses and their supervisors, who in Mexico we call *mayordomos*. I saw the kinds of abuses that the owners of great wealth heaped upon us, the humble poor, the workers. I decided to suffer and put up with various kinds of punishment because I came here with the need and the desire to help my family in my country, in Mexico. I only suffered out of necessity. I have seen many people suffer, but they don't put up with it because they are very happy here in this country of the United States—the only reason they suffer is because they must support themselves and their families.

"I, AS A MEXICAN, WILL ALWAYS TELL MY COUNTRYMEN, BEING HUMBLY POOR AS I HAVE BEEN, TO TAKE GREAT CARE OF THEMSELVES AND FILL THEIR MINDS WITH COURAGE."

I would never want to see the bosses on top of us again, punishing us like they've always done. For me, it would be a pleasure, a joy, to see that all the rights of the workers are respected. I would like poor people to have courage. I, as a Mexican, will always tell my countrymen, being humbly poor as I have been, to take great care of themselves and fill their minds with courage

José Guadalupe Posada

and defend their rights and ask that the bosses—all the big, rich Americans—have consideration for us. It is we Mexicans who are the force behind production—they rely on our labor. We have to continue to ask this American government to consider us and put our documents in order so that we will be respected the same as anyone else who has legal documents.

Mexicano Revolucionario
Mexican Revolutionary

Seth Lyons

"Dejé La Mitad De Mi Corazón Ahí"

Una Entrevista con Margarita Rojas

Margarita

Margarita Rojas tiene 32 años. Creció en
Zacapu, Michoacán, y vino a los Estados
Unidos cuando tenía 18 años. Esta entrevista
se completó el 18 de enero del 2004, una
semana antes de que su orden final de
deportación fuera puesta en efecto.

"I Left Half My Heart There"

An Interview with Margarita Rojas

Margarita Rojas is 32 years old. She grew up in
the town of Zacapu, Michoacán, and came to the
United States when she was 18 years old. This
interview was completed on January 18th, 2004,
a week before her final deportation order was
to go into effect.

Rojas

Yo crecía con mis padres y seis hermanos. Siempre fuimos una familia muy unida. Pobres, pero siempre teníamos algo que comer; felices, sin problemas. Era difícil ya que no teníamos muchas cosas que nosotros deseamos, como las que tenían otros niños, nosotros nunca teníamos buenos juguetes, buena ropa, buenas cosas, pero siempre teníamos el amor de nuestros padres. Era lo más importante—el calor de ellos. Mi mamá nos enseñó a querernos. Mi papá era un albañil, haciendo construcción de casas.

Después de que yo salí de la secundaria mis sueños siempre eran ser maestra de *Kinder*, tener algún dinero—que no teníamos en la casa. Entonces mis sueños, pues, no los podía llevar adelante. Algunas de las carreras cortas que habían ahí en el pueblo donde yo vivía no me llamaban la atención—ni trabajo social, ni contador público ni privado, ni secretaria. Era yo la única que decía, "Yo quiero ser una educadora." Pero lo económico no facilitó mis sueños y, después, el hombre que llegó a mi vida—el padre de mis hijos—me quitó la intención. Yo le platicaba que yo iba a seguir estudiando—pero no se usaba mucho, en las tradiciones de ellos, que la mujer estudiara. Como que

"YO QUIERO SER UNA EDUCADORA . . . PERO LO ECONÓMICO NO FACILITÓ MIS SUEÑOS."

era más, "La mujer no debe de estudiar, ya al rato se casa y nunca va a ejercer la carrera." Eso a mí se me metió mucho en la cabeza y, así, efectivamente, no seguí luchando. Él me quitó los sueños. Se arrepiente uno, pero es demasiado tarde.

Los únicos dos profesionales en la casa fueron los dos hombres primeros. Mi padre y mi madre tenían que darles dinero a ellos para pagar su renta, su colegiatura y su comida. Eso nos dejaba en la casa muy cortos de dinero, semana con semana—era muy pesado. Mis otros hermanos y yo solamente terminamos la secundaria.

Mire, la realidad es que yo jamás había pensado que yo me vendría para acá a los Estados Unidos después de haberme casado. Tenía 16 años

I grew up with my parents and six brothers and sisters. We were always a very close-knit family. We were poor, but we always had something to eat; we were happy, without problems. It was difficult, since we didn't have many things that we wanted that other children had. We never had the cool toys, the fine clothes, the best things, but we always had the love of our parents. That was what was most important—their warmth. They raised us to be together, my mom showed us how to love each other. My dad was a mason, building houses.

After I left high school, my dreams were always to be a kindergarten teacher, to have some money—which we didn't have at home. Some of the

"I WANT TO BE AN EDUCATOR . . . BUT THE ECONOMIC SITUATION DIDN'T MAKE MY DREAMS POSSIBLE."

short academic courses that they had there in the town where I lived didn't interest me—not social work, nor public or private accountant, nor secretary. The only thing I said was "I want to be an educator." But the economic situation didn't make my dreams possible and, afterwards, the man who came into my life—the father of my children—ended my plans. I discussed with him that

Rini Templeton

I was going to continue studying, but tradition dictated otherwise. It was more like, "Women shouldn't study because eventually they get married and never practice their profession." That really stuck in my head and, basically, I stopped fighting. He took away my dreams. You have regrets, but it's too late.

The only two professionals in my house were the two oldest brothers. My mother and father had to give them money for their rent, schooling and food. That left the

cuando me casé. A los 17 años nació mi hija, Adriana. A los 18 años mi esposo regresó de los Estados Unidos por nosotros—él decidió que nos viniéramos para acá. Era muy difícil venirme acá, porque dejaba mi corazón allá—mi tierra, mi familia—pero yo sabía que tenía que luchar por hacer una vida mejor. Pensé que iba a estar mejor. Para mí era bien difícil cambiar de país, cambiar de costumbres, cambiar de todo. Yo recuerdo que cuando yo me fui a despedir de mis padres mi casa estaba muy triste—parecía que alguien se había muerto, todos estaban llorando. Yo tuve que abrazar a mis padres y decirles que me venía. Mis padres lloraron, pero no me detuvieron ellos—ellos creían siempre que nosotros deberíamos de hacer nuestra propia vida. Pero le digo, dejé la mitad de mi corazón ahí.

Era otra de las cosas que era difícil—yo venía con este hombre, yo le tenía miedo, ya no le tenía confianza. Él siempre estaba obsesionado conmigo—no quería ni que visitara a mis padres, no quería que hiciera absolutamente nada que él no lo supiera. Él me manipulaba siempre, siempre decía que yo iba a ser para él y que nadie podía verme. Era difícil de pensar de que tenía que venirme a El Norte sabiendo yo que ya me golpeaba cuando estaba embarazada, él me había ofendido verbalmente muchísimo. Yo pedía a Dios que él cambiara acá.

Fue el año 1989 cuando llegamos por primera vez a este país, en el estado de Delaware, llegamos a un apartamento de una prima. Pero ahí vivían como 20 personas, la mayoría hombres, todos casi eran familia. Todos eran trabajadores en la industria de los hongos. Entonces mi esposo me dejaba ahí en ese apartamento, y cuando todos llegaban de trabajar yo tenía que cocinar

Rini Templeton

rest of us very short on money, week after week—it was very difficult. My other siblings and I only finished high school.

Look, the reality is that I never thought that I would come here to the United States after getting married. I was 16 years old when I got married. At 17, my daughter, Adriana, was born. At 18 my husband came back from the United States for us—he decided that we should come here. I didn't want to come and I cried a lot. It was very difficult for me to bring myself here because I was leaving my heart there—my land, my family—but I knew that I had to struggle to make a better life. I thought that it was going to be better. For me, it was very difficult to change countries, to change customs, to change everything. I remember that when I went to say goodbye to my parents, my house was very sad—it seemed as if somebody had died, everyone was crying. I had to hug my parents and tell them that I was going. My parents cried, but they didn't stop me—they always believed that we should make our own lives. But, I tell you, I left half my heart there.

Another thing that was difficult—I came with this man, but I was afraid of him, I didn't trust him. He was always obsessed with me—he didn't even want me to visit my parents, he didn't want me to do a single thing that he wouldn't know about. He was always manipulating me, he always said that I was going to be his and that I couldn't see anyone. It was difficult to think that I had to come up North knowing that he already beat me when I was pregnant, and that he had verbally insulted me so many times. I asked God to make him change up here.

We came to this country for the first time in 1989, to the state of Delaware, arriving at a cousin's apartment. But 20 people were living there, most of them men, almost all of them related. All were workers in the mushroom industry. My husband left me there in that apartment and when they all came back from work I had to cook for all of them, and I had to clean the apartment. In that way, I was paying the rent for all of my family. What bothered me was how he was treating me, not like a wife, but rather like a servant for everyone.

I was 18 years old and I got pregnant again. That bothered him a lot because one daughter, Adriana, was too much responsibility for him. I told him, "It's part of our life and we should accept it, and I will love my children." Then, he had a big falling out with his cousin and they threw us out on the street. I was pregnant then, with my second daughter, and we were living in

para todos, y tenía que limpiar el apartamento. De esa manera yo estaba pagando la renta de toda mi familia. Lo que me molestaba era cómo me trataba, no como su esposa, sino sirvienta para todos.

Yo tenía 18 años, entonces yo estaba embarazada nuevamente. Él se molestó mucho porque una hija, Adriana, era para él demasiada responsabilidad. Yo le dije, "Es parte de nuestra vida y debemos de aceptarla, y voy a querer a mis hijos." Entonces él tuvo un problema muy fuerte con su prima y nos echaron a la calle. Yo estaba embarazada ya de mi segunda hija y, pues, nos vimos viviendo en el carro, como por 15 días. Cuando él trabajaba yo tenía que esperarlo en el carro con Adriana. Yo pedía a Dios que nos ayudara a encontrar algún lugar, otro cuarto. Por fin un amigo de él se dió cuenta que estábamos completamente en la calle. Nos ofreció que pasáramos la noche en su apartamento, pero no podíamos vivir, solamente dormir; entonces teníamos que salirnos durante el día. Comíamos en McDonalds, Taco Bell. Vivíamos así por tres meses y, por fin, encontró una familia que nos rentó un cuarto. Dormimos en el piso, nunca habíamos tenido una cama—dormíamos en la alfombra, con algunas cobijas.

Yo le decía a mi esposo que yo me quería regresar a México, que yo no quería vivir en la calle. Yo me sentía mal, el embarazo ha pasado muy mal. Pero él sólo se enojaba y me golpeaba. Solamente era una angustia que yo sentía dentro de mí. Al fin, nos compró el *ticket*, y Adriana y yo regresamos a México. Mi hija, la segunda—se llamaba Margarita—murió. Tuve un parto normal, pero ella tuvo problemas de respiración, no pudo llorar, ella tenía mal el cerebro. Cuando me dieron la noticia de que mi hija había muerto, después de dos horas que había nacido, yo me quería volver loca. Yo creo que ella murió por tantos problemas, después de tanto daño que me ocasionaba mi esposo. Todo ese tiempo yo sola lloraba y sufría.

Seis meses después de la muerte de mi hija, mi esposo insistió que yo viniera a los Estados Unidos. Adriana y yo pasamos por la frontera por la segunda vez. Adriana ya tenía dos años—mi hermano la cargó, para correr y cruzar el cerro, cerca de Tijuana. Ahí, dos veces intentamos y nos detuvieron, pero volvimos a pasar. Llegamos hasta Delaware, donde mi esposo había conseguido otro apartamento, con como otras 10 personas. Yo pasaba cinco años con él. Todos esos cinco años fueron de abuso, violencia, de maltrato, insultos diarios. Y todo este tiempo Adriana vió como vivíamos—ella se asustaba y ella lloraba. Ella tenía como seis años, y estaba muy traumada. Ella no lo quería.

the car, like for 15 days. When he worked, I had to wait for him in the car with Adriana. I asked God to help us find some place, another room. Finally, a friend of his realized that we were completely out on the street. He offered for us to spend the night in his apartment, but we couldn't live there; we could only sleep there at night and then we had to leave during the day. We ate at McDonald's or Taco Bell. We lived like that for three months and at last we found a family that rented us a room. We never had a bed—we slept on the carpet, with some blankets.

I kept telling my husband that I wanted to go back to Mexico, that I didn't want to live on the street. I felt sick—the pregnancy had gone very badly. But he just got mad and beat me. I felt nothing but anguish inside of me. Finally, he bought us a ticket and Adriana and I returned to Mexico. My second daughter—she was named Margarita—died. I had a normal childbirth, but she had breathing problems, she couldn't cry, and she had brain damage. When they gave me the news that my daughter had died only two hours after being born, I felt like I was going crazy. I believe that she died because of so many problems and after so much damage that my husband did to me. That whole time, I cried and suffered alone.

Six months after the death of my daughter, my husband insisted that I come to the United States. Adriana and I crossed over the border for the second time. By then Adriana was two and my brother carried her, running through the hills close to Tijuana. We tried two times and they arrested us, but we returned to cross over. We arrived in Delaware, where my husband had gotten another apartment, with about 10 other people. I spent five years with him. All those five years were full of abuse, violence, mistreatment and daily insults. And all this time Adriana saw how we were living—she was frightened and crying. She was six years old and was very traumatized. She didn't love him. She would tell me that when she would see her dad, her stomach would hurt—she was scared of him because he also beat her, he abused her.

Then, I remember it well—it was December 30, 1994—he beat me over and over, viciously, without feeling, without reason. He just went crazy. Then I told him, "Today is the last time that you hit me!" He laughed and made fun of me and insulted me. Then I said to him, "Think what you want, but today it ends!" Then I started to get together Adriana's and my two-year-old son Richie's clothes in trash bags because I didn't even have suitcases. He

Ella me decía que cuando veía a su papá le dolía el estómago—le tenía miedo, porque también a ella la golpeaba, la maltrataba.

Entonces, bien recuerdo—fue el 30 de diciembre del 1994—cuando él me golpeó mucho, muy feo, sin sentido, sin razón. Él estaba loco. Entonces yo le dije, "¡Hoy es la última vez que me golpeas!" Él se rió, se burló y me insultó. Entonces yo le dije, "¡Piensa lo que tú quieras, pero hoy se termina!" Yo empecé a juntar la ropa de Adriana y Richie, mi hijo de dos años, en bolsas de basura, porque no tenía ni maletas. Él me dijo, "Tu te vas pero los niños no se van." Yo pensé, "Va a llegar el momento que Dios me va a permitir salir, porque hoy me voy." Entonces, en el transcurso de la madrugada, yo lo estuve velando que se durmiera. Dejé a mis hijos vestidos, inclusive con la chamarra. Cuando yo escuché que él estaba hasta roncando—eso fue como a las 5 de la mañana—yo tomé a mi Richie en brazos y desperté a Adriana y le dije, "Madrecita, vámonos de aquí." Ella se puso feliz y, rápida, mi hija salió, como cangurito sin hacer ruido. Y salimos, gracias a Dios. Entonces fuimos por carro al apartamento de mi hermano.

Cuando toqué la puerta de mi hermano y lloré, me abrazó y mi cuñada me brindó su confianza, su afecto, y me dijo que ahí teníamos una casa. Yo lloraba de alegría, de sentirme libre y de que iba a poder decidir mi vida desde ese día para adelante. Entonces empezamos a preparar la cena para el Año Nuevo, y como a las nueve de la noche sonó el teléfono—era él que estaba llamando, para pedirme que me regresara con él, porque era fin de año y él estaba solo. Y le dije, "Cada fin de año te vas a acordar de mí y vas a pagar con dolor, vas a sentir todos los golpes y maltratos que me distes; pero jamás voy a volver contigo."

Un día él me pidió si pudiera llevar mis hijos a la tienda; pero no se los llevó a la tienda—se los llevó hasta México en una camioneta. El seis de febrero me los quitó, teniendo seis años Adriana, y Richie dos años. Después de todo lo que yo ya había sufrido, nunca había llamado a la policía; pero ese día, como se tocó con mis hijos, yo llamé a la policía. Él había tenido todo el día de poder irse agarrar camino a México. Yo obtuve la custodia de emergencia de mis hijos en la corte, entonces tuve que legalizar los documentos en el Consulado de México, para yo irme para México. Entonces yo me fui a México, ya con los papeles de custodia y se los entregué a un abogado. Me cobró un montón de dinero que yo no tenía—y yo tuve que pedir muchísimo dinero prestado, para recuperar a mis hijos. Él no me los quería dar. Hasta

told me, "You can go, but the children will stay." I thought, "The moment will come when God will grant me a chance to leave because today I am leaving." Then, throughout the early dawn hours I stayed up to make sure that he would be sleeping. I kept my children all dressed up, including their jackets. When I heard that he was snoring—that was about 5:00 in the morning—I took my Richie in my arms and I woke up Adriana and I told her, "Big girl, let's get out of here." She was suddenly happy and my daughter left quickly, like a little kangaroo, without making noise. And we got out, thank God. Then I took a car to my brother's apartment.

When I knocked on my brother's door and began crying, he hugged me and my sister-in-law gave me her trust, her affection, and she told me, well, here you have a home. I cried from joy—I felt so free because I was going to be in charge of my life from that day on. Then we started to prepare the New Year's dinner and about 9:00 at night the telephone rang—it was him calling, to ask me to go back to him because it was the end of the year and he was lonely. And I told him, "Every time a year ends you will remember me and you will pay with pain because you will feel all the beatings and abuses that you gave me, but I will never go back with you."

One day he asked if he could take the children to the store, but he

Margarita Rojas y sus hijos, Richie y Adriana, en 2000
Margarita Rojas and her children, Richie and Adriana, in 2000

didn't take them to the store—he took them to Mexico in a pick-up truck. On February 6 he took them from me when Adriana was six and Richie was two. After all I had suffered through I had never called the police, but that day it had to do with my children, so I made the call. He had had the whole day to be able to get away to Mexico. I got emergency custody of the children in the court; then I had to legalize my documents at the Mexican Consulate, so I could go to Mexico. I went to

que al fin le gané. Mis hijos, me los dieron a mí.

Pero en México yo no tenía dinero, no tenía un trabajo; y con dos hijos, me desesperaba. Mi hermano me preguntó que si yo quería regresar a los Estados Unidos y iniciar acá una vida con mis hijos y, pues, tratar de trabajar para sacarlos adelante. Yo le dije que sí, y me vine con mi hermano.

Me dediqué a trabajar fuertemente para sacar a mis hijos adelante y que ellos pudieran tener una buena ropa, un buen calzado. Y lo estaba logrando. En la mañana limpiaba casas, desde las 12 hasta la 1 de la tarde. Yo, después de limpiar casas, me bañaba y me salía a hacer demostraciones, a vender ropa, joyería de oro, productos de belleza y ropa interior de mujer. Yo era dueña de tres negocios. Yo tuve una cadena, una red enorme, como no se imagina, de gente que dependía de mí—ellos vendían y a mí me pagaban un porcentaje por las ventas. Tuve popularidad. Pude tener un apartamento para mí y mis hijos. Me transformaba. Mi vida cambió después de que yo me fui a vivir sola—estaba entonces feliz. Yo quería tranquilidad, quería paz. Yo quería sacar a mis hijos adelante, yo sola, y que nadie me dijera, "Por mí comes tú y tus hijos," o "Por mí tienen donde dormir, donde vivir." Por esa razón yo había llorado mucho. Yo quería decir, "Yo puedo, yo sola, no necesito de nadie." Yo dejé de llorar entonces.

En este momento ya me sentía muy agradecida con los Estados Unidos, porque yo sabía que en México no lo iba a poder lograr. Aquí tenía muchas oportunidades que México no me las podía dar. Y yo sola los conseguí.

En el 98 mi hermano se casaba en México, y nos invitaron a la boda. Como tenía dinero guardado, yo compré los boletos de avión. Decidí darles a mis hijos una vacación en México—nos las merecíamos. Me emocioné mucho cuando me fui para México. Pasé unas vacaciones muy bonitas de dos meses allá con mi familia. Allá ellos gastaban dinero, ellos tenían lo que ellos querían—ya que antes no les daba ni para comprar nada porque no lo teníamos.

En febrero del 99 decidimos regresar con mis hermanos para acá. Para que entonces yo tenía dinero, tenía la posibilidad de comprar un pasaporte. Eran *coyotes* que decían que me iban a traer un pasaporte original sacado de la embajada—me garantizaban. Me costó 2,500 dólares. En Tijuana tomamos un taxi a la línea con el pasaporte y cuando yo intenté pasar me detuvieron

Mexico with the custody papers and I gave them to a lawyer. It cost me a ton of money that I didn't have—I had to borrow a bunch of money to get my children back. He didn't want to give them up to me. Finally, I won. They gave me back my children.

But in Mexico I didn't have any money or any work and with two children, I became desperate. My brother asked me if I wanted to come back to the United States and start a life here with my children and try to work for their future. I told him yes and I came to live with my brother.

I dedicated myself to working hard to help my children get ahead so that they would be able to have nice clothes and good shoes, and I was succeeding. In the morning I cleaned houses 'til 12:00 or 1:00 pm. After cleaning houses, I took a bath and went out to do demonstrations, selling clothes, gold jewelry, beauty products and lingerie. I was the owner of three businesses; I had a chain, an enormous network, like you can't imagine, of people who depended on me—they were selling and they paid a percentage of the sales to me. I was popular. I was able to have an apartment for me and my children. It transformed me. My life changed after I started living alone and then I was happy. I wanted tranquility and peace. I wanted to help my children get ahead by myself, so that no one would tell me, "You and your children eat because of me" or "Because of me you all have a place to sleep and to live." That's why I had cried so much. I wanted to say "I can do it by myself, I don't need anybody." I stopped crying then.

At that moment, I felt very grateful toward the United States because I knew that in Mexico I couldn't succeed. Here I had many opportunities that Mexico couldn't give me and I was able to succeed on my own.

In '98 my brother got married in Mexico and they invited us to the wedding. As I had money saved up, I bought plane tickets. I decided to give my children a vacation in Mexico—we deserved it. I was very moved when I went to Mexico. I spent a beautiful two-month vacation over there with my family. Now they were able to spend money; they had whatever they wanted—before I couldn't give them any money to buy anything because we didn't have it.

In February of '99 we decided to return here with my brothers. Since I had money then, I had the opportunity to buy a passport. There were *coyotes* who said that they were going to bring me an original passport direct from the Embassy—they guaranteed it. It cost me 2,500 American dollars, that pass-

"ME CRUZÓ EL COYOTE POR EL RÍO, QUE ME DABA UN MIEDO—PUES NO SÉ NADAR Y EL AGUA ME LLEGABA HASTA EL CUELLO."

como una criminal. Yo juraba que era un pasaporte bueno, pero me regresaron para México. Entonces compré otro pasaporte—ahora me costó $1,800. Volví a intentar cruzar con el pasaporte. Igualmente me volvieron a detener y ya que era la segunda vez, me deportaron—ya con una orden oficial de deportación. Yo estaba allá separada de mis hijos por cuatro meses. Yo me cambié de frontera—yo volé a Matamoros, para cruzar con un *coyote*, era una señora. De ahí me cruzó el *coyote* por el río, que me daba un miedo—pues no sé nadar y el agua me llegaba hasta el cuello. Pero crucé, gracias a Dios, y regresé a Filadelfia.

Jamás, jamás vi las consecuencias de que iba a tener algún día porque yo había violado una ley y recibí una orden de deportación.

En julio del 99 yo estaba arreglando las cajas de mis productos cuando se acercó Pablo—mi esposo ahora—muy amable, y me saludó. Y me recuerdo que le ofrecí unos productos—"Para su novia o su esposa"—le dije yo. Y a él le dió risa. Y empezó él a acercarse a mí, me empezaba a pedir que saliera a cenar con él. Yo estaba muy ocupada, porque tenía que estar corriendo, mandando a mis hijos a la escuela, vendiendo, haciendo demostraciones. Yo llegaba a mi casa muerta. Pero estaba yo feliz, sí, porque llegaba y nadie me decía nada. Yo no me preocupaba de que tenía que atender marido.

"UN DÍA PABLO LLEGÓ CON UNA COMPUTADORA EN UNA CAJA NUEVA, PARA ADRIANA—ERA INCREÍBLE."

Entonces empezó a entrar Pablo, y Adriana empezó a sentir celos, coraje por él. Adriana no lo quería, porque ella tenía miedo. Un día, por fin, Pablo se armó de valor y habló con Adriana. Le dijo a ella que él quería hacer una vida con una persona que lo comprendiera, una compañera para su vida. Adriana no le hacía caso, pero Pablo le decía cosita que le llegaba al corazón: de que porque hubieran pasado unas cositas malas con algunas personas, que no todas las persona éramos iguales—que le diera la oportunidad de tratar a su mami. Por fin le dió la oportunidad ella. Al principio, no me sentía cómoda porque mi hija sufría, y para mí era muy importante lo que mis hijos pensaran—

"THE COYOTE TOOK ME ACROSS THE RIVER, WHICH TERRI-FIED ME—I DON'T KNOW HOW TO SWIM AND THE WATER WAS COMING UP TO MY NECK."

port. In Tijuana we took a taxi to the border with the passport and when I tried to cross they arrested me like a criminal. I swore that it was a good passport, but they sent me back to Mexico. Then, I bought another passport—this time it cost me $1,800. I tried again to cross over with the passport. They arrested me again and since it was the second time, they deported me, now with an official order of deportation. I was over there separated from my children for four months. I changed borders—I flew to Matamoros to cross over with a *coyote*, a lady. There, the *coyote* took me across the river, which terri-fied me—I don't know how to swim and the water was coming up to my neck. But I crossed, thank God, and returned to Philadelphia.

It never even occurred to me that I could face these kinds of conse-quences some day because I had violated a law and received a deportation order.

In July 1999 I was arranging the inventory of my products when Pablo—now my husband—came over and greeted me very kindly. I remember that I offered him some products—"For your girlfriend or wife," I told him. And that made him laugh. So he started hanging out with me and he started asking me to go out to dinner with him. I was very busy because I had to be running, sending my children to school, selling and doing demonstrations. I returned home dead tired. But I was happy because I would come home and nobody was telling me what to do. And I wasn't concerned about having to take care of a husband.

So Pablo began to enter our lives and Adriana started to feel jealous and angry towards him. Adriana didn't like him because she was afraid. One day Pablo finally got up the nerve and spoke with Adriana. He told her that he wanted to make a life with a person who would understand him, a partner for life. Adriana didn't pay him any mind, but Pablo told her a little something that got to her heart: just because some bad things might have happened with some people, not all people are the same—could she give him the opportuni-ty to have a relationship with her mom? At last, she gave him the opportunity. At first I didn't feel comfortable because my daughter suffered and what my

porque mis hijos eran primero.

Por fin empezamos una relación bien bonita. Pablo, a veces, cocinaba y nos llevaba comida. Un día Pablo llegó con una computadora en una caja nueva, para Adriana—era increíble. Entonces yo decía, "Él es bueno, porque más que nada el respeto que tiene hacia nosotros." Pablo no era el macho típico que yo había conocido. Él me estaba dando mucha confianza de poder ser libre, de poder tomar mis decisiones, y que él nunca se iba a oponer. En febrero del 2000 me pidió oficialmente con mis hermanos y con mis hijos, con anillo, con champaña y con flores. En septiembre del 2000 nos casamos oficialmente ante el juez. Le digo, todo esto para mí era lindísimo, porque ya me sentía protegida, ya me sentía amada, me sentía muy respaldada y respetada. Él quería una familia y yo se la dí. Yo quería felicidad, atención, apoyo, y él me la dió.

Pablo es mexicano, tuvo su ciudadanía desde el 98. En el año 2001 fue cuando nosotros hicimos la aplicación para mis documentos, y para Adriana también. Cuando nosotros llevamos la aplicación allá en Filadelfia, al Servicio de Inmigración, a nosotros nos pareció tan sencillo—me tomaron la foto y me tomaron huella y me entregaron mi permiso de trabajo. Para mí era un sueño. ¡Qué lindo! ¡En un día me había cambiado la vida! Yo estaba bien feliz y mi esposo Pablo, pues, me abrazó y me dijo, "¿Ves, madre?"—porque él me llama

Mark Lyons

Margarita y su esposo Pablo, con sus hijos Adriana, Richie y Paula
Margarita and her husband Pablo with their children Adriana, Richie and Paula

children thought was very important to me—my children always came first.

Finally, we started a very beautiful relationship. Pablo sometimes cooks and brings us food. One day Pablo came with a computer in a new box, for Adriana—it was incredible. Then I said, "He is good because more than anything he shows us respect." Pablo wasn't the typical *macho* that I had known. He gave me a lot of courage to be able to be free, to be able to make my own decisions, and he was never going to oppose them. In February 2000, he proposed to me, with my siblings and my children there, with a ring, with champagne and flowers. In September 2000 we got married officially before the judge. I tell you, for me, all of this was very beautiful because now I felt protected, I felt loved, I felt very supported and respected. He wanted a family and I gave that to him. I wanted happiness, attention and support and he gave all that to me.

Pablo is Mexican and he has had his US citizenship since '98. In 2001 we applied for my legal documents and for Adriana's as well. When we took the application over to Philadelphia, to the Immigration Service, it seemed so simple to us—they took my photo and my fingerprints and they gave me my work permit. For me, it was a dream. It was so beautiful—in one day, my life had changed! I was very happy and my husband, Pablo, well, he hugged me and said, "See, Mother"—he calls me "Mother"—"how easy it is!" Having my documents, I could go and see my folks and wouldn't have to suffer when I crossed the border. Because you suffer a lot—you are exploited, you don't eat, you walk a good deal.

"One day Pablo came with a computer in a new box, for Adriana—it was incredible."

After six months, the INS gave me a second interview. From the start, the Immigration official was different—he treated me like he was beating up on me, he asked about things very angrily. Then they asked me for my Mexican passport, my Social Security card, my work permit, my driver's license, all my important papers. They asked Pablo to leave because they wanted to talk to me alone. So Pablo left and they started to ask me a bunch of questions: where I had crossed over the border, what I had done, etc. They sent me into a room where there was only a big chair and a window and they left me there locked up, like I was in prison. After two hours they took me out of there and told me that, unfortunately, they couldn't give me residency—I didn't have the

madre—"¡Qué fácil es!" Teniendo mis documentos, puedo ir a ver a mis papás y ya no tengo que estar sufriendo cuando cruzo fronteras. Porque se sufre mucho—explotan a la gente, no come uno, camina bastante.

Después de seis meses, la Inmigración me dieron la segunda entrevista. Desde el principio lo vi al agente de Inmigración como muy diferente—me trataba como que muy golpeado, me preguntaba cosas como muy enojado. Entonces me pidieron mi pasaporte mexicano, mi tarjeta de Seguro Social, mi permiso de trabajo, mi licencia de manejar, todos mis papeles importantes. Le pidieron a Pablo que si se podía salir, que querían hablar solamente conmigo. Entonces Pablo salió y a mí me empezaron a hacer muchísimas preguntas, que por dónde había pasado, lo que había hecho. Me mandaron a un cuarto, donde estaba solamente un sillón, solamente una ventana y me dejaron ahí encerrada como en cárcel. Después de dos horas me sacaron de ahí y me dijeron que desafortunadamente no podían darme nada de residencia—yo no tenía el derecho porque me habían deportado antes y volví a entrar. Lo único que me estaban entregando era una orden de deportación para el 15 de octubre del 2001.

Yo sentía que jamás iba a salir de esas oficinas, que ahí me iban a atrapar y que no iba a volver a ver a mis hijos ese día. Entonces yo les decía, "¿Me puedo ir?" y me decían, "Todavía no terminamos." Le digo, eran muy groseros. Me dijeron, "¿Tiene a alguien que cuide a sus hijos?" y le dije, "Nadie cuida a mis hijos más que yo." O sea, ellos querían detenerme aquel día hasta la fecha de deportación—querían no dejarme salir. Por fin me dejaron salir.

Inmediatamente conseguimos a una abogada, pero lo único que ella pudo hacer fue extender la orden de deportación por un año, porque Paula—la niña nueva de Pablo y mí—había nacido con el problema del paladar y necesitaba una operación. Tuve una extensión de un año y entonces en mayo, 2002, operaron a Paulita. Encontramos a un nuevo abagado—Joseph Hohenstein—para que siguiera mi caso. Después de año y medio en las cortes, recibí la orden final para mi deportación, para el 26 de enero del 2004—o sea, la semana próxima. Yo me siento muy mal, me siento como si me tienen amarrada, que no puedo hacer nada, me siento como una criminal. Yo digo que es injusto después de tanta lucha, porque estoy casada con un ciudadano americano, con dos hijos ciudadanos y una residente. Me siento muy frustrada porque pienso, "¿Qué va a pasar con mis hijos, con los derechos de ellos, los sueños que tienen?" Me siento más mal por ellos, más mal que ellos van a perder todo lo

right because they had deported me before and I had entered again. The only thing that they gave me was a deportation order for October 15, 2001.

I felt that I would never get out of those offices, that they would trap me and that I wouldn't return to see my children that day. Then I said, "Can I go?" and they told me, "We are still not finished." I tell you, they were very rude. They told me, "Do you have someone to take care of your kids?" and I said, "No one cares for my children besides me." In other words, they intended to detain me that day until my deportation date. Finally, they let me leave.

We immediately obtained a lawyer, but the only thing that she could do was extend the deportation order for one year because Paula—my new child with Pablo—was born with a cleft palate and needed an operation. I had a year's extension, so in May 2002 they operated on little Paula. We found a new lawyer—Joseph Hohenstein—to take my case. After a year and a half in the courts, I received the final order for my deportation, for January 26, 2004—that's next week. I feel very bad, I feel like they have me tied up and I can't do anything—I feel like a criminal. I say it's unfair, after so much struggle, because I am married to an American citizen, with two children who are citizens and one who is a resident. I feel very frustrated because I think, "What will happen to my children, with their rights, the dreams that they have?" I feel worse for them, worse that they will lose everything that is their life here. Right now, I feel like they have me in a plastic bag and I can't breathe, like I am drowning. I wish they would let me breathe, let me be free.

Right now I also feel very shattered because of my daughter Adriana. Six weeks ago, on December 15, she started to have problems speaking and listening. We went to the emergency room at Dupont Hospital in Wilmington, where they paid a lot of attention to her because they had never seen such a strange case—she wasn't able to talk or respond. My daughter was very ill. After many studies, the doctors say that she has inflammation of an artery in her brain—it's on the left side, the side that coordinates speech and the ability to understand and express yourself. The doctors don't know what caused it. So now they are treating her and she is taking four different pills to reduce the inflammation. She still is not normal—from time to time she's not there, and she's slow to respond. They will be treating her with medicine for possibly up to a year. Adriana's doctor here is fighting to help her by asking the INS to let her stay here for her treatment.

You can imagine how I'll feel if I can't stay here with my daughter

que es su vida aquí. Ya me siento como que si me tuvieran en una bolsa de plástico, que no puedo respirar, me siento ahogándome. Quisiera que me dejaran respirar, me dejaran ser libre.

"YO, SIN MIS HIJOS, YO ME MUERO—YO ME LOS VOY A LLEVAR, SI ME DEPORTAN."

En este momento también me siento muy destrozada por mi hija Adriana. Hace seis semanas, el 15 de diciembre, empezó a tener problemas para hablar, para escuchar. Fuimos a emergencias en el Hospital Dupont, en Wilmington, donde le tomaron mucha atención a ella porque nunca habían visto un caso así tan raro—ella no pudo hablar, no pudo responder. Mi hija estaba mal. Después de tantos estudios, los médicos dicen que ella tiene inflamación en la vena en el cerebro—del lado izquierdo, que coordina el habla y el poder entender, el poder expresarse. Los médicos no saben qué lo causó. Entonces ahora la están tratando, ella está tomando cuatro diferentes pastillas para poder desinflamar. Pero todavía no está normal—ella, de vez en cuando, está ausente, está trabada, tarda en responder. A ella la van a estar tratando con medicamentos hasta posiblemente un año. El doctor de Adriana está luchando por ayudarla, como pidiéndoles a la Inmigración que ella debe de estar aquí por su tratamiento.

Se imagina cómo me siento si yo no puedo continuar aquí con mi hija, porque me están mandando del país. Mis hijos yo no los voy a dejar—ellos se tienen que ir conmigo a México. Yo, sin mis hijos, yo me muero—yo me los voy a llevar, si me deportan. Yo sé que Pablo no me va a dejar, pero vamos a perder una familia—después de tantísimos trabajos que pasamos, y por fin encontramos la felicidad. Y una ley, pues, nos va a destruir. Aunque Pablo pueda ir y venir de México, sólo tiene ocho días de vacación cada año. Aunque Pablo me esté llamando por teléfono, no es lo mismo. Por ejemplo, ahora, cada día me llama y me dice, "¿Cómo estás?" o "¿Qué necesitas?" o "¿Tienes hambre, quieres algún lonche?" Todo eso, para mí, es muy importante, que él me diga, "Te amo," todos los días. Se imagina—yéndonos a México, ni él, ni yo, ni los niños van a tener ese calor de cariño que Pablo nos ha dado, nos ha enseñado. Somos una familia muy bonita, muy unida.

En México, Adriana no puede recibir el tratamiento que necesita, porque allá, desafortunadamente, los doctores, si no ven dinero, no hacen nada. ¿Se imagina lo que cuestan un neurólogo y un reumatólogo?

because they send me out of the country. I will not leave my children—they will have to go with me to Mexico. I will die without my children—I will take them with me if they deport me. I know that Pablo won't leave me, but we will lose a family—after all we have been through and the fact that we finally found happiness. In the end, it will be a law that destroys us. Even though Pablo would be able to come back and forth to Mexico, he only has eight days of vacation each year. Even though Pablo would be calling me on the tele-

"I WILL DIE WITHOUT MY CHILDREN—I WILL TAKE THEM WITH ME IF THEY DEPORT ME."

phone, it's not the same. For example, now every day he calls me and says, "How are you?" or "What do you need?" or "Are you hungry, do you want some lunch?" All that is very important to me—the fact that he tells me "I love you" every day. You can imagine that if we end up going to Mexico neither he nor I nor the children will have this warmth of love that Pablo has given us. We are a wonderful family, very close-knit.

In Mexico, Adriana can't receive the treatment that she needs because there, unfortunately, the doctors don't do anything if they don't see money. You can imagine what a neurologist and a rheumatologist cost. And the specialists aren't close by—it's eight hours from Michoacán, where I live, to Mexico City, a little less to Guadalajara. We have to pay for travel fare, board, food, everything.

We have realized our dreams here, and if Immigration decides that I have to leave, everything will crumble and end up in the garbage. It makes me sad because I see my house and I see my children enjoying their room, with their toys. We would have to be millionaires in Mexico to live the way we live here. I tell you, it's not like it is here, it's extremely difficult.

My dreams are for my children to be able to go to college, to fulfill their lives as professionals, and not to have to depend on anyone the way their mother did. I wouldn't want them to have to do the kind of jobs that I did—I don't want my daughter cleaning houses or my son running all over the place looking for work. As I have said to Adriana, "I would be so happy to see you working, helping a lot of people, lending your hand to whomever needs it because you remember how we were in need and how we had many people who helped us." I am very proud of her because she is always helping others.

Y las especialistas no están cercanas—son ocho horas de Michoacán, donde vivo, a Ciudad México; a Guadalajara es un poquito menos. Tenemos que pagar pasaje, hospedajes, comidas, todo.

Hemos logrado nuestros sueños acá y si la Inmigración decide que tengo que irme, se va a derrumbar todo y se va a ir como para la basura. A mí me da tristeza, porque yo veo mi casa y yo veo a mis hijos que están gozando de su cuarto, con sus jugetes. Tendríamos que ser millonarios en México para vivir como vivimos aquí. Le digo, no es como aquí, es extremadamente difícil.

Mis sueños para mis hijos son que ellos puedan ir al colegio, que se puedan realizar como unos profesionales y que no tengan que estar dependiendo de nadie como lo hizo su madre. No me gustaría que ellos tuvieran que pasar los trabajos que yo pasé—no quiero que mi hija esté limpiando casas y ni que mi hijo esté buscando trabajos que lo corran de un lado, que lo corran de otro. Como yo le he dicho a Adriana, "Qué feliz fuera yo verte trabajando, ayudando a mucha gente, que extiendas tus manos al que lo necesita—porque recuerda cómo nosotros necesitamos y tuvimos mucha gente que nos ayudó." Me siento muy orgullosa con ella, porque todo lo que ella hace es para ayudar a alguien. Lo que yo quisiera es que mis hijos continuaran aquí, porque en México ellos no lograrán una carrera.

Es muy importante tener alguna profesión, alguna base, para poderse salir adelante, yo tengo que hacer esto para no sentirme mal. Antes, yo tenía el mundo cerrado y no podía hacer nada más que cocinar y cuidar a mis hijos. Entonces, gracias a Dios, poco a poco, todo lo que me ha pasado ha sido para mejorar, estoy aprendiendo más, luchando por salir adelante. Lo que más me motiva son mis hijos. Por ejemplo, Adriana siempre me dice que quiere ir a la universidad, que sueña con ser una maestra de ESL. Eso es lo que me motiva—el luchar por mis hijos, para llevarlos hacia dónde ellos quieren ir. Yo no pude seguir, por lo económico; y ahora yo le digo a Adriana, cueste lo que nos cueste, ella va a tener sus sueños—porque se siente uno muy mal cuando no logra algo que uno quiere con el alma. Yo nunca lo voy a alcanzar, como que desgraciadamente me tocó en una vida muy mala—una vida de infierno, como decimos. ¡Qué bueno que hubiera sido todo lo contrario!

Pablo está sufriendo mucho por temor de perdernos. Mis hijos son como sus hijos, él los quiere, él ya es su familia de toda la vida. Él hace sueños también con mis hijos. Adriana tiene los sueños de ir a Penn State y Pablo le dice, "Sí, mi hija, tu vas a ir a Penn State, todo lo que tu quieres ser, yo te

What I want is for my children to continue here because in Mexico they won't even have a career.

It's very important to have a profession and some base to be able to get ahead—I have to do this in order not to feel bad. Before, my world was closed off and I wasn't able to do anything more than cook and take care of my children. Then, thank God, little by little, I have been able to improve myself, to keep learning more and struggling to get ahead. What motivates me the most are my children. For example, Adriana always tells me that she wants to go to university, that she dreams about being an ESL teacher. That is what motivates me—the fight for my children, for taking them wherever they want to go. I wasn't able to continue because of our economic situation and now I say to Adriana, whatever it costs she will have her dreams because you feel very bad when you don't accomplish something that you want with all your soul. I will never attain that because, unfortunately, it was my lot to have a very hard life—a life of hell, as we say. How good it would have been for everything to have been the opposite.

Pablo is suffering a lot out of fear of losing us. My children are like his children: he loves them and he is now a part of their family for their whole lives. He too has dreams for my children. Adriana has dreams of going to Penn State and Pablo says to her, "Yes, my daughter, you will go to Penn State, everything that you want to be, I will support you." He tells Richie—the son he never had—that he would like for him to be an engineer.

Since the deportation notice arrived, I keep having these dreams—seeing myself shoeless, seeing myself at my wit's end. I feel like I am flying, as if I can't breathe. This storm feels to me like a tornado and we have no idea when it will stop.

I feel very bad because my husband and I finally found happiness and now a law is going to separate us. The only thing that I ask God is that when we go to Federal Court the judge turns out to be a just person. If I had the opportunity, I would tell the judge not to act as a judge, but rather as a normal human being with feelings. I would say to him, "I am not a criminal. I didn't murder anyone—why are you judging me this way? Think more about the welfare and rights of the children. Have compassion—we all have children. Don't pay so much attention to what I did by violating this law to re-enter the United States—millions and millions of people do it, almost every Mexican who is here has done it." I am a proud person and it's very hard for me to

apoyo." Él le dice a Richie—el hijo que nunca ha tenido—que a él le gustaría que fuera un ingeniero.

Desde que llegó la noticia de mi deportación, siempre estoy soñando cosas, viéndome sin zapatos, viéndome desesperada. Me siento como que estoy volando, como que no puedo respirar. Esta tempestad la siento como si fuera un tornado, que no vemos cuando se va a parar.

Me siento muy mal porque al fin mi esposo y yo encontramos la felicidad, y una ley nos va a separar. Lo único que yo le pido a Dios es que cuando vamos a la Corte Federal, el juez sea una persona justa. Si yo tuviera la oportunidad, le diría al juez que no se pusiera como un juez, sino como un ser normal con sentimientos. Yo le diría, "Yo no soy una delincuente, yo no maté—¿por qué me estás juzgando así? Piensa más en el bienestar y derechos de los niños. Tenga compasión—todos tenemos hijos. No tome tanta atención en lo que yo hice, por haber violado esta ley y re-entrado—lo hacen millones y millones—casi cada mexicano que está aquí lo ha hecho." Yo soy orgullosa, y para mí es bien difícil el pedir perdón—es como estar doblegándome y humillándome; pero sí, por mis hijos, lo hago. Yo le diría al juez, "Yo quizás no lo demuestro, pero mi corazón está partido. Yo ya no lloro—por muchísimo tiempo lloré, y no quiero llorar más. Lo único que le pido es que no destruya mi familia."

[Margarita Rojas había decidido volar a México con sus hijos el 25 de enero—el día antes de su fecha de aparecer ante las autoridades de Inmigración, y enfrentar deportación. Pero, al último minuto, ella decidió quedarse en los Estados Unidos y apelar su orden de deportación una vez más, para que su hija, Adriana, pudiera recibir la atención médica que necesitaba. El 26 de enero ella les dijo adiós a sus hijos y apareció ante el Servicio de Inmigración, preparada para enfrentar detención en una cárcel, en espera de la apelación de su orden de deportación. Su deportación fue pospuesta, y a ella le dejaron regresar a casa para cuidar a sus hijos. Cada mes tuvo que regresar a la Inmigración, y el 8 de junio, 2004, al fin le dieron un permiso para trabajar por un año.]

MI MADRE Y YO

De mi madre aprendí tantos valores. Ella es una buena luchadora que

ask for forgiveness—it's like I am stooping down and humiliating myself, but I will do it for my children. I would tell the judge, "Maybe I don't show it, but my heart is broken. Now, I no longer cry—for a very long time I did cry, but I don't want to cry anymore. The only thing I ask of you is that you do not destroy my family."

[Margarita Rojas decided to fly to Mexico with her children on January 25—the day before she was to appear before INS and face deportation. However, at the last minute she chose to stay in the United States and appeal her deportation order one last time so that her daughter, Adriana, could receive the medical treatment she needed. On January 26 she said goodbye to her children and appeared before the Immigration Service, prepared to face detention in jail pending an appeal of her deportation order. Her deportation was postponed and she was allowed to return home to care for her children. Each month she had to return to the Immigration Services and finally on June 8, 2004, they gave her a permit to work for one year.]

My Mother and I

I learned many values from my mother. She is a tireless fighter—she has the inner reserves to go on and on. For me, she is the person who I really admire the most. My mother always instilled in us that we should be organized and clean. She always told us that we should be very loving because that was beautiful—to offer friendship. She has always been very close to God. She is in a prayer group with people, to pray for the sick. She always says that she is praying for us, she's asking for blessings for her children.

Audelia Cupa, la madre de Margarita Rojas
Audelia Cupa, Margarita Rojas' mother

no se cansa, tiene fuerzas para seguir y seguir. Ella es para mí la persona que más, más admiro. Mi madre siempre nos inculcaba que fuéramos ordenados, limpios. Ella siempre decía que nosotros deberíamos de ser muy amables porque eso era bonito—brindar la amistad. Ella siempre ha estado muy cerca de Dios. Ella está en un grupo de oración con personas, para orar por los enfermos. Ella siempre dice que está orando por nosotros, está pidiendo por sus hijos. Ella es bien devota de los santos, y de la oración y de los milagros.

Esa es otra de las cosas que mi madre me enseñó: "Es difícil, y nada puedes remediar con llorar o desesperarte—sólo entrégalo todo a Dios." Es muy difícil estar separada de mi madre, más cuando llegan momentos deses-perantes. Si yo tuviera a mi madre no me sentiría sola, ella me consolaría y me sentiría apoyada por ella. Es lo que yo más quisiera—tener a mis padres aquí.

Mi platillo favorito, que mi madre me enseñó a cocinar, es el mole. Yo lo sé preparar como mi madre, y ahora mis hijos saben—siempre en mi casa somos bien moleros. Mi mole no pica, porque es un mole dulce—es rico, el mole de chocolate que hacemos. Yo pienso de que mi mamá siempre nos estu-

"MI PLATILLO FAVORITO, QUE MI MADRE ME ENSEÑÓ A COCINAR, ES EL MOLE."

vo pidiendo, "Ayúdenme, ayúdenme en la cocina." Yo recuerdo que a los 14, 15 años yo ya sabía cocinar, yo sabía hacer una sopa, podía empezar a cocinar algunas cosas que mi mamá me pedía. A mí sí me encanta la cocina mucho.

Me gusta hacer tortillas de maíz y de harina, gracias a mi madre tam-bién. Mi madre hacía tortillas para vender—esa era una de las maneras de ayudar a mi padre para sacar dinero. Ella todos los días hacía tortillas; nosotros la ayudábamos a voltear las tortillas, a cocerlas, a contarlas. Mi mamá se levantaba como a las 5 de la mañana, para irse al molino, para hacer la masa y llegar pronto a la casa, preparar el comal y empezar a hacer tortillas. Desde que yo estaba muy pequeña yo llegué con ella al molino, y ella me enseñó cómo sacar la masa del molino. Luego las contaba por docenas y se las repartíamos a 20 personas, diario.

Tuve una fiesta de 15 años—muy humilde, pero muy bonita. Yo no llevé vestido largo, fue sencillo. Lo importante para mi madre era tener la Misa de Acción de Gracias—para dar gracias a Dios, presentarme en la iglesia. Entonces fuimos a la casa, donde pusieron la música, tuve un pastel y la

She is very devoted to the saints and to prayer and to miracles.

That is another of the things that my mother taught me: it's difficult, but you can't remedy anything by crying or losing hope—just hand everything over to God. It's very difficult to be separated from my mother, more so during times of despair. If I had had my mother here, I wouldn't feel alone—she would console me and I would feel supported by her. That's what I would most like—to have my parents here.

My favorite dish that my mother taught me to cook is *mole*. I know how to prepare it like my mother does and now my children know how—in my house we've always been good *mole* makers. My *mole* doesn't burn the tongue because it's sweet—it's delicious, the chocolate *mole* that we make. I think about how my mother was always asking us, "Help me, help me in the kitchen." I remember that at 14 or 15 years old I already knew how to cook—I knew how to make soup and I could start cooking some things that my Mom asked me to. Yes, I do love the kitchen a lot.

I like to make corn and flour tortillas, also thanks to my mother. She made tortillas to sell—that was one of the ways she helped my father make money. Every day she made tortillas and we helped her to cook them and count them. My Mom got up around 5:00 in the morning to go to the mill, to make the dough and return home quickly to prepare the *comal* [tortilla cookware] and start to make tortillas. I came with her to the mill from the time I was a very small child and she showed me how to take the dough out of the grinder. Later, I counted out the tortillas in packages of a dozen and we distributed then to about 20 people each day.

"MY FAVORITE DISH THAT MY MOTHER TAUGHT ME TO COOK IS *MOLE*."

I had a party to celebrate turning 15—it was simple, but very nice. I didn't wear a long dress. What was important for my mother was to have the thanksgiving mass—to give thanks to God and introduce me to the Church. Then we went to the house, where they put on music and I had a cake and dinner—my mother made me *mole*. Yes, *mole* was always very traditional for us at parties. My Mom had to make the *mole* two days before the party in order to season the chiles and grind the spices—because everything is homemade. You have to shell the peanuts, pick out the seeds, peel the garlic, peel the almonds—everything. It's not like here where we just buy garlic powder and

cena—fue mole lo que mi madre dió. Sí, siempre era el mole muy tradicional para nosotros, para las fiestas. Mi mamá tenía que hacer el mole dos días antes de la fiesta, para estar sazonando los chiles, estar moliendo las especies—porque todo es natural. Hay que estar pelando cacahuates, las semillas, los ajos, las almendras, todo. No es como aquí que ya compramos polvo de ajo, y ya. Y mi madre hizo tortilla quemada, el bolillo, también. Y yo lo hago igualito, igualito.

Mole de chocolate
Ingredientes:
Porción para 10 Personas
1) 5 Chiles pasillas anchos
2) 5 Chiles pasillas negras
3) 3 Chiles mulato
4) 10 Pimientos negras Chicas
5) 10 Pimientas negras Grandes
6) 3 Clavos de Olor
7) 2 ajos medianos
8) Un troso de jengibre
9) la mitad de un bolillo
10) Una tortilla
11) Un troso pequeño de canela
12) un tomatito verde pequeño
13) un trosito de cebolla
14) un Paquetito de agrijoli
15) Chocolate algusto
16) Sal
17) Un Pollo Grande

Receta de la Madre de Margarita Rojas para Mole de Chocolate

Para servir a 10 personas

Preparación

Todos los chiles mensionados se desvenan, y todos los ingredientes se preparan de manera que ya se vaya a usar. El pollo se cuece normal, con su ajo, cebolla y sal. Ya que se haya cocinado el pollo, se toma el caldo de pollo en un molde. Se empiezan a dorar los chiles en aceite caliente, a fuego lento, con mucho cuidado de que no se quemen, y se van agregando en el caldo de pollo de manera que se vayan remojando. En el caldo se ponen a hervir por unos minutos para poder molerlos en la licuadora con el mismo caldo de pollo. Se doran todos los otros ingredientes también en aceite, y se remojan en agua o caldo—todo esto es para que se muelan más mejor en la licuadora. Se calienta aceite en un sartén, se agregan los chiles licuados, se le va agregando poco a poco los ingredientes ya bien molidos, y agrega más caldo o agua según la espesura deseada. Y sal al gusto. Ya has molido todo menos el chocolate—éste es el toque final. Agrega por lo menos 2 tablillas de chocolate y deja que esté deshaciéndose y agarrando su punto de sabor rico.

Sírvelo encima del pollo y acompáñalo con arroz rojo tradicional.

that's it. And my mother made "burnt tortilla" [*tortilla quemada*] and hard rolls [*bolillo*], as well. And now I make it exactly the same, exactly the same.

Recipe for Chocolate *Mole* from Margarita Rojas' Mother

Serves 10
Ingredients:

5 chiles *pasillas anchos*	one tortilla
5 chiles *pasillas negras*	a little bit of cinnamon
3 brown chiles	one small green *tomatillo*
10 small black peppercorns	a little bit of onion
10 large black peppercorns	a regular packet of *Ajonjoli* [sesame seeds]
3 cloves	
2 medium garlic cloves	chocolate to taste
a bit of ginger	salt to taste
half loaf of hard bread [*bolillo*]	one large chicken

Preparation

Remove the seeds from the chiles and prepare the other ingredients. The chicken is cooked in the regular way, with the garlic, onion, and salt. After cooking the chicken, pour the chicken broth into a bowl. Begin browning the chiles in hot oil, on a low fire, being very careful that they don't burn, and then add them to the chicken broth to simmer. Boil them for a few minutes and then puree with the broth in the blender. Brown all the other ingredients as well in oil, and simmer them in water or broth before pureeing in the blender with the broth. Heat the oil in a pan, add the pureed chile mixture and then add the other ingredients little by little, adding more broth or water until you reach the desired thickness. Salt to taste. Now you have cooked down everything minus the chocolate—this is the final touch. Add at least two blocks of chocolate and let it melt to achieve its delicious flavor.

Serve the *mole* over the chicken, along with traditional red rice.

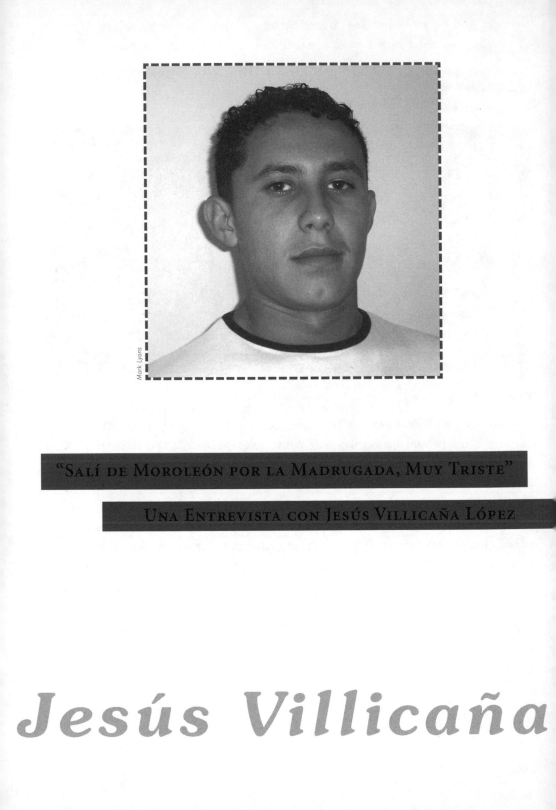

Mark Lyons

"Salí de Moroleón por la Madrugada, Muy Triste"

Una Entrevista con Jesús Villicaña López

Jesús Villicaña

Jesús Villicaña López es de La Ordeña, un
rancho cerca de Moroleón, en el estado
de Guanajuato. Vino a Kennett Square en
agosto del 2002, cuando tenía 16 años—
6 meses antes de hacer esta entrevista.

"I Left Moroleón at Daybreak, with Great Sadness"

An Interview with Jesús Villicaña López

Jesús Villicaña López is from La Ordeña, a
village near Moroleón, in the state of
Guanajuato. He came to Kennett Square in
August 2002, when he was 16 years old—6
months before doing this interview.

López

La decisión de venir aquí me cayó por sorpresa. La verdad es que nunca pensaba en venir para acá. Como yo fui creciendo y entonces miré y me hice la idea que tenía que encontrar la manera de superarme para algún día yo llegar a formalizar mi familia. Y entonces un tío mío y un primo mío me ayudaron a decidir si quería yo venir para acá ¿no? Aquí en Estados Unidos, aquí estaban.

Mi mamá no estaba de acuerdo en que yo llegara aqu, pues yo era muy pequeño todavía. Y yo vine para acá contra su voluntad como quien dice, porque a ella no le agradaba la idea de que me alejara de ellos. Me decía que pensara muy bien en las cosas—si me sentía capaz de alejarme de ellos y venir acá a enfrentarme a nuevos retos, nuevas cosas de la vida y a vivir una vida que yo ni siquiera me imaginaba. Lejos de mi familia, de mi hogar, de mi país, sin conocer a nadie, sin saber a donde iba a llegar o a quien iba a visitar. En fin, yo lo decidí por mí mismo, por querer buscar una nueva forma de vida o un futuro para mí mismo. Por querer realizar mi vida dependiente de mí mismo y ayudar a mi familia—a mi mamá y a mis hermanos. Tengo cuatro hermanos, todos son menores que yo. Tengo una hermana que tiene ocho años y un hermano que sigue enseguida de mí de catorce años y el menor de doce años. Por ser el hijo mayor tengo la mayor responsabilidad de estar junto de ellos, de protegerlos a ellos y a mi mamá. Tengo la obligación de darles lo mejor, de tratar de abrirles más las posibilidades de que se superen, a vivir la vida.

Desgraciadamente mi papá está enfermo. Perdió la memoria—no recuerda nada. Está como traumado o algo así. Tiene como unos cuarenta y algo, y ha perdido la razón. La enfermedad que a él le tocó le fue matando poco a poco sus habilidades—la mente y el cuerpo. Aunque mi padre no tiene su memoria, yo pienso que sí, él sabe que estoy aquí. Yo no sé si lo puedo expresar, pero yo sé que él ha de sentir algunos sentimientos muy grandes para mí. O sea, que sí siento lo que él siente, pero no sé cómo describírselo yo a usted.

Mi madre trabaja en la ciudad de Moroleón en el estado de Guanajuato, en una tortillería—hace tortillas, tortas y cocina. Gana 100 pesos

My decision to come here caught me by surprise. The truth is that I hadn't really thought about coming here. But as I grew up I looked around and the idea came to me that I had to find a way to better myself so that someday I could start my family. And then an uncle of mine and a cousin helped me decide if I wanted to come here, no? They were already here in the United States.

My mom was against my coming because I was still very young. I came here against her will, so to speak, because she didn't like the idea that I would be so far away from them. She told me to think very carefully about things: if I felt able to move away from them and come here to confront new challenges, new things in life, then I would be living a life I wouldn't even be able to imagine. I would be far from my family, from my home, from my country, without knowing anybody or knowing where I would end up or who would come to visit me. In the end, I made the decision on my own because I wanted to find a new way of life or a future for myself. I wanted to be self-reliant and also to help my family—my mom and my siblings. I have four siblings, all younger than I: my sister is 8 years old and I have one brother who is 14 and another who is 12. Because I am the oldest, I have a great responsibility to be with them, to protect them and my mom. It's my duty to give them the best, to create opportunities for them so that they can get ahead. I am responsible for showing them how to live life.

Unfortunately, my father is sick. He lost his memory—he doesn't remember anything. He's like, traumatized, or something. He's around 40 and is gradually losing his intellect. His illness is sapping his abilities little by little—his mind and his body. Even though my father has no memory, I think that he knows that I am here. I don't know if I can express it very well, but I think he must have some strong feelings for me. In other words, it's like I can feel what he feels, but I don't know how to describe it.

My mother works in the city of Moroleón in a tortilla shop—she makes sandwiches and cooks. She is paid 100 pesos a day, about $10. Almost all of what my mom made went toward buying things for us and she also paid for our studies. If she made around 500 pesos [$50] a week, about 200 of that

al día, o sea $10. Casi de lo que ganaba ella hacía la compra para nosotros y pagaba nuestros estudios. Si ella ganaba a la semana unos 500 pesos [$50] de esos le iban a quedar unos 200 pesos libres para darnos para gastar fuera de la escuela o para salir a alguna fiesta o algo así ¿verdad? Yo la admiro mucho porque a pesar de que es mujer pudo sacarnos a nosotros adelante sin depender de nadie, más que de su propio esfuerzo, de su voluntad y de su trabajo. Porque somos muy pobres allá en México

En México, vivíamos en una casita de piedras pegadas con tierra y con un piso de tierra, con solo un cuarto para toda la familia. Nuestro sustento y alimentación era el cultivo de maíz y de fríjol—el cual se alimentaban la may-

"EN MÉXICO, VIVÍAMOS EN UNA CASITA DE PIEDRAS PEGADAS CON TIERRA Y CON UN PISO DE TIERRA, CON SOLO UN CUARTO PARA TODA LA FAMILIA."

oría de los habitantes de mi región. La mayoría de las veces mis abuelos hicieron la siembra y la cosecha, porque mi madre insistía en que yo debería de ir a la escuela. Ella quería pues que yo me superara en la vida junto con mis hermanos, y insistía en que la escuela sería la forma para hacerlo. Pero les ayudaba a mis abuelos cuando no iba a la escuela y los sábados y domingos. Trataba de darme el mejor esfuerzo en la siembra, de echarle muchas ganas a mi trabajo. Yo sé que la escuela sí es de mucha utilidad, pero como yo no contaba con los suficientes recursos para seguir estudiando, ni mi madre ni mis abuelos. Pues, tuve que venirme para acá y decidí dejar la escuela. Yo en mis pensamientos creo que a través de mi trabajo que estoy realizando aquí en los Estados Unidos puedo sacar a mis hermanos adelante, brindándoles un mejor estudio, una carrera para que no tengan que hacer el mismo sacrifico que yo estoy haciendo aquí por ellos. Yo les mando a mi familia cuatro o cinco veces de lo que ganan en México al mes. Ya pasan tres o cuatro semanas ya junto 1,000 dólares y los mando para México.

Mi viaje a El Norte fue—¿cómo le diría?—no fue un viaje muy alegre, pero yo tuve que vivir distintas consecuencias al seguir adelante. Tuve que enfrentar diversos problemas, cruzar la frontera, dormir bajo la luna, bajo la noche pues, en la oscuridad en el bosque. Con el miedo de que fuera a salir algún animal extraño, llegara a matarnos. Porque sí había todo tipo de animales allá en el bosque—serpientes, algún oso, algo así.

she gave to us to spend outside of school or to go out to a party or something like that, right? I admire my mother very much because in spite of being a woman, she held the family together without depending on anyone, with nothing more than her own strength, her will, and her work. Because we are very poor there in Mexico.

"In Mexico, we lived in a stone house patched with clay that had a dirt floor, with only one room for the entire family."

In Mexico, we lived in a stone house patched with clay that had a dirt floor—it was tiny, with only one room for the entire family. We made our living growing corn and beans to eat—this is a staple food of the region. Most of the time my grandparents grew the food since my mother insisted that I go to school. She wanted me and my brothers to improve our lives and she believed very strongly that school was the best route to do that. But I helped my grandparents when I wasn't in school and on the weekends. I tried very hard to do my best, to put a lot of passion into my work. I know that school is very useful, but I didn't have the resources to continue my studies and neither did my mom or my grandparents. So I decided to leave school and come up here. I believe that by doing this work here in the US, I can help my brothers and sister get ahead in life and provide them with a better education, a career, so that they won't have to make the same sacrifice that I made when I came here for them. I send my family four or five times as much as they used to earn each month. Every three or four weeks I send around $1000 to Mexico.

My trip North was very—how can I explain it?—it wasn't a very happy trip, but it was something I had to endure in order to go on. I had to face dangerous situations, like crossing the border, sleeping under the moon at night, and then in darkness in the forest. I was afraid that if I were to go out, some strange animal might come to kill us. There were all sorts of dangerous animals in the forest—snakes, bears, things like that.

I left Moroleón for the North at daybreak, with great sadness. I was with a group—my uncle and some friends of his, all older. I was the only young person in the group. The night before I left I tried and tried to get to sleep so that I could leave easily in the morning, but I couldn't sleep the

Salí de Moroleón por la madrugada, muy triste. Estuve con un grupo—
mi tío y alguno de sus amigos, todos mayores. Íbamos mirando siempre hacia
adelante con el fin de encontrar una nueva forma de vida y enfrentando distintos problemas. Pero, pues, a la vez, era una aventura riesgosa y muy peligrosa. Yo tuve amigos que se vinieron para acá primero que yo, y ellos me
decían que iba a vivir una aventura de mi vida. Me contaron cómo sería mi
viaje—cómo de cruzar un río, escaparse a distintos animales, escalar alguna
montaña, y caminar sobre distintas plantas espinosas. Dijeron que en el
desierto pasaríamos tiempo con una falta de alimentos o agua por unos seis,
siete u ocho días. Llevábamos más agua que alimento porque bien dicen que el
agua es la vida.

Pasamos la frontera con un *coyote*, lo conseguimos por mi tío. El *coyote*, la verdad, no era malo—era bondadoso. Nos apoyó y todo, se metió con
nosotros hasta la frontera. Mi viaje salió como en 1500 pesos Mexicanos—
$150—y luego, cuando llegué ya acá a la frontera, les pedí a mis familiares que
tenía yo aquí en los Estados Unidos otros $1,500 para trasbordar de la fron-
tera hasta acá en Pensilvania. Sí, es mucho dinero, pero como le dije, yo aquí
tengo amigos y familiares—tíos, tías, primos. Yo terminé de pagar el dinero en
cinco meses.

Salvador Villicaña

La Ordeña

whole night. I stayed up all night with my mom and then it was time for me to prepare to leave. My uncle came to the house and said that they had come for us. I left with my suitcase and then, with the blessing of my mother, I climbed into the car and we left. Crying, with great sadness, we left our families and the village where we lived behind.

We left focused on our future, with the intention of finding a new way of life and confronting new problems. But, then, at the same time, it was a risky and very dangerous adventure. Friends had preceded me to the North and they told me that I was going to experience the adventure of a lifetime. They talked about what was in store for me—crossing rivers, escaping from different animals, climbing mountains, and making my way through the cacti. They said that in the desert there would be times when we wouldn't have enough food or water for maybe six, seven or eight days. In fact, the main thing we carried with us was water because it is true what they say—that water is life.

We crossed the border with a *coyote* that my uncle had found. This *coyote* wasn't bad—in fact, he was kind. He helped us and went through everything with us, until we reached the border. My trip cost 1,500 Mexican pesos—$150—and later, when I had already arrived here at the border, I asked my relatives here in the United States for another $1,500 to come from the border up here to Pennsylvania. Yes, it's a lot of money, but as I told you, I have friends here—uncles, aunts, cousins. In five months I finished paying back the money that was raised for me.

I left my town on August 6th and I arrived here on North American soil on August 13th. There were around 17 of us; about six were from my group, from La Ordeña. When we arrived at the border we came through a wooded mountain range in Arizona. It was cool, with many tall trees that blocked the sun. I entered the forest and started to walk for a long time. We walked all afternoon and all night and suddenly it started to rain and we continued walking in the rain. At night we rested and slept for maybe three hours—say, from midnight to 3:00 a.m. We walked the whole day and we rested for a short while to eat. We also slept sometimes during the day. Then I arrived at a town called Phoenix. Some of the others got separated from us—we went through the mountains and they went through the desert—but we all arrived at a designated time at the same hotel in Phoenix. When I got to the hotel, I found all the different groups gathered together in small rooms. And

Yo salí de mi pueblo el día 6 de agosto y llegué aquí a tierra norte-americana el día 13 de agosto. Éramos 17 más o menos, de mi grupo de La Ordeña éramos 6. Al llegar a la frontera íbamos a entrar a una sierra boscosa en Arizona. Era fresco y habían muchos árboles altos que tapaban el sol. Yo entraba el bosque y empezaba a caminar por mucho tiempo. Empezamos a caminar por toda la tarde y toda la noche, y de repente empezó a llover y seguimos caminando entre la lluvia. Por la noche descansamos y dormimos unas tres horas—por decir de las doce hasta las tres de la mañana. Empezamos a caminar todo el día y descansábamos por ratos durante el día para comer. Entonces llegué a un pueblo que se llama Phoenix. Un grupo de nosotros pasamos por una sierra boscosa y otros se pasaron por un desierto y así nos separaron—pero nos juntamos en un tiempo designado y llegamos juntos al mismo hotel en Phoenix. Después de que llegué al hotel, ya allí estaban reunidos todos los diferentes grupos en pequeños cuartos. Y nos tenían encerrados y no dormimos. Y ya al amanecer nos dieron de comer.

Sí, tuve hambre, nosotros llevamos comida, pero no era bastante. Nos aguantamos, gracias a Dios. Y llevábamos agua, lo que más nos importaba—más importante que la comida. A nosotros nos tocó la suerte de ir por la sierra, pues había arroyos de agua limpia y allí llenábamos los galones.

Cuando iba por el bosque, me tocó ver dos osos—eran pequeños, pero tuve miedo de que estuviera por allí su mamá. Llegué a ver una culebra—iba cruzando el sendero y me asusté, y corrí de allí. También habían cuevas en medio del bosque. Los federales tenían pintada en tablas de madera una calavera que prohibieron que entren las cuevas porque habían cosas venenosas adentro. Pues, no mirábamos y seguimos adelante.

Cuando íbamos por la frontera la llegué a ver La Migra, pero ellos a nosotros no vieron. Por la noche yo la ví de lejos en la carretera. Cuando pasamos la carretera La Migra iba pasando pero no nos vió. Pero no los ví de frente. Pues, no me tocó que me agarraran a mi.

Yo no tenía muchos problemas cuando crucé, porque estaba acostumbrado a caminar y a correr—yo practiqué algunos deportes. Pero a las demás personas era difícil—iban cansados, iban exhaustos. No podían algunos caminar ni escalar la montaña, pero yo sí siempre iba adelante. A veces me tocó a ayudarle a mi tío con lo que él llevaba; yo le ayudé porque no estaba acostumbrado a caminar tanto. Él me decía que parecía que ya había venido porque no tuve ningún problema. Me aconsejaban a mí antes de salir que tenía que ver

they had locked us in and we didn't sleep. Finally, at daybreak they fed us.

It's true that I was hungry during the trip; we had some food, but it wasn't enough. We survived, thank God. The main thing was that we carried water—it was more important than food. We were lucky to go through the mountains because there were fresh-water streams where we could fill our gallon jugs.

When I was in the forest, I happened to see two bears—they were small, but I was scared that the mother was around. I saw a snake—it crossed my path and I got scared and ran away. Also, there were caves in the middle of the forest. The government had put up boards, like wooden signs with a skull and crossbones, that prohibited entrance to the caves because there might be toxic materials inside. We continued on and we didn't even look at the caves.

When we were crossing the border, I saw the border patrol, but they didn't see us. I could see them at night from far away on the highway. When we crossed the highway, they were passing by, but they didn't see us. I didn't see them face to face. It wasn't my turn for them to catch me.

I didn't have too many problems during the crossing because I was accustomed to walking and running—I played sports. Some of the others had a hard time— they were tired and exhausted. Some weren't able to walk or climb the mountains, but I

Mark Lyons

Jesús delante del mural de una casa de hongos, pintado por César Viveros-Herrera
Jesús in front of César Viveros-Herrera's painting of a mushroom barn

yo cual era lo bueno y cual era lo malo, y pues aprendí por mí mismo a distinguir lo bueno y lo malo, y gracias a eso fui superando y ayudando a las demás personas.

El viaje duraba seis días—tres días caminando en las montañas y tres días en Phoenix en el hotel, esperando para que mis primos me mandaran los $1,500 para yo poder salir de Phoenix para llegar aquí a Filadelfia. Con ese dinero pagamos al *coyote* por traernos a los Estados Unidos, y él nos compró el boleto de avión para venir de Phoenix para Baltimore. Después de llegar a Baltimore, seguimos en un taxi hasta Kennett Square.

"DE NOCHE A MÍ SE ME HACÍA UNA PROFUNDA SOLEDAD DE ESTAR EN UN LUGAR TAN GRANDE Y SIN CONOCER A NADIE."

Yo soy uno de los jóvenes en el campamento, pero hay otros más jóvenes que yo—unos son amigos y uno es primo mío, de 14 años. Cuando al principo venía aquí, pues la verdad es que yo me sentía con un miedo enorme dentro de mí, puesto que yo no sabía dónde estaba ni conocía a ninguna otra persona, sólo a mi tío que me estaba acompañando. De noche a mí se me hacía una profunda soledad de estar en un lugar tan grande y sin conocer a nadie. Cuando llegamos, mi tío estuvo viviendo conmigo en el mismo campamento, pero después de un tiempo él se separó de mí y se fue a trabajar a otro lugar. En unos cuantos meses llegó otro tío mío, y ése ahora sí está allí conmigo. Él me está aconsejando y me dice qué debo hacer para estar bien con los otros, y ser amigables todos. Mi tío es la luz que me guía para yo seguir adelante.

Pues la verdad, yo me sorprendí mucho las condiciones dentro del campamento. Cuando salí desde México yo pensé que iba a llegar a un lugar donde íbamos a estar, pues, libres, con un espacio grande para vivir. Pero al llegar aquí me dí cuenta de que no era así—era un lugar pequeño donde estábamos agrupados muchos. A veces cuesta trabajo entendernos unos a los otros, puesto que somos muchos—somos 16 personas hasta ahorita, pero en el verano serán 20. El campamento es un largo cuarto, un espacio abierto, sin dormitorios separados. Cada quien tiene su propio lugar en donde descansar, pero no hay ningún sitio privado. Pero todos los que están allí respetamos las cosas de los demás. Al estar viviendo muchas personas juntos, sí a veces se llega a haber muchos conflictos, pero nosotros sabemos que debemos de

"At night I felt this profound loneliness because I was in such a big place without knowing anybody."

kept moving forward. I tried to help my uncle at times: I carried some of his gear because he wasn't accustomed to walking so much. He even told me that it seemed like I had come before because I didn't have any problems. I was advised before the trip that I would have to learn to separate the good from the bad and I was able to discern the difference for myself, so—thanks to that—I was overcoming difficulties and helping the rest of the people on the trip.

The whole trip took six days—three days walking in the mountains and three days there in Phoenix at the hotel waiting for my cousins to send me $1,500 so I could leave Phoenix and come here to Philadelphia. With this money the *coyote* got his pay for bringing us to the United States and he bought us a plane ticket to come from Phoenix to Baltimore. After arriving in Baltimore, we took a taxi to Kennett Square.

I am one of the younger people in the camp, but there are others younger than I—some are friends and one is my cousin, who is 14. When I first came here the truth is that I felt an enormous fear inside of me, since I didn't know where I was and I knew no one except my uncle, who came with me. At night I felt this profound loneliness because I was in such a big place without knowing anybody. At first my uncle lived with me in the same camp, but after awhile he left and went to work in another place. In a few months, another uncle came and is here with me. He gives me advice about how to get along with the others here, so that everyone can be friendly. My uncle is my guiding light.

Actually, I was very surprised at the conditions here in the camp. When I left Mexico, I thought that I was coming to a place where we were going to be, well, free, with a big living space. But when I got here, I realized that it wasn't that way—it was a small place where many of us were cramped together. At times we really have to make an effort to get along, since there are so many of us—we are 16 now, and in the summer there will be 20. The camp is one long room, an open dormitory, without separate bedrooms. Each of us has our own space where we sleep, but there is no real private space. We make sure to respect each other's things, though. With so many people living together, there are bound to be conflicts sometimes, but we know that

evitar éso. Si alguien nos trata de agredir, se tiene que aguantar.

En la cocina hay dos grupos que cocinan—ocho personas en cada grupo. Cuando yo llegué, no sabía cocinar, pero al paso del tiempo me iba acercando a la cocina, iba viendo como se hacía la comida, y fui agarrándole la enseñanza de la cocina. Ya sé cocinar. La mayoría de las veces cocinamos pura comida mexicana, como frijoles, sopa y carne asada o a la parrilla. Cada persona del grupo tiene que saber cocinar, y aparte tiene que lavar su propia ropa y mantener su espacio que le corresponde limpio. Aunque el patrón tiene a dos personas por contrato limpiando el campamento, pues la verdad es que las condiciones no están muy apropiado—necesita una regeneración porque ya está muy desgastado. Hace un rato el estado hizo una inspección del campamento, y le exigieron al patrón que regenere el campamento—o sea,

Rini Templeton

Cruzando la frontera
Crossing over

ponerle un nuevo techo y pintarlo. Dijeron que si no lo regenera, tendríamos que dejar esa vivienda.

Yo constantemente me levanto por la madrugada, a las dos de la mañana. Antes de ir al trabajo desayuno un poquito. Si yo quiero, puedo descansar un día o dos días a la semana, pero ahora que no estoy cansado, pues es cuando debo de echarle más ganas al trabajo. Trabajo siete días a la semana. Cuando hay mucho trabajo yo termino a las tres de la tarde—algunos días trabajo 12 o 13 horas. Pero cuando hay poco trabajo, a las ocho de la mañana ya estoy afuera. Hoy, trabajaba hasta las cuatro de la tarde—13 horas. Nada más lo que afecta a uno son las desveladas, por levantarse temprano. Es lo único malo que tiene el pizcar de hongo—que uno madruga mucho y está siempre casi desvelado.

Me pagan por caja, yo ando por contrato—si quiero obtener más dinero, yo tengo que esforzarme más por tratar de pizcar más hongo. Le piden a uno que pizque de promedio de seis cajas cada hora—le pagan $1.00 por caja. Cada caja contiene diez libras de hongos. Hay veces que lleno ocho o diez cajas cada hora—o sea, pizco 80-100 libras de hongos cada hora. Hay

we have to try to avoid them. If someone tries to attack you, you just have to put up with it.

In the kitchen, there are two groups that cook—eight people in each group. When I first came, I didn't know how to cook, but as time passed I ventured into the kitchen, watching how they made the food, and I latched onto what they could teach me about cooking. Now I know how to cook. Most of the time we cook basic Mexican food, like beans, soup, and roasted or grilled meat. Each person from the group has to know how to cook and to wash his own clothes and keep his personal space clean. Even though the boss hires two people to clean the camp, the truth is that the conditions aren't very suitable—the place needs to be fixed up because it's pretty rundown. Awhile back, the State inspected the camp and they told our boss that he had to fix it up—like put a new roof on and paint it. They said if the repairs weren't done we would have to vacate.

I get up faithfully at daybreak, at 2:00 in the morning. Before I leave for work I eat a little. If I want to, I can rest one or two days a week, but since I'm not that tired, I figure I should put more energy into work. I work seven days a week, 12 or 13 hours a day. Some days, when there isn't much work, I might be done by 8:00 in the morning. Today, I worked until 4:00 in the afternoon—13 hours. The only thing that affects you is lack of sleep because you have to wake up so early. That's the one bad thing about harvesting mushrooms—you wake at dawn and are nearly always sleep deprived.

It's piecework—they pay me by the box—so if I want to make more money, I have to force myself to try to harvest more mushrooms. They ask you to pick an average of six boxes an hour—they pay $1.00 a box. Each box holds ten pounds of mushrooms. There are times when I fill eight or ten boxes an hour—so I pick 80 to 100 pounds of mushrooms each hour. There are weeks when there is a lot of work, which means you get a bigger check. And when there are very few mushrooms you leave early and don't earn much. When there's no work, you make $100 or $200 a week, but when there's work, most workers get $500. Me, I've gotten four-hundred-dollar checks. After working awhile, it's not that hard anymore—you get used to picking mushrooms.

When I first started to work in the mushroom plant, it was very difficult for me to learn to pick mushrooms. You have to harvest the mushroom by cutting it with a knife and it was hard for me to get a good grip on the

semanas que hay mucho trabajo, pues uno recibe un cheque más grande. Y cuando hay muy poco hongo uno sale temprano y no gana mucho. Cuando no hay trabajo, se gana unos $100 o $200 por semana, pero cuando hay trabajo la mayoría alcanza a agarrar $500. Yo he llegado a agarrar cheques de $400. Después de trabajar un rato no es tan duro—uno se acostumbra a pizcar los hongos.

Cuando yo empecé a trabajar en la planta de hongo era muy difícil para mí aprender a pizcar el hongo. Uno pizca el hongo cortándolo con un cuchillo y yo no podía agarrar el cuchillo bien, así se me caían los hongos al darle el cuchillazo. Algunas veces me corté y todavía me sigo cortando, pero ya no tan seguido. Las heridas no son tan profundas—nada más son roces y seguimos trabajando. Ahora cuando me corto ya no me preocupo, como que los dedos ya se acostumbraron.

Las condiciones de salud del trabajador están muy descuidadas por el patrón. En la compañía, por ejemplo, no está ni un botiquín de medicamentos. Si por desgracia alguno de nosotros se llegara a caer o cortar algo, tendríamos que recurrir nosotros mismos al hospital o tendríamos que exigirle al patrón que nos ayudara. Al principio, cuando yo trabajaba en la cama alta de hongos, me daba miedo caminar porque se me hacía muy alto. Pero ahora, no. Algunas veces sí hay personas que se llegan a resbalar y se caen hasta abajo, pero muchas de las veces no les pasa nada. Una vez un primo mío se cayó y duró varias semanas sin trabajar, pero él tenía seguro de salud. Yo no tengo seguro de salud.

Sí, hay muchos químicos, y a veces causan irritación y les produce muchos granos en la piel, pero los patrones dicen que los químicos no causan problemas. Cuando yo entré a trabajar por primera vez yo recuerdo que al firmar mi contrato para yo poder trabajar, me dieron una lista de lo que debería de hacer antes de entrar a trabajar y después de salir. Como, yo tendría que bañarme y lavarme las manos antes de comer.

En mi tiempo libre, pues, salgo con los amigos a las tiendas o algo, o me estoy allí con ellos en la casa, platicando o viendo la televisión. Hay diversos tipos de cable. Me gusta ver los deportes—el sábado y domingo paso viendo los partidos de fútbol con todos allí. Mi equipo favorito es El América, de Ciudad México. Puesto que del tiempo que tengo aquí yo no salgo mucho—la mayoría de nosotros no estamos acostumbrados a salir. Estamos un poco aislados, porque no sabemos como movilizarnos en este país, a las

knife, so I kept dropping the mushrooms after I cut them. Sometimes I cut myself and even now I still do, but not so often. When we cut ourselves, the wounds aren't so deep—they are only scratches and we keep on working. Now when I cut myself I don't worry, since my fingers are used to it.

The bosses don't pay much attention to the health of the workers. At the company, for example, we don't even have a medicine cabinet. If one of us had the misfortune to take a fall or cut ourselves, we would have to resort to driving ourselves to the hospital or demanding that the boss help us. At first when I was working on the upper mushroom bed I was

Seth Lyons

Segundo piso de una casa de hongos
Second story of mushroom barn

afraid to walk because I was way up high. But I'm no longer afraid. Sometimes people do slip and fall, but usually they're OK. Once my cousin fell and ended up missing several weeks of work, but he had health insurance. I don't have insurance.

There are lots of chemicals that cause irritation or rashes, but the bosses say that there is no problem. I remember that when I first started working here, they had me sign a contract—they gave me a list of what I should do before coming to work and after leaving. Like, I should take a bath, or I should wash my hands before I eat.

In my free time, I go out with friends to the stores or something or I hang out with them in the house, chatting or watching TV. There are different cable channels. I like to watch sports—I often spend Saturday and Sunday

ciudades y otros lugares.

Yo escucho la música con unos amigos. Me gusta la música pop. Mi cantor favorito es Juanes, de Colombia. Aquí son algunos versos de su cancion, "Destino," de su CD *Fíjate Bien*.

DESTINO

Estoy buscando una forma de ver
Detrás de los espejos del alma
Más adentro donde está la luz
Que quema, pero no mata

Estoy buscando una forma de amor
Que pueda sacar los demonios del odio
Y hallar la estela de la dimensión
En donde no se mueren los cuerpos

Todo el mundo tiene una estrella
Que muestra el camino pero no los peligros
Todo el mundo va con ojos ciegos
Dejando la vida pasar

Estoy buscando una forma de paz
Que me haga salir de esta guerra de tigres
Si vuelvo al pueblo, me quedaré
Y moriré envuelto en mi escencia

Todo el mundo tiene una estrella
Que muestra el camino pero no los peligros
Todo el mundo va con ojos ciegos
Dejando la vida pasar

Y todo el mundo tiene un destino
Que aunque no creamos de seguro cumplimos
Y todo el mundo va con ojos ciegos
Dejando la vida pasar

Lo más difícil de vivir aquí es que no está cerca de la familia y de los seres queridos. Es lo que está pensando lo más uno—en su familia, en sus

watching the soccer teams with everyone. My favorite team is "America" from Mexico City. During the time that I have been here, I haven't gone out much—most of us are not accustomed to going out. We're somewhat isolated because we're not familiar with how to travel in this country, to go to the city or other places.

I listen to music with friends. I like pop music the most. My favorite singer is Juanes, from Colombia. Here are the verses of his song, "Destino," from his CD *Fíjate Bien [Check it Out]*:

DESTINY

I am looking for a way to see
Behind the mirrors of the soul
Deep inside where there is light
That burns, but doesn't kill

I am looking for a way to love
That can banish the demons of hate
And discover the wake of the dimension
Where bodies don't die

Everyone has a star
That shows the way, but not the dangers
Everyone goes around with blind eyes
Letting life pass by

I am looking for a path to peace
That takes me out of this war of tigers
If I return to my town, I will stay
And I will die cloaked in my essence

Everyone has a star
That shows the way, but not the dangers
Everyone goes around with blind eyes
Letting life pass by

And everyone has a destiny
Even if we don't create it, we surely fulfill it
And everyone goes around with blind eyes
Letting life pass by.

familiares, en sus hermanos, en las personas más queridas. Les extraño a mi familia en México, pero se me hace muy corto el tiempo acá, así no siento que estoy muy alejado de ellos. También les hablo cada semana por teléfono, y no se me hace tanta la lejanía allí con ellos. Y ellos me escriben a mí. En sus cartas mi madre me dice que me cuide, de ser ahorrativo con mi dinero y echarle ganas al trabajo y no andar en malos pasos. Me acuerda de lo que me enseñó bien—a elegir a mis amistades con cuidado.

Cuando yo he estado hablando con mi madre por medio del teléfono, ella me dice que ahorre mi dinero para que pueda superarme y que piense en hacerme un día mi casa. Quiero tener mi casa en el pueblo donde crecía, en La Ordeña. Mis sueños sería aquí tratar de ahorrar bastante dinero y llegar algún día a regresar a México y realizar mi casa. Me gustaría casarme, tener hijos y vivir felizmente, vivir la vida.

"PIENSA QUE VA A VENIR AQUÍ ENCONTRANDO LA FELICIDAD, UN MUNDO NUEVO LLENO DE MARAVILLAS—PERO NO ES ASÍ."

Me gustaría decir algo a todas las personas que piensan que estar aquí en los Estados Unidos es algo fácil. Quiero que sepan que no es así porque uno no sabe a lo que se va a enfrentar. Piensa que va a venir aquí encontrando la felicidad, un mundo nuevo lleno de maravillas—pero no es así. Va a enfrentar

Seth Lyons

Cuadro de hongos
Mushroom bed

The most difficult thing about living here is that you're not close to your family and loved ones. That's what you think about most—your family, your brothers and sisters, your relatives, the people you love the most. I miss my family in Mexico, but I've been here just a short time, so I don't feel that I'm very far away from them. Also, I talk to them every week on the telephone, which makes me feel close to them. And they write to me. In her letters, my mother tells me to take care of myself, to save my money, to put passion into my work and to avoid getting into scrapes. She reminds me of what she taught me well—to choose my friends wisely.

"YOU THINK YOU WILL COME HERE AND FIND HAPPINESS, A NEW WORLD FULL OF MARVELS—BUT IT ISN'T THAT WAY."

When I talk to my mother on the phone, she tells me to save my money so that I can get ahead and to think about making a house for myself someday. I want my house to be in the town where I grew up, in La Ordeña. My dream is to try to save a lot of money here and someday go back to Mexico and get a house. I'd like to get married, have children and live happily, to just live my life.

I would like to say something to all the people who might think that being here in the United States is easy. I want them to know it isn't that way because you don't necessarily know what you're up against. You think you will come here and find happiness, a new world full of marvels—but it isn't that way. You will face tremendous loneliness with a great many problems, large and small. And you have to be responsible for yourself instead of expecting to rely on others.

I would advise all who are thinking of coming here to think carefully about things. First, think about what you will do when you are here, who might accompany you on your trip, and if you are mentally and physically prepared, if you are strong enough to face your personal and social problems. Because if you are not prepared to face life, to face new challenges, it will weigh very heavily on you over time. Often it is misfortune that makes us unable to bear this burden and that gets us into trouble. And everything that you hoped for when you came here can turn out quite differently than you planned. You can succumb to temptation, like alcohol or drug addiction, and all the desires and dreams that you came here with can so quickly disappear into oblivion. If a person comes with desire, with interest, and if he knows why

una soledad tremenda, con una inmensidad de problemas grandes y chicos. Se tiene que hacer responsable para sí mismo sin ayuda de los demás.

Yo le aconsejaría a quien piensa en venir acá que pensara bien en las cosas. Primero, se pusiera a pensar en qué va hacer al estar acá, con quién se va a venir en ese viaje, y si está preparado físicamente y mentalmente para enfrentarse a sus problemas personales y sociales. Porque al no estar preparado para enfrentarse a la vida, enfrentarse a nuevos retos, es algo que con el tiempo se le va a hacer a uno un peso enorme. Muchas veces puede ser por la desgracia que uno no puede llevar ese peso, y llega a andar en malos pasos. Y todo lo que esperaba de venir acá va a estar en otros pasos que no deseaba. Puede recaer en diversos vicios, en el alcohol o en la drogadicción, y las ganas que les traía acá, a trabajar y superarse, se van a quedar en el olvido. Pues, si la persona viene con ganas, con interés, y sabe por qué viene y a lo que viene, y qué es lo que va a realizar acá, pues sí—vale la pena.

[En el otoño del 2003, el padre de Jesús falleció. Jesús no pudo regresar a México para asistir a su entierro. En la primavera del 2004 su madre, dos hermanos y hermana se mudaron a su nueva casa de tres cuartos en La Ordeña—pagada con los $10,000 que Jesús les había enviado.]

he's coming, what he's coming to and what he intends to accomplish here, then, yes—it's worth it.

[In the fall of 2003, Jesús' father died. Jesús was not able to return to Mexico for his burial. In the Spring of 2004 his mother, two brothers and sister moved into their new three-room house in La Ordeña—paid for with the $10,000 that Jesús had sent home.]

Salvador Villicaña

Jesús y su familia vivieron en esta casa de un cuarto hasta la primavera de 2004, cuando él pudo construir una nueva casa de 3 cuartos en el terreno vacío visto aquí, usando el dinero que ganó pizcando hongos

Jesús and his family lived in this one-room house until the Spring of 2004 when he was able to build a new three-room house on the empty lot pictured here, using the money he earned picking mushrooms

Seth Lyons

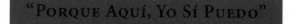

"Porque Aquí, Yo Sí Puedo"

Una Entrevista con José Luis Villagómez

José Luis

José Luis Villagómez nació en
Moroleón, México, en 1973 y vino a
los Estados Unidos el 12 de mayo de
1987, cuando tenía 14 años de edad.

"Because Here, Yes, I Can Do It"

An Interview with José Luis Villagómez

José Luis Villagómez was born in Moroleón,
Mexico, in 1973 and came to the United
States on May 12, 1987, when he was 14
years old.

Villagómez

Mi vida en Moroleón era muy diferente, muy difícil ¿no? Vivíamos en una casa, se la heredó el abuelo a la mamá mía. Desgraciadamente yo tuve en mi niñez un padre alcohólico. El papá mío golpeaba a la mamá mía— eso fue lo más difícil. Y tuve una madre que daba todo por los hijos—lo único que quería era trabajar para darnos de comer. Ella trabajaba en la casa, lavaba ropa de otras personas, les hacía de comer a otras personas.

Era muy difícil. Nadie quería parar lo que estaba pasando con mi padre. Y yo tenía 14 años y me atreví a hacerlo. Ya estaba cansado de que la familia estuviera viviendo en esas circunstancias. El papá mío maltrataba a todos, yo incluso. Yo no podía comer en mi casa, porque él estaba bastantes años enojado conmigo. Yo nada más llegaba a casa, dormía, me bañaba por la mañana y me salía a trabajar, pero yo no podía comer. Un día llegó mi padre un poco mal, nervioso, enojado, y quiso golpear a la mamá mía. Yo ya no lo dejé, le dije, "¡Basta!" Cuando él quiso golpear a la mamá mía, yo me puse por en medio y le dije "Ya no la vas a

Seth Lyons

La familia Villagómez
The Villagómez family

My life in Moroleón was very different than it is here, very difficult. We lived in a house that my mom inherited from my grandfather. Unfortunately, my father was an alcoholic when I was a child. He beat my mom—that was the hardest thing. I had a mother who gave up everything for her children—the only thing that she wanted was to work in order to feed us. She worked at home, washing clothing and cooking for other people.

It was very difficult. No one wanted to stop what was happening with my father. I was 14 years old and I dared to do it. I was tired of my family living under those circumstances. My father mistreated everyone, including me. For several years I wasn't allowed to eat in my house because he was mad at me. I came home, slept, bathed myself in the morning and left for work, but I was not allowed to eat. One day my father came home in a bad mood, nervous and mad, and he wanted to hit my mom. I didn't let him, I said, "That's enough!" When he tried to hit my mom, I put myself in the middle and told him, "You will not hit her anymore." He got mad and left. Sometime later I said, "I have to get out of this house, I have to go to the US, to do something. I have to do something."

So I came to the United States. I started at a job where they treated me very badly. I worked like crazy in order to send money back to my family in Mexico. After a year in the United States, my mother sent me a letter and told me that my dad had come to the United States. I felt good because I knew that he was no longer with them and he wasn't going to beat them anymore. He went to Chicago and we went five years without having any communication. Later, he entered a rehabilitation center in Chicago, he stopped drinking alcohol, and now he's a totally different person. Now we get along better, my dad and me, we're like friends. He's here now, working. We have a beautiful relationship now, right? After we've been through so much.

Another reason that I came to the United States was basically because there were too many economic problems at home and I saw that the only solution for me was to leave the country and find a new job. I was working in Mexico, making bricks in a factory. After that I worked in a restaurant,

golpear." Él se enojó, y se salió. Y ya después de ahí yo dije, "Bueno, yo tengo que salirme de mi casa, tengo que ir a los Estados Unidos a hacer algo. Tengo que hacer algo."

Y me vine para los Estados Unidos. Empecé en el trabajo donde me trataron muy mal. Trabajaba como loco para yo mandarles dinero a mi familia en México. Después de un año en los Estados Unidos, la mamá mía me mandó una carta y me dijo que el papá mío se vino para los Estados Unidos. Me sentí bien porque yo sabía que él ya no estaba con ellos, ya no los iba a golpear. Él se fue para Chicago y duramos cinco años sin tener ninguna comunicación. Después, él se entró a un centro de rehabilitación en Chicago, dejó de tomar alcohol, y ya es una persona totalmente diferente. Ahora nos llevamos mejor, el papá mío y yo, somos como amigos. Él ahora está aquí, está trabajando. Tenemos una relación muy bonita ahora ¿no? Después de tantas cosas.

Otra razón que vine a los Estados Unidos fue prácticamente que habían demasiados problemas económicos en mi casa, y yo miré que la única solución para mí era salir del país y buscar un nuevo empleo. O sí, yo estaba trabajando en México, haciendo ladrillos en una fábrica. Después trabajé en un restaurante. Entonces trabajé en una imprenta. No era un trabajo muy bien pagado, entonces decidí de venir a Estados Unidos. Contacté a personas que yo conocía en Estados Unidos—amigos de México, que ya estaban ellos aquí.

Yo vine solo, cuando tuve 14 años de edad. De Moroleón, Guanajuato, agarré un autobús hacia Morelia, Michoacán. De Morelia tomé un avión hasta Tijuana. Mi primera vez en avión ¿no?—algo excitante pero con miedo. En Tijuana me hospedé en un hotel, si se le puede llamar un hotel. Era un lugar horrible. Entonces allí contacté a una persona de las que pasan gente ilegalmente para Estados Unidos. Los "amigos" en Tijuana rápido se dan cuenta que eres de provincia, que eres persona que no vives en la ciudad. Entonces se te llegan bastantes personas, te dicen que si quieres pasar para Estados Unidos, te cobran tanto dinero. Tienes que tener cuidado, porque si seleccionas al primero que llega, bueno, puede robarte, puede golpearte, incluso matarte— cosas que se han visto tanto ¿no? Entonces contacté a esa persona, me dijo, "Paso por ti al hotel a las doce de la noche." Me llevó caminando hasta el borde, y allí en el borde esperamos hasta las tres de la mañana. Con un frío, de ese frío intenso. Mirábamos la Migración que estaba de este lado en Estados Unidos, pero no podíamos pasar hasta que ellos, pues, se descuidaran un poco. Entonces nos dijeron, "Bueno, vamos a correr. Vamos a correr y no

then in a print shop. The work didn't pay much, though, so I decided to come to the US. I contacted people that I knew in the US—friends from Mexico, who were already here.

I came to the US alone, when I was 14 years old. I got a bus from Moroleón, Guanajato, heading to Morelia, Michoacán. From Morelia, I took a plane to Tijuana. My first time in a plane, no?—it was exciting but scary. In Tijuana I stayed over in a hotel, if you could call it that. It was a horrible place. There I contacted someone who takes people illegally over to the US. The "friends" in Tijuana figure out pretty fast that you're from the country-side, that you're not a city person. A bunch of people come up to you and they tell you that if you want to cross into the US, they'll charge you this amount or that amount. You have to be careful because if you choose the first one that comes up to you, well, he might rob you or beat you, even kill you— it happens all the time, right? So, I contacted this person who told me, "I'll come by the hotel for you at midnight." He walked me to the border and we waited there until 3 a.m. It was cold, this intense cold. We watched the border patrol on the US side and we weren't able to cross until they got a little care-less. Then they told us, "OK, let's run. Let's run and no stopping—just keep on running."

We ran from the border of Tijuana to San Isidro, California. At times I said to myself, "It's better to sit down, I'm staying right here," because we had to run so far. Afterwards, in San Isidro, they were going to take us to Los Angeles without water or food. But when we were on the way to Los Angeles, the person who brought us, el *coyote* as we call him, started to get upset with the other guys that came—I don't even know who they were. He yells at us, he stops on the freeway and kicks us all out of the pick-up. That's not the plan, but that's what they do when they already have your money. All they want is the money. So they dumped us out and we had no idea where to go, so everyone, including some children, started walking.

I returned to San Diego where there were two people who helped me a lot—a Mexican and a black woman he was married to. I knocked on the door of their house and told them I needed help—and they gave it to me, they didn't treat me badly. They told me I could stay in their house. I bought my plane ticket from San Diego to Philadelphia but they went to pick up it up.

The plane stopped over in Pittsburgh, but I didn't know that we weren't in Philadelphia, so I got off in Pittsburgh. When I get off, I'm looking

vamos a parar. No se paren. Tienen que seguir corriendo y corriendo."

Corrimos desde el borde de Tijuana hasta San Isidro, California. En ocasiones, yo me decía, "Bueno, yo mejor me voy a sentar. Yo aquí me quedo." Porque era bastante, la distancia que corrimos. Después en San Isidro, California, nos iban a llevar a Los Ángeles, sin agua, sin nada de comida. Pero cuando íbamos en camino a Los Ángeles, la persona que nos traía, el *coyote*, como le llamamos, se empezó a enojar con otros muchachos que venían—no sé ni quiénes eran. Nos grita. Se para en el *freeway*, y nos baja de la camioneta. Ése no es el plan, pero ellos lo hacen cuando ya tienen su dinero. Lo que ellos quieren es el dinero. Pues sí, nos bajó y sin saber adónde ir, todas las personas, incluyendo unos niños, empezamos a caminar.

Regresé a San Diego y allí hubo dos personas que me ayudaron bastante—fue un mexicano que estaba casado con una mujer de color. Yo toqué la puerta de su casa y les dije que necesitaba ayuda—y me la dieron, no me trataron mal. Me dieron para que me quedara en su casa. Yo compré mi boleto de avión de San Diego para Filadelfia, pero ellos fueron a sacar el boleto.

El avión trasbordó en Pittsburg, pues, como yo no sabía que no estábamos en Filadelfia, yo me bajé en Pittsburg. Y cuando yo me bajo yo busco a las personas que supuestamente iban a ir a esperarme al aeropuerto, pero no había gente allí, ¿no? Yo no sé inglés, yo no entiendo nada. De repente yo veo a unas personas que vienen hacia mí, por un momento pienso que es Inmigración. Me pongo a temblar y me pongo de colores. Pero me dicen que son trabajadores de aeropuerto, y me dicen que no, todavía tengo que subirme al avión para Filadelfia. Llego a Filadelfia y allí está esperándome un primo mío, Miguel, se llama. Me trajo aquí al pueblo de Kennett Square, Pensilvania, y desde esa época yo estoy aquí en Estados Unidos.

Después de estar en los Estados Unidos por la primera vez, por tres

"COMENZÁBAMOS A TRABAJAR A LAS TRES DE LA MAÑANA, Y A LAS SEIS DE LA MAÑANA, ÉL ME LLEVABA UN CAFÉ Y UN DONUT. ENTONCES ERA ALGO BUENÍSIMO PARA MÍ."

años y medio, regresé para México, conocí a mi esposa y nos casamos. Nos casamos bien chicos. Ahora yo tengo casi 11 años de casado. Le dije, "Mira, voy yo a los Estados Unidos primero, y después yo te espero allá." Entonces yo vine, trabajé por nueve meses, y junté el dinero para que ella se viniera. Tomé un apartamento para vivir, y ella se vino. Y desde esa época, ella no ha

for the people who supposedly came to pick me up at the airport, but there aren't any people there, right? And I don't know any English, I don't understand anything. Suddenly I see some people coming toward me and for a moment I think that it's Immigration. I start shaking and turning red. But they tell me, no, they're airport workers, and they tell me I still have to get on the plane for Philadelphia. I arrive in Philadelphia and there is a cousin of mine waiting for me, Miguel is his name. He brought me here to the town of Kennett Square, Pennsylvania, and since then I've been here in the United States.

Maricela Zavala, la esposa de José Luis, y su hija Ayline
José Luis's wife, Maricela Zavala, and their daughter Ayline

Seth Lyons

After being in the United States for three and a half years the first time, I returned to Mexico for three months, got acquainted with my wife, and we got married. We married very young, so now I've been married almost 11 years. Then I said to her, "Look, I'll go to the US first and then I'll wait for you over there." Then I came, I worked for nine months and got together the money so that she could come. I got us an apartment to live in and then she came. And since that time she hasn't gone to Mexico and neither have I.

"WE STARTED WORK AT 3:00 IN THE MORNING AND AT 6:00 IN THE MORNING THE OWNER BROUGHT ME A COFFEE AND A DOUGHNUT. THAT WAS SOMETHING VERY SPECIAL FOR ME."

After I came to the United States, because of the poverty that we have in Mexico and everything, I convinced all of my family to come to the United States. Now my dad, my mom, my brothers and sisters are here—eight of us altogether. I have two children, a five-year-old daughter and a one-year-old—they were born here, so they're American citizens. I have residency. I'd like very much to become an American citizen. I mean, I like my country very

regresado para México, ni yo tampoco.

Después de que me vine yo para Estados Unidos, por la pobreza que tenemos en México y todas las cosas, yo impulsé a toda mi familia que se vinieran a Estados Unidos. Ahora está mi papá, está mi mamá, están mis hermanas y están mis hermanos—somos ocho. Ahora tengo dos hijos, una hija de cinco años y un hijo de un año—ellos nacieron aquí, son ciudadanos americanos. Yo tengo la residencia. Me gustaría mucho hacerme ciudadano americano. Digo, me gusta mucho mi país, pero me gusta mucho este país también donde estoy.

Mi primo me ayudó a conseguir mi trabajo en un lugar de hongo. El trabajo fue una cosa totalmente difícil para mí porque yo tenía una edad que no era para trabajar, y llegué sin saber inglés. Los jefes eran italianos, y yo nunca había escuchado ni italiano hablar, ni en la televisión. El dueño de la compañía me gritaba cada vez que me veía, yo no sabía qué hacer. Trabajé dos semanas en esa compañía y me despidió, por la razón de que, pues, era indocumentado.

No tenía más trabajo, tampoco tenía donde vivir. El primo, Miguel, buscó otro trabajo para mí en la compañía donde estoy trabajando actualmente. El dueño de la compañía es bueno, se llama Chuck Bartoli. Él, desde que yo llegué, me trató muy bien—quizás le daba un poco de lástima ¿no? Por ejemplo, comenzábamos a trabajar a las tres de la mañana, y a las seis de la mañana, él me llevaba un café y un *donut*. Entonces era algo buenísimo para mí.

"Cuando finalmente sentí que ya tenía confianza con él, le dije, 'Mira, yo no estoy de legal en este país.'"

Cuando yo empecé a trabajar en esa compañía, pues, no sabía el idioma. Cuando el dueño me daba mi café y mi *donut*, nada más me ofrecía sin palabras. Si me hablaba en inglés, yo no le entendía. Después, me llegó el interés de aprender inglés. Compré libros en inglés—que no sabía al principio ni por dónde empezar, pero aprendí. Ahora tengo prácticamente 15 años trabajando en esta compañía, y tengo la oportunidad de practicar el inglés, porque gracias a Dios ahora soy el supervisor. Yo les traduzco a los que no hablan inglés y a los que no hablan español.

Ahora, yo estoy encargado de toda la compañía. Por la mañana, yo

much, but I like this country where I am as well.

My cousin helped me to get my job in a mushroom plant. The work was something totally difficult for me because I was young and not used to working, and I didn't know any English. The bosses were Italian and I had never heard Italian spoken, not even on television. The owner of the company yelled at me every time that he saw me and I didn't know what to do. I worked two weeks for that company and then they fired me because I was undocumented.

I was out of work and I didn't have a place to live. My cousin, Miguel, found another job for me at the company where I am working now. The owner at the company is good, his name is Chuck Bartoli. Since I came he has treated me very well—perhaps he felt a little pity, no? For example, we started work at 3:00 in the morning and at 6:00 in the morning he brought me a coffee and a doughnut. That was something very special for me.

When I started to work at that company, I didn't know the language. When my boss gave me my coffee and doughnut, he just offered me the breakfast without speaking. If he had spoken to me in English I wouldn't have understood him. Afterwards, I got interested in learning English. I bought books in English—I didn't know at first where to start, but I learned. Now I have worked at this company almost 15 years and I have the opportunity to practice English because, thank God, now I am the supervisor. I translate for those who don't speak English and for those who don't speak Spanish.

Now I am in charge of the whole company. In the morning I can go and check the operations, which takes me two or three hours. I can go back to my house, take my girl to school, and pay the bills. Then I return and do other things at my job. I start at 8:00 in the morning and I finish at 10:00 or 11:00 at night, but I don't have to be at work all day. For example, I attend GED classes that are four hours long, then go back to work a little more.

"When I finally felt I could trust him, I told him, 'Look, I'm not legal in this country.'"

The process of obtaining my documents took a long time. To begin with, I didn't trust the boss of the company enough to say, "I don't have legal documents." First, I learned to speak English, then I learned to do all the jobs they do in the company. When I had learned everything about the company, I

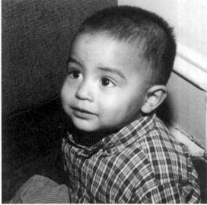

Aldo, el hijo de José Luis
José Luis's son Aldo

puedo ir y revisar la compañía, me llevo dos o tres horas. Puedo regresar a mi casa, llevar a mi niña a la escuela, y pagar los *biles*. Entonces, regreso y hago otras cosas en mi trabajo. Yo comienzo a las ocho de la mañana y termino a las diez de la noche, once de la noche, pero no es que tengo que estar todo el día en el trabajo. Por ejemplo, vengo a las clases del GED que son cuatro horas, ya después regreso a trabajar un poquito más.

El proceso de conseguir mis documentos fue un poco largo. Para empezar, no tenía bastamte confianza en el dueño de la compañía para decirle, "Yo no tengo documentos legales." Primero, yo aprendí a hablar inglés, y entonces yo aprendí a hacer todo el trabajo que se hace en la compañía. Cuando yo sentí que ya había aprendido todo lo de la compañía, me sentí que ya era un poquito más indispensable para el dueño de la compañía. Cuando finalmente sentí que ya tenía confianza con él, le dije, "Mira, yo no estoy de legal en este país." "Entonces ¿cómo viniste?" me preguntó, y yo le conté mi historia. Dijo, "Pues, mira, yo no he tenido ningún problema contigo porque no tengas documentos." Le dije, "Oye, ¿si no me podría ayudar a tener mis documentos?" y me dijo, "Mira, investiga tú, por tu parte, lo que debes hacer y yo te ayudo." Yo investigué, hablé con abogados, hablé con personas que sabían de inmigración. Y sí, él me ayudó a legalizarme. Tomamos un abogado de Filadelfia, una señora. Fue un proceso de dos años y medio. Primero, hicimos la aplicación, la mandamos al Departamento de Labor. Y del Departamento de Labor pasaba a Inmigración, con todos sus reglamentos. Pero gracias a Dios, los pasamos y nos legalizamos.

El trabajo fue bueno, pero he tenido momentos difíciles. Cuando llega uno a un país donde no conoces las costumbres de las personas que viven en este país, que no son mexicanos, a algunas personas no les caes bien. Por ejemplo, que me miraban en la calle. Anteriormente aquí en Kennett Square, no era como ahora, ahora ha cambiado bastante la mezcla de gente. Antes no había familias hispanas o mexicanas que tuvieran sus esposas, sus hijos— éramos más hombres solos. Entonces era difícil encontrar vivienda para vivir, porque los dueños de las casas no querían hombres solos. Y no podíamos ir a

felt that I was a little more indispensable to the owner. When I finally felt I could trust him, I told him, "Look, I'm not legal in this country." "How did you come?" he asked, and I told him my story. He said, "Look, I haven't had any problem with you because you don't have documents." I said to him, "Listen, can't you help me to get my documents?" and he said, "Look, find out what you have to do and I'll help you." I investigated, I spoke with lawyers, I talked with people who knew about immigration. And yes, he helped me become legal. We got a lawyer from Philadelphia, a woman. The process took two and a half years. First we filed the application and sent it to the Department of Labor. Then they passed it on to INS, with all of its regulations. Thank God, we made it through and got legalized.

The work was good, but I have had difficult moments. When you arrive in a country where you don't know the customs of the people who live there, who aren't Mexican, things don't go so well. For example, people kept looking at me in the street. Before, here in Kennett Square, it wasn't like it is now—the mix of people has changed a lot. Before, there weren't any Hispanic or Mexican families with wives and children—we were only men. It was difficult to find a place to live because the owners of the houses didn't want single men. And we couldn't go to the store to buy bath soap, laundry soap or food to cook because when they saw us they called the police. When they saw us in a car, the police stopped us. On one occasion the police took away our car with the soap and food in it. They handcuffed us, the tow truck took the car away, and we walked to the place where we lived. We were afraid to go to the police and say, "We want our things back." I had this idea that maybe they would call Immigration and throw me out of this country.

Another unpleasant thing happened to me in '92. I was living in a place that was called La Casa del Pueblo, where they helped people and had housing for people who came to the US. But there were too many people in the house, so they evicted us and I didn't have anywhere to live. I didn't know anyone—my cousin had returned to Mexico. I was left practically alone, with only one friend. I had a car—well, if you can call it a car—it cost me $300. That was our house for two months—December and January.

Now, like everyone, we have a dream. We dream of opening up a business here—it's a thing that I have always wanted to do. I want to open a place for us Hispanics to enjoy ourselves, like a club. We don't have one where we are, we have absolutely nothing. The people just come here and work and

la tienda a comprar jabón de baño, jabón para lavar la ropa, o comida para cocinar, porque cuando nos veían llamaban la policía. Cuando nos veían en un carro la policía nos paraba. En una ocasión la policía nos quitaban el carro con el jabón, la comida. Nos esposaban, la grúa se llevaba el carro y ya, pues, nosotros nos íbamos caminando adónde vivíamos. Y nosotros, pues, teníamos miedo de ir a la policía y decir, "Queremos nuestras cosas." Tuve la idea de quizás le van a llamar a migración y me iban a echar para mi país.

Otra cosa desagradable me pasó en el 92. Yo vivía en un lugar que se llamaba "La Casa del Pueblo," donde ayudaban a la gente y tenían viviendas para la gente que vinierion a los Estados Unidos. Había demasiada gente en esa casa, entonces nos dijeron que nos iban a desalojar, y no tenía yo dónde vivir. Yo no conocía más gente—el primo mío se había regresado para México. Me había quedado prácticamente solo, con otro amigo nada más. Yo tenía un carro que—bueno, que si se le puede llamar carro—me costó $300. Ésa era la casa de nosotros por dos meses—que fue diciembre y enero.

Ahora, pues, como todos, tenemos un sueño. Tenemos el sueño de abrir un negocio aquí, es una cosa que siempre me ha gustado. Quiero abrir un lugar para nosotros los hispanos, para divertirse, como un club. Por la razón de que aquí donde estamos, no tenemos absolutamente nada. La gente nada más viene y trabaja y trabaja y trabaja y trabaja. El club para hispanos sería como para que la gente fuera a comer—no un restaurante de comida corrida, sino algo para comer ligero. Tendría como televisores para las personas que quieran ver alguna clase de deportes, tendría algo para bailar. Sería limitado el alcohol, y no drogas. Sería divertido, pero sería tranquilo. Sí. Esa es mi gran idea: quiero abrir el club con mi esposa, y ella está totalmente de acuerdo.

Encontré un reporte de New Garden Township que dice 668 arrestos de muchachos hispanos—mexicanos. Todos esos muchachos no tienen adónde ir, ellos consiguen el alcohol, se suben a su auto, y conducen embriagados. El hermano mío fue uno de ellos. Bastantes personas que yo he conocido han tenido accidentes fatales bajo la influencia del alcohol. Eso es lo que me impulsa a abrir el club. Hay bastante gente—personas adultas, personas

"Ya cuando mi hija esté en la escuela, y ella me diga, 'Mira, papá, no sé. . . . ¿Me puedes ayudar?' yo voy a decir, 'O sí, sí. Yo te puedo ayudar, vamos.'"

work and work and work. The Hispanic club would be a place where people could eat out—not a fast food restaurant, but something light. It would have televisions for people who might want to watch sports and it would have a place for dancing. Alcohol would be limited and no drugs. It would be fun, but it would be low key. That's my big idea: I want to open up a club with my wife and she is totally in agreement.

I found a report in the *New Garden Township* that says there have been 678 arrests of Hispanic boys—Mexicans. All of those boys don't have any-where to go: they get some alcohol, jump in their car, and drive around drunk. My brother was one of them. Many people that I have known have had fatal

"NOW WHEN MY DAUGHTER IS IN SCHOOL AND SAYS TO ME, 'LOOK, DAD. I DON'T UNDERSTAND . . . CAN YOU HELP ME?' I'LL SAY, 'OH, YES, YES. I CAN HELP YOU, LET'S GO.'"

accidents under the influence of alcohol. This is what compels me to open the club. There are so many people—adults and young people—who really sup-port me. The Township does not support me, it's not aware of what we Hispanics need because we simply have different customs. So I have to work very hard—I don't know what I'll do, but I have to do something. That's pre-cisely why I want to get my GED and study at the university, so I can present something to them and say, "This is what I want to do." Some people think that we Hispanics don't know how to organize something, that we don't know how to do anything. I want to do this so they will see that, yes, we do know how to do something.

I got this idea of going to the university. In Mexico, I always liked to study, but like I said, the economic situation was very, very bad. I finished pri-mary school in Mexico and registered in high school without the permission of my parents. But when the day came to pay for the classes and the books, my parents told me, "No, you are not going." I felt terrible. I decided to keep studying, but I wasn't able to—after that came the jobs and all the rest. Then here in Kennett Square I came across the opportunity offered by La Communidad Hispana [a social service agency] to enroll in the GED program. I started GED classes a few months ago and I loved it. Then, they talked to us about going to the university and we visited two universities. Well, I loved

jóvenes—que me apoyan bastante. El Township es el que no me apoya, no se dan cuenta de lo que los hispanos necesitamos, porque la gente hispana simplemente tenemos costumbres diferentes. Entonces tengo que trabajar bien duro—no sé que voy a hacer, pero tengo que hacer algo. Por eso precisamente quiero estudiar el GED y entrar a la universidad, para presentarles algo a ellos y decirles, "Esto es lo que yo quiero hacer." Algunas personas piensan que nosotros los hispanos no sabemos organizar algo, que no sabemos hacer una cosa. Yo quiero hacer esto para que lo vean que, sí, sabemos nosotros hacer algo.

Me llegó la idea de ir a la universidad. En México, yo siempre me gustaba estudiar, pero como dije, la situación económica era muy malísima. Yo terminé la primaria en México, y me apunté en la secundaria sin el consentimiento de mis padres. Pero cuando se llegó el día de que tuve que ir a pagar las clases y los libros, mis padres me dijeron, "No, tú no te vas a ir." Me sentía malísimo. Yo estaba decidido a seguir estudiando, pero no pude—después de ahí vinieron los trabajos y todo lo demás. Entonces, aquí en Kennett Square, encontré la oportunidad que ofrecen en La Comunidad Hispana [una agencia de servicios sociales] para yo ingresar al GED. Empecé el GED unos cuantos meses, y me encantó. Entonces nos comentaron acerca de la universidad y visitamos dos universidades. Pues, a mí me encanta eso también. Yo he platicado con la esposa mía, y ella dice, "Bueno, si crees que podemos y si a tí te interesa, sería bueno que ingresaras a la universidad." Me gustaría estudiar *business* o contabiliad; y la computación me interesa mucho. Más que nada por motivación a mis hijos, ¿no? Si ellos no quieren estudiar, yo puedo decir, "Mira, el estudio es algo muy importante, yo lo hice, tú tienes que hacerlo"—como ejemplo, más que nada.

Y mi esposa está estudiando, también—inglés. Ella tiene una maestra que va directamente a la casa. Nosotros nos inscribimos en la biblioteca de Kennett Square para un tutor. Viniendo al GED he aprendido bastantísimo. Es diferente cuando uno está muchacho, te diviertes, no pones tanta atención. Ahora, cuando ya es una persona más adulta, dice, "Oye, ¡está interesante!" Y me ha gustado. Ya cuando mi hija esté en la escuela, y ella me diga, "Mira, papá, no sé. Tengo un problema con ésto, no puedo hacerlo—¿Me puedes ayudar?" yo voy a decir, "O sí, sí. Yo te puedo ayudar, vamos."

Tengo dos responsibilidades: uno es que quiero salir adelante y realizar mi sueño, el otro es que quiero estar con mi familia. Pero yo trabajo

that, too. I've talked it over with my wife and she said, "Well, if you believe that we can afford it and if it interests you, it would be good for you to enroll in the university." I'd like to study business or accounting and computers interest me a lot. More than anything, it's to motivate my children, right? If they don't want to study, I can say, "Look, studying is something very important, I did it, you have to do it"—to teach by example, more than anything.

And my wife is studying, too—English. She has a teacher who comes directly to the house. We signed up at the Kennett Square Library for a tutor. I have learned a lot coming to the GED class. It's different when you're a boy—you goof off, you don't pay too much attention. Now, when you're an adult, you say, "Hey, this is interesting!" And I have liked it. Now when my daughter is in school and says to me, "Look, Dad. I don't understand, I have a problem with this, I can't do it—can you help me?" I'll say, "Oh, yes, yes. I can help you, let's go."

I have two responsibilities: one is that I want to get ahead and realize my dream; the other is that I want to be with my family. But I work seven days a week, so I have to do one thing or the other. I have thought that if I realize my dream, my children will have a better future. So I prefer to be a little more involved in my work, so that they don't go through what I went through. And the dream that I realize for me is for them, too, right? I have worked a lot since I was very young and I have always been willing to fight for what I want. And I have always gotten it, thank God. Difficult or easy—I have gotten it.

La Virgen adorna la nevera de la familia Villagómez
The Virgin graces the Villagómez family's refrigerator

All that happened with my father made me interested in the future of my children. I want them to have fun, but in a healthy way so they don't destroy themselves like my father did, like he destroyed us for so many years. Even if you're left traumatized or damaged, you have to go on fulfilling yourself, right? What motivates me to keep going is my family, my children. I wouldn't want any person to go through what happened to us in my

los siete días de la semana—entonces tengo que hacer una cosa u otra. He pensado que si llego a realizar mi sueño, mis hijos van a tener un mejor futuro. Entonces prefiero estar un poquito más metido en el trabajo, para que ellos no pasen lo que yo pasé. Y yo realizar el sueño que es para mí, que es para ellos, también ¿no? He trabajado bastante, pues, desde muy corta edad, y siempre me ha gustado luchar por lo que quiero. Y siempre lo he conseguido, gracias a Dios. Difícil, fácil—lo he conseguido.

Todas las cosas que pasaba con mi padre me hizo interesado en el futuro de mis hijos. Quiero que ellos se diviertan, pero sanamente, que no se destruyan como lo hizo el papá mío. Como él nos destruyó por bastantes años a nosotros. Y aun queda uno traumado, queda uno dañado pero, tiene uno que ir realizándose ¿no? Bueno, lo que me motiva a seguir es la familia mía, los hijos míos. Que no me gustaría que ninguna persona pasara lo que nos pasaba en mi familia—mucho menos mis hijos. Y por eso quiero trabajar y trabajar para darles a ellos todo lo que yo no pude, y que hagan ellos todo lo que quieran.

La niña mía es bilingüe, ella habla muy bien el inglés—demasiado bien [se ríe]—y habla el español también. Si ella es una persona que quiere salir adelante, yo la voy a apoyar; y si yo veo que esta niña no quiere salir adelante, yo la voy a impulsar a que salga ella adelante. Ella es una niña activa y muy inteligente—siempre quiere aprender una cosa diferente. Cuando ella sea una persona más grande y quiera seguir una carrera o quiera seguir estudiando, yo la voy a apoyar a que ella lo haga.

Muchos de los padres venimos aquí a trabajar y a hacer lo que más podamos de dinero—dólares. Pero tenemos que pensar en la familia también. Muchos de los padres piensan solamente en hacer el dinero y a los hijos los dejan. Y a los hijos, si andan mal en la escuela, sus padres no les toman mucha cuenta ¿no? Entre nosotros la gente hispana, el número de niños saliendo de la escuela antes de terminar es muy alto. Pienso para que un hijo salga adelante, el papá y la mamá tienen que estar más involucrados en la vida del niño y de su escuela. En mi caso, yo no tuve la experiencia de estar dentro de un colegio en México. Como yo fui pobre en México, no tuve esa oportunidad de que los padres se involucraran conmigo en la escuela, porque mi madre trabajaba para darnos de comer, y el padre mío era alcohólico. No me apoyaban. Entonces yo no tengo esa perspectiva de cómo hacerlo aquí. Si yo no lo hago, quizás a la hija mía y al hijo mío les va a pasar lo mismo que a mí. Tengo que yo involucrarme en la educación de mis hijos. Porque aquí, yo sí puedo.

family—much less my children. That's why I want to work and work to give to them everything that I couldn't have, so they can do everything they desire.

My girl is bilingual, she speaks English very well—too well [laughs]—and speaks Spanish also. If she is a person who wants to succeed, I will help her and if I see that this girl doesn't want to succeed, I will push her so that she does. She's an active and very intelligent girl and she always wants to learn something new. When she's older and wants to pursue a career or continue studying, I will help her do it.

Many of us parents came here to work and make the most money—dollars—that we could. But we have to think about the family, too. Many of the parents think only about making money and end up neglecting their children. And if their children get into trouble in school, their parents don't pay them much mind, right? Among Hispanics, the number of children dropping out of school is very high. I think that in order for a son or daughter to succeed, their mom and dad have to be more involved in the child's life and in his or her school. In my case, I never had the experience of being inside a high school in Mexico. Because I was poor, I didn't have that opportunity for my parents to get involved with me in school because my mother worked to feed us and my father was an alcoholic. They didn't support me. So I don't have that perspective of how to do it here. If I don't do it, perhaps the same thing will happen to my son or daughter that happened to me. I have to involve myself in the education of my children. Because here, yes, I can do it.

Bendiciones
Nuestra Venerada

Seth Lyons

Blessings and

y Milagros
Señora de Guadalupe

"Pues la Virgen de Guadalupe significa que es la madre de Cristo. Le pide uno de corazón que le toque suerte, que le cuide a su familia, que tenga buen trabajo, que esté bien."—Samuel Zavala

"Well, the Virgin of Guadalupe is the mother of Christ. You ask her with all your heart to bring you good luck, to care for your family, for you to have a good job, to be well."—Samuel Zavala

Miracles
Our Lady of Guadalupe

D esde que Nuestra Señora de Guadalupe se le apareció a Juan Diego, en la época colonial el 12 de diciembre de 1531, ha sido venerada por millones de mexicanos y méxico-americanos. Para la Iglesia Católica en México, Nuestra Señora de Guadalupe representa a la Virgen María, Nuestra Santa Madre. Para la mayoría de la población, Nuestra Señora de Gudalupe representa el sincretismo de las creencias aztecas y las católicas ya que se dice que la Guadalupana apareció en el Cerro del Tepeyac, un sitio sagrado para los aztecas pues ahí veneraban a la Diosa Tonantzin (La Madre Tierra) quien se apareció en ese lugar también.

"Desde que Nuestra Señora de Guadalupe se le apareció a Juan Diego, en la época colonial el 12 de diciembre de 1531, ha sido venerada por millones de mexicanos."

Nuestra Señora de Guadalupe es la Madre Celestial, la Reina de México, que resuelve cualquier problema por imposible que parezca, que realiza milagros de sanación, apacigua sufrimientos y otorga bendiciones a sus devotos. Históricamente, los luchadores por la libertad y la justicia han portado estandartes con la imagen de la Virgen de Guadalupe. Fue Miguel Hidalgo y Costilla, el Padre de la Independencia de México, quien enarboló por vez primera el estandarte de Nuestra Señora de Guadalupe, exhortando al pueblo a pelear contra el gobierno español en la madrugada del 16 de septiembre de 1810.

En varias ocasiones, los mexicanos y los méxico-americanos en los Estados Unidos han pedido su ayuda durante las manifestaciones y protestas. En Kennett Square, Pensilvania, los trabajadores de los hongos del Sindicato de Kaolin portaron imágenes de la Virgen de Guadalupe cuando marcharon desde Filadelfia a Harrisburg durante cinco días en mayo del 2003, para exigir sus derechos laborales y salarios justos. Con ello, los trabajadores mexicanos demostraron su fe en La Guadalupana, como su poderosa Madre Celestial y protectora. Nuestra Señora de Guadalupe es parte de la fe de los mexicanos y del sistema de creencias religiosas; de hecho, Nuestra Señora de Guadalupe se ha convertido en el símbolo más importante de la cultura mexicana y méxico-americana.

E ver since the Lady of Guadalupe appeared before Juan Diego in Colonial Mexico on December 12, 1531, she has been worshipped by millions of Mexicans and Mexican-Americans. For the Catholic Church in Mexico, Our Lady of Guadalupe represents the Virgin Mary, the Holy Mother. For the population at large, the Virgin of Guadalupe represents the blending of Aztec and Catholic beliefs; it is said that Our Lady of Guadalupe appeared on the hill of Tepeyac, a sacred site, the very same site upon which the Aztec goddess Tonantzin (Mother Earth) appeared.

"EVER SINCE THE LADY OF GUADALUPE APPEARED BEFORE JUAN DIEGO IN COLONIAL MEXICO ON DECEMBER 12, 1531, SHE HAS BEEN WORSHIPPED BY MILLIONS OF MEXICANS."

Our Lady is the Celestial Mother, the Queen of Mexico, who solves insurmountable problems, performs healing miracles, soothes sufferings and bestows blessings on her devotees. Historically, Our Lady of Guadalupe's banner and images have been carried by seekers of freedom and justice. It was Miguel Hidalgo y Costilla, the Father of Mexican Independence, who was the first to hoist the Lady of Guadalupe banner, calling the people to fight against the Spanish government in the early hours of September 16, 1810.

On various occasions, Mexicans and Mexican-Americans in the United States have also sought her help during demonstrations and protests. In Kennett Square, Pennsylvania, the Kaolin Workers Union strikers carried images of Our Lady of Guadalupe when they marched from Philadelphia to Harrisburg for five days in May 2003, to demand their labor rights and fair wages. In doing so, Mexican workers expressed their faith in the Lady of Guadalupe as their all-powerful Celestial Mother and protector. Our Lady of Guadalupe is an indispensable part of Mexico's faith and religious belief system; in fact, she has become the most important symbol of Mexican and Mexican-American culture.

Margarita Rojas, quien cuenta la historia de su vida en este libro, describe cómo pidió la ayuda a la Virgen de Guadalupe, cuando su hija Adriana, de 14 años de edad, cayó gravemente enferma.

Nosotros somos muy devotos, yo creo que el 90% de los mexicanos por lo menos tenemos alguna pequeña imagen de nuestra Virgen de Guadalupe. Me la regaló nuestra Virgen una señora que también es del estado de Michoacán. Siempre mi altar tiene sus luces encendidas. No las apago para nada—si las veladoras no están prendidas, tiene sus luces prendidas, nunca está a obscuras. Sin las luces, yo siento que ella está triste.

Después de que Adriana salió con su enfermedad yo le había prometido a la Virgen de Guadalupe una veladora, y después le prometí también a la Virgen de San Juan y le compré la veladora. Estaba yo ahogándome con tantos problemas y empecé una novena a Santa Teresita de Jesús. Hice una novena y estuve prometiendo una veladora al día. Esa es una de las maneras que yo veo que mi madre lo hace—siempre ella me dice, "Pídele a Santa o a San alguien y prométele." Yo no sabía pedir, yo no sabía hablar con Dios. Me pasó algo bien lindo cuando estuve haciendo la novena de Santa Teresita tres semanas atrás. Yo le dije a ella que yo quería saber si ella me estaba escuchando, que

Yo le pedí, 'Mándame una flor del cielo, para que yo pueda ver que tú me estás escuchando.'"

entendía mi sufrimiento, que si ella me podía mandar una señal. Yo le pedí, "Mándame una flor del cielo, para que yo pueda ver que tú me estás escuchando." Entonces al día siguiente vino una maestra de mi hija enferma, Adriana, y le trajo un ramo de flores—eso fue mi señal. "Gracias Señor, muchas gracias—tú me escuchaste, y yo me siento con una emoción." Yo le digo que cuando uno lo pide con mucha fe, se cumple. Yo estaba asustada, yo no tenía tranquilidad en mi corazón, yo estaba sufriendo demasiado por el problema de mi hija—y ahora estoy tranquila.

El 24 de diciembre estuve en el hospital con Adriana después de las 11 de la noche y me quedé dormida ahí en el cuarto con ella. Yo estaba peor ese día porque era el día 24, y yo siempre en mi casa hacía algo de fiesta y había alegría—y ahora estábamos en el hospital. Yo recuerdo que soñé esa

Margarita Rojas, who tells her story in this book, describes
how she sought the help of the Virgin of Guadalupe when her
14-year-old daughter, Adriana, fell gravely ill.

"We are very devoted, I think that at least 90% of we Mexicans have
some small image of Our Lady of Guadalupe. I was given Our Virgin by a lady
who is from the state of Michoacán. My altar always has its lights turned on. I
don't put them out for anything—if the candles aren't lit, it has its lights burn-
ing, it's never dark. Without the lights, I sense that she is sad.

After Adriana came down with her illness, I promised the Virgin of
Guadalupe a candle and afterwards I promised one as well for the Virgin of St.
John and I bought the candle. I was drowning in so many problems and I started
a *novena* [nine consecutive days of devotional prayer] to St. Teresa of Jesus. I
did a *novena* and I was promising one candle a day. That is one of the ways I've
seen my Mom do it—she always tells me to ask a saint to intercede for someone and promise devotional prayer. I didn't know how to ask, I didn't know
how to talk with God. Something beautiful happened to me when I was doing

"I ASKED HER, 'SEND ME A FLOWER FROM HEAVEN, SO THAT I CAN SEE THAT YOU ARE LISTENING TO ME.'"

the *novena* for St. Teresa three weeks ago. I said to her that I wanted to know
if she was listening to me, that if she understood my suffering, she could send

Mark Lyons

El altar de la familia Rojas
The Rojas family altar

noche y, en el sueño, Diosito estuvo conmigo y me tocó; y entonces yo lo veía cerca de mí y él me estaba orando. Yo sentí la alegría y a la vez me dió miedo verlo tan cerca de mí. Mi hija estaba mejor y entonces me dijo, "Mami, yo sé que Dios nos va a restaurar." Y ahora me siento bien—todo esto son milagros de Dios. El 25 de diciembre nos vieron los doctores y nos dijeron que me podía llevar a mi hija para la casa porque a Adriana ya la veían mejor. Nos vinimos a casa el 25, y a Adriana yo le dije, "¿Tú quieres que yo haga una cena el 31 para esperar el Año Nuevo?" y ella me dijo, "Sí, mami, yo quiero que me hagas pozole verde y quiero que hagas fiesta." Y el Año Nuevo nos lo pasamos como que si nada hubiera pasado en la vida para nosotros—mi hija bailaba feliz después de ocho días de haber estado en el hospital, ella lucía como si nada. Estábamos felices. Después de lo que pasamos no dejo de darle gracias a Dios—lo más importante es tenerlo en el corazón.

EL DÍA DE LA VIRGEN DE GUADALUPE

Millones de fieles devotos visitan la Basílica de la Virgen de Guadalupe en la Ciudad de México y la celebración en su honor dura varios días, empezando el 12 de diciembre. Su imagen, estampada en el ayate de San Juan Diego, puede ser vista por todos dentro de la Basílica. Las comunidades mexicanas en el exterior también celebran su día cantándole "Las Mañanitas," así como con danzas pre-hispánicas y danzas coloniales como la de "Los Matlachines," en tanto los mariachis tocan y cantan en su honor. En Pensilvania, al igual que en otros estados con comunidades grandes de mexicanos residentes, se celebra igualmente el Día de la Virgen de Guadalupe. El padre Frank K. Depman, Capellán de la Misión de Santa María, Madre de Dios en Avondale, PA, describe las celebraciones.

Tenemos una gran celebración el 12 de diciembre para Nuestra Señora de Guadalupe. Las preparaciones para la Gudalupana comienzan en septiembre, cuando la gente se organiza para saber quién va a hacer qué cosas. Los músicos comienzan a practicar cada semana. En octubre empieza la recaudación de fondos para comprar las flores y otras cosas necesarias para la celebración. Se hacen colectas en todos los campamentos y las tiendas. Una semana antes se hace la representación de toda la celebración y de lo que se trata.

me a sign. I asked her, "Send me a flower from heaven, so that I can see that you are listening to me." So the next day one of the teachers of my sick daughter, Adriana, came and brought her a bunch of flowers—that was my sign. "Thank you, Lord, many thanks—you listened to me and I feel great joy." I tell you that when you ask for something with abiding faith, it is accomplished. I was scared, I didn't have peace in my heart, I was suffering too much because of my daughter's problem—and now I am at peace.

On December 24th, I was in the hospital with Adriana after 11:00 at night and I slept there in the room with her. I was worse off that day because it was the 24th and I always had some party, some festivity, at home—and now we were in the hospital. I remember that I dreamed that night and in the dream dear God was with me and he touched me and then I saw him close to me, and he was praying for me. I felt joy and at the same time it scared me to see Him so close to me. My daughter was getting better and then she told me, "Mommy, I know that God will heal us." And then I felt great—all of this is a miracle of God. On the 25th of December the doctors saw us and told us that she could be taken home because Adriana now was looking better. We came home on the 25th and I said to Adriana, "Do you want me to make a dinner on the 31st to bring in the new year?" And she told me, "Yes, Mommy, I want you to make me *pozole verde* and I want you to have a party." And we didn't spend the new year as if nothing had happened in our life—my daughter danced happily after being in the hospital for eight days, she glowed like you wouldn't believe. We were happy. After what happened to us, I never forget to give thanks to God—the most important thing is to have Him in your heart.

OUR LADY OF GUADALUPE DAY

The Lady of Guadalupe Basilica in Mexico City is visited by millions of faithful devotees and a celebration in her honor lasts for several days each year, beginning on December 12. Her image, emblazoned on Saint Juan Diego's garment, can be seen by everyone in the Basilica. The Mexican communities abroad also celebrate her day by singing the traditional "*Las Mañanitas*," the Mexican Happy Birthday Song, as well as dancing pre-Hispanic and Colonial Dances such as the "*Los Matlachines*," while bands of *mariachis* sing in her honor. In Pennsylvania, as in other states with large communities of Mexican residents, Our Lady of Guadalupe Day is also celebrated. Rev. Frank K. Depman, Chaplain of Misión Santa María, Madre de Dios in Avondale, PA, describes the festivities.

Padre Frank Depman celebrando la misa en La Misión
Father Frank Depman celebrating mass at the Mission

El día de la celebración comienza alrededor de las 5 de la mañana con "Las Mañanitas." Tenemos el camión y comienzan en el convento donde está el santuario a Nuestra Señora de Guadalupe. Y de ahí vamos a diferentes campamentos, a diferentes edificios y hogares—es algo limitado a qué tantos lugares podemos visitar ya que en cada lugar que uno visita, le dan de comer—comida, café y otros alimentos. Eso generalmenate termina como a las dos o las tres de la tarde, si tiene uno suerte, y luego regresamos a La Misión. Luego la primera celebración, la primera misa, comienza a las 5 de la tarde. En el último par de años, hemos sido muy afortunados de que venga un sacerdote desde México, lo cual le gusta a la gente. Luego tenemos las danzas, como la de "Los Matlachines." Y el coro viene vestido con ropa típica mexicana. Luego hay un desfile con las banderas de los diferentes estados de México. Tenemos la imagen de Nuestra Señora de Guadalupe con todas sus flores y rosas. En la primera misa no dejamos que nadie se lleve las rosas, que es la tradición. El primer año de la celebración tuvimos dos misas y tratamos de poner dos imágenes con sus respectivas rosas. Pero se volvió tan complicado que casi era imposible mover las flores. Así que ahora solamente ponemos varios ramos de rosas pero le pedimos a la gente que no se las lleve. Durante la primera misa entregamos las rosas de las cubetas, y luego en la segunda misa, los niños se llevan las rosas que rodean la imagen de Nuestra Señora de Guadalupe.

Empezamos esta celebración aquí a fines de los 80. Cuando yo llegué aquí en los 90, tuvimos una celebración en la Iglesia de San Patricio en

We have a huge celebration for our Lady of Guadalupe on December 12. Preparations for the *Guadalupana* start in September, with people organizing who's going to do what. For the music, they start practicing every week. In October they start having fundraisers to buy the flowers and other things that are needed for the celebration. They take a collection up in all the camps and the stores. And they'll have a drama the week before, acting out the whole celebration, what it's about.

"AFTER THE MASS THE PASTOR TOOK ME TO THE BACK OF THE CHURCH AND SHOWED ME THE SIGN THAT SAID THE LEGAL LIMIT OF THE BUILDING WAS 350 PEOPLE, AND WE PROBABLY HAD ABOUT 700 OR MORE PACKED INTO THE CHURCH."

The day of the celebration starts around 5:00 in the morning with the "*Las Mañanitas*." We have the bus and they start at the convent where they have a shrine to Our Lady of Guadalupe. And from there we go to different camps, different developments and homes—it's kind of limited in how many you can visit because every place you go, you have something to eat—food, coffee and stuff. That usually ends around 2:00 or 3:00, if we're lucky, and we get back to the Mission. Then the first celebration, the first mass, starts at 5:00. In the last couple of years, we've been very lucky to get a priest to come up from Mexico, which the people respond very well to. Then they have the dances, the "*Los Matlachines*." And the choir comes in their traditional costumes and clothes. Then they bring in a parade of flags from the different states of Mexico. They have the picture of Our Lady of Guadalupe and all the flowers and roses. In the

Mark Lyons

His heart where his sleeve would be

> "Después de la misa, el pastor me llamó a la parte de atrás de la iglesia y señaló al letrero que decía, Cupo máximo 350 personas, y nosotros probablemente teníamos 700 o más personas quienes habían llenado la iglesia."

Kennett Square. Después de la misa, el pastor me llamó a la parte de atrás de la iglesia y señaló al letrero que decía, cupo máximo 350 personas, y nosotros probablemente teníamos 700 o más personas quienes habían llenado la iglesia. Así que me pidieron que encontrara otro lugar para realizar la celebración. Así que nos mudamos al Salón de la Asunción en West Grove, el cual aloja a 750 personas sentadas y luego todos los demás se quedan parados llenando el espacio que queda en el edificio. En 1998 o 1999 empezamos a celebrar dos misas, una a las 5 de la tarde y la otra a las 7:30 de la noche, debido a que viene tanta gente al Salón. Dos mil o dos mil quinientas personas vienen a la celebración y solamente hay lugar para estar de pie, afuera del Salón.

first mass, we don't let anybody pull the roses off, which is the usual the tradition. The first year we had two masses and we tried to have two pictures with two sets of roses. But they get so elaborate that it's almost impossible to move them. So now we just have the one and we ask the people not to pull them off. We hand out roses from buckets for the first mass and then, in the second mass, the kids pull the roses off the picture.

We started this celebration here in the late '80s. When I came here in '90, we had a celebration in St. Patrick's Church in Kennett Square. And then after the mass the pastor took me to the back of the church and showed me the sign that said the legal limit of the building was 350 people, and we probably had about 700 or more packed into the church. So they asked me to try to find a different place to have the celebration. So then we moved to the Hall of the Assumption in West Grove, which holds about 750 seated and then everybody would just fill in all around the building. In 1998 or '99 we started two masses, one at 5:00 and one at 7:30, because there's so many people that show up at the Hall— 2,000 or 2,500 people attend, and it's standing room only outside.

Nuestra Señora a bordo
Our Lady on board

Mark Lyons

Mark Lyons

La Historia de Danza Tenochtli

Danza

Tenochtli es una palabra compuesta por dos vocablos—
"*tetl*" (piedra) y "*nochtli*" (tuna). En la época pre-hispani-
ca México fue conocido como *Tenochtlitlan*, o sea Tierra
del Pueblo de la Piedra de las Tunas.

Tenochtli is a word composed of two Náhuatl
words—"*tetl*" (stone) and "*nochtli*" (prickly
pear). In pre-Hispanic times, Mexico was
known as *Tenochtlitlan* or Land of the Hard
Prickly Pears.

"Para los mexicanos, la danza es el legado espiritual de
nuestros ancestros . . ."

—Leticia Roa Nixon

"For Mexicans, dance is the spiritual legacy
of our ancestors . . ."

—Leticia Roa Nixon

Tenochtli

Seth Lyons

Hermana Juanita Houtman
Sister Jane Houtman

La Hermana Jane Houtman es la fundadora de *Danza Tenochtli*, el Ballet Folklórico Mexicano de la Misión de Santa María Madre de Dios en Avondale, PA. Ella estuvo en México en 1980 y fue a las presentaciones del Ballet Nacional Folklórico. Quedó tan encantada con las presentaciones que decidió comenzar un ballet folklórico en los Estados Unidos, y en 1992 creó el Ballet Folklórico Mexicano.

Cuando vino por primera vez a Avondale, la comunidad hispana, predominantemente puertorriqueña, celebraba el Festival Anual de los Tres Reyes Magos, que hacía presentaciones de la cultura puertorriqueña. Cuando creció más, la comunidad mexicana comenzó a presentar sus propios bailables. Algunos padres enseñaban más que los maestros, porque la mayoría de los mexicanos que venía a Avondale y a Kennett Square ya había aprendido las danzas folklóricas en la escuela. Sabían bailar muy bien estos bailes auténticos y pudieron enseñarles a los niños del ballet.

De pura casualidad, la Hermana Jane conoció a dos jóvenes estudiantes de medicina que conocían a la costurera que hacía los trajes del Ballet Nacional Folklórico de México. La Hermana Jane envió las medidas de los niños y la costurera confeccionó los trajes auténticos y se los mandó a la Hermana Jane.

S ister Jane Houtman is the founder of *Danza Tenochtli*, the Mexican Folkloric Ballet based in Avondale, Pennsylvania at the Misión Santa María Madre de Dios. She had been in Mexico in 1980 and had attended performances of the National Folkloric Ballet. She was so enchanted by its performances that she decided to start a folkloric ballet in the US, and in 1992 she created the Mexican Folkloric Ballet.

When she first came to Avondale, the predominantly Puerto Rican community held an annual Three Kings Festival, which presented performances about Puerto Rican culture. When the Mexican community grew larger, it started its own dances. Some parents taught more than the teachers because most of the Mexicans who came to Avondale and Kennett Square had already learned folkloric dances at school. They knew these authentic dances very well and were able to teach them to the children of the ballet.

LA DANZA DE LOS VIEJITOS [THE DANCE OF THE OLD MEN]

This traditional dance from Michoacán, in spite of its name, is danced by young people who imitate the movement of old people. In Mexico the elders are honored and people in the community go to them for advice. They are respected for their wisdom and life experience. "*Danza de los Viejitos*" is a way to honor the elderly.

By sheer coincidence, Sister Jane met two young medical students who knew the seamstress of the National Folkloric Ballet of Mexico. Sister Jane sent her the children's measurements and the seamstress made authentic outfits and sent them to Sister Jane.

Presently, *Danza Tenochtli* has 24 members, ages 7 to 23. The children and youth meet twice a week for about eight weeks. The program includes three dances from Jalisco and from other Mexican states such as Coahuila, Tamaulipas, Chiapas, Oaxaca and Michoacán. The repertory includes "*Danza de Los Viejitos*" [The Dance of the Old Men]; "*Jarabe Mixteco*," and "*Danza de Los Matlachines*," which is performed especially for the Lady of Guadalupe Celebration in December.

La Danza de los Viejitos

Este baile típico de Michoacán, que a pesar de su nombre, es bailado por gente joven que imita los movimientos de los ancianos. En México se honra a las personas de edad, puesto que son los consejeros de la comunidad a quienes acude la gente. Son respetados por su sabiduría y experiencia en la vida. "La Danza de los Viejitos" es una manera de honrar a los ancianos.

Actualmente, *Danza Tenochtli* tiene 24 miembros, entre las edades de 7 a 23 años. Los niños y jóvenes se reúnen dos veces por semana durante aproximadamente ocho semanas. El programa incluye 3 bailes de Jalisco y de otros estados como son Coahuila, Tamaulipas, Chiapas, Oaxaca y Michoacán. El repertorio incluye la "Danza de Los Viejitos," "Jarabe Mixteco" y "Danza de Los Matlachines," que se baila especialmente para la celebración de la Virgen de Guadalupe en diciembre.

Danza Tenochtli se ha presentado en Kentucky, Connecticut, Washington, D.C., Salisbury, Maryland y en Filadelfia en el Centro de Música Mann, Penns' Landing y el Centro Kimmel. La Hermana Jane indica que ella nunca ha tenido que solicitar las presentaciones. "Siempre hemos sido invitados," dice. "Mucha gente sabe de nosotros a través del consulado mexicano."

Los niños y jóvenes bailan casi siempre sin cobrar para enseñarle a la gente la cultura folklórica mexicana. Algunos niños llevan sus trajes a la escuela y les enseñan los pasos a otros niños. Mayra Castillo, de 23 años de edad, ha estado en el Ballet casi toda su vida y ahora es una de las coreógrafas. [Vea nuestra entrevista con Mayra, que se encuentra en la página 290.]

Danza Tenochtli tiene un vestuario de más de 600 prendas incluídas blusas, pantalones, faldas y zapatos. "Mi casa está llena de ropa. Mi recámara principal se ha convertido en el almacén principal," dice bromeando la Hermana Jane, quien es conocida en la comunidad mexicana como la Hermana Juanita. "Nuestro problema ha sido siempre encontrar maestros, debido al estatus de indocumentación de la mayoría de las mujeres que tienen miedo de ser deportadas, y también por la oposición de sus maridos. Una de ellas me dijo que su marido no la dejaba venir a dar clases. Quizás sea por el marido que ella no quiere atraer la atención hacia ella."

De acuerdo a la Hermana Jane, la presencia de *Danza Tenochtli* le ha abierto los ojos a los americanos en Kennett Square y Avondale.

Danza Tenochtli has performed in Kentucky, Connecticut, Washington, D.C., Salisbury, Maryland, and in Philadelphia at the Mann Music Center, Penn's Landing, and the Kimmel Center. Sister Jane points out that she doesn't have to solicit performances. "We have always been invited," she says. "A lot of people make a contact through the Mexican Consulate."

The children and youth dance mostly for free in order to teach people about Mexican folklore. Some children take their costumes to school and teach other children the steps. Mayra Castillo, 23, and a life-long member of the Ballet, is now one of its choreographers. [See our interview with Mayra on page 291.]

Danza Tenochtli has over 600 pieces of clothing, including blouses, pants, skirts and shoes. "My house is full of clothing. My master bedroom has become the master storage room," jokes Sister Jane, who is known in the community as Sister Juanita. "Our problem has always been finding teachers, mainly because of the undocumented status of women who are afraid of being deported, and also because of the opposition of their husbands. One of them told me her husband wouldn't let her come. Maybe it's because the husband doesn't want her to call attention to herself."

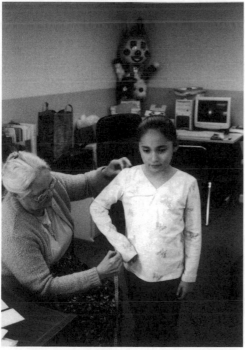

Seth Lyons

Hermana Juanita midiendo el traje para Margarita Ortiz
Sister Jane measuring costume for Margarita Ortiz

According to Sister Jane, the presence of *Danza Tenochtli* has been a real eye opener for the Americans in Kennett Square and Avondale. "Unfortunately, there's still a lot of xenophobia in the area. There's a lot of fear of people coming into the community. And the *Danza Tenochtli* children have been able to bridge that gap because everybody loves children. When children present their own culture, it opens people's eyes to a different aspect of that culture. You might not like the presence of Mexican men who work picking mushrooms and wear soiled

El Jarabe

El estado de Jalisco tiene renombre por su música de mariachi y por "El Jarabe," que es uno de los bailes folklóricos más conocidos. A nivel internacional y nacional, "El Jarabe Tapatío" es uno de los bailables de mayor fama.

Otro jarabe popular es "El Jarabe Mixteco" ["El Beso"]. Este baile muestra el cortejo entre la gente joven campesina. Es uno de los bailes favoritos de los niños del ballet *Danza Tenochtli* cuyas entrevistas aparecen en este libro. La parte más divertida para ellos es cuando los niños tratan de besar a las niñas y ellas les dan una cachetada, de a mentiras, y fingen estar "muy ofendidas."

"Desafortunadamente, todavía hay mucha xenofobia en esta zona. Hay muchas personas que tienen miedo de que haya gente llegando a la comunidad. Y los niños de *Danza Tenochtli* han sido capaces de reducir ese distanciamiento porque todo el mundo ama a los niños. Cuando los niños presentan su cultura, les abren los ojos a las personas para apreciar un aspecto diferente de esa cultura. Quizás no les guste la presencia de mexicanos que trabajan pizcando hongos y tienen la ropa sucia, pero los niños presentan el lado bello de su cultura y hacen que la gente xenofóbica se olvide del aspecto que no les gusta."

Una Madre Orgullosa

Los dos niños de María Barrera, Francisco y Mauricio, van a las clases de *Danza Tenochtli*. A su tercer hijo, Juan Manual, también le gusta bailar, pero lo hace en casa. La Señora Barrera dice, "Lo que más me gusta es que se abren a no ser tan tímidos. Mis niños están aprendiendo a bailar y eso me hace muy feliz. Siempre estaban agachados, ¡ahora bailan y bailan bien! Están aprendiendo las costumbres de México. Esto les abre la mente a tener confianza en sí mismos. A ver qué pasa en un futuro—pueden llegar a ser bailarines, quizás."

El Jarabe

The state of Jalisco is renowned for its *mariachi* music and for "*El Jarabe*," which is one of the most well-known folkloric dances. On a national and international level, "*El Jarabe Tapatío*" [the "Mexican Hat Dance"] is one of the most famous dances.

Another popular *jarabe* is "*Jarabe Mixteco*" ["The Kiss"]. This dance is about courtship among young field workers. It is one of the favorite dances of the children of *Danza Tenochtli* whose interviews appear on p. 258. The part they enjoy the most is when the boys try to kiss the girls, who then give them a slap while pretending to be "very offended."

clothes, but children present a beautiful side of their culture and make the xenophobes forget the other side they don't like."

A Proud Parent

Mrs. María Barrera's two boys, Francisco and Mauricio, attend *Danza Tenochtli*. A third child, Juan Manuel, also enjoys dancing, but does so at home. Mrs. Barrera says, "What I like most is that they open up and they aren't so shy. My children are learning to dance and that makes me very happy. My boys were always so shy and now they dance and they dance well! And they are learning the Mexican ways. This opens their minds and gives them self-confidence. Let's see what happens in the future—maybe they can become dancers themselves."

Los Niños de *Danza Tenochtli*

Jessica Morales, Margarita Ortiz, Lucas Ortiz, Adriana Reynaga y Richie Reynaga, quienes están entre las edades de 8 a 15 años, son todos miembros de *Danza Tenochtli*. Ellos son la nueva generación de mexicanos en el área de Kennett Square. Algunos vinieron de México con sus familias cuando eran muy pequeños, otros nacieron en los Estados Unidos. Asistieron a las escuelas públicas de la localidad y son completamente bilingües. Entrevistamos a los miembros del grupo de danza en la Misión de Santa María Madre de Dios, donde la Hermana Jane Houtman fundó esta compañía de danza. Les preguntamos si preferían contar su historia en español o inglés y todos los niños eligieron hablar en inglés. Estas son las únicas historias en este libro que fueron contadas en inglés y luego traducidas al español. Les preguntamos cómo se integraron a *Danza Tenochtli* y qué era lo más importante para ellos.

Jessica Morales

"Me gusta bailar 'El Jarabe Mixteco' porque la niña le da una cachetada al niño cuando él trata de besarla."

Voy a la Escuela Intermedia este año. Tengo 11 años de edad y he estado bailando por cerca de cuatro años. Cuando nos mudamos a Avondale, mi mamá estaba buscando trabajo, así que vinimos a la Misión y la Hermana Juanita habló con nosotros. Nos dió ropa y todo lo que necesitamos al principio. La Hermana Juanita le dijo a mi mamá que estaba buscando más personas para el grupo de danza. Mi mamá me lo dijo y yo respondí, "Bueno, O.K." Vi a todos bailar y quise aprender—ahora sé algunas de las danzas que bailan los niños más grandes. Desde que empecé a bailar, no quise irme de aquí, porque me gusta mucho estar aquí, aunque a veces tengo mis altas y mis bajas. Cuando vine aquí, no sabía ningún baile y Adriana me ayudó—quisiera darle las gracias. Algunas veces cuando voy a casa y no tengo nada que hacer, voy afuera y practico.

Sólo quiero decir que creo que todos nosotros nos divertimos al venir aquí porque todos nos llevamos bien, especialmente Junior, Margarita y

The Kids in *Danza Tenochtli*

Jessica Morales, Margarita Ortiz, Lucas Ortiz, Adriana Reynaga and Richie Reynaga, ages 8 to 15, are all members of *Danza Tenochtli*. They are the new generation of Mexicans in the Kennett Square area. Some of them came from Mexico with their families when they were very young, some were born in the United States. They attend the area public schools and all are completely bilingual. We interviewed the dance troupe members at the Misión Santa María Madre de Dios, where Sister Jane Houtman founded the folkloric dance company. When asked if they preferred to tell their story in Spanish or English, all of the children chose to speak English. Their stories are the only ones in this book which were told in English and translated into Spanish. We asked them how they got involved in *Danza Tenochtli* and why it was important to them.

Jessica Morales

"I like to dance the '*Jarabe Mixteco*' because the girl slaps the boy 'cause he tries to kiss her."

I'm going to Kennett Middle School this year. I'm 11 years old and I've been dancing for about four years. When we moved to Avondale, my mom was looking for work, so we came here to the Mission and Sister Jane talked to us. She gave us clothes and everything in the beginning. Sister Jane told my mom she was looking for more people for the dance group. My mom told me about it and I was like, "OK." I saw everybody else dance and I wanted to learn—now I know some of the dances that the older kids do. Ever since I started to dance, I didn't want to leave because I like it a lot, even though sometimes there's my ups and downs. When I came here, I didn't know any dances and so Adriana helped me—I would like to thank her. Sometimes when I go home and I don't have anything to do, I go outside and practice.

I just wanted to say that I think that all of us have fun coming here because we all get along, especially Junior, Margarita and the little kids— everybody. I like to dance the "*Jarabe Mixteco*" because the girl slaps the boy 'cause he tries to kiss her. We don't have to kiss really, but pretend. You move

los niños pequeños—todos. Me gusta bailar "El Jarabe Mixteco" porque la niña le da una cachetada al niño cuando él trata de besarla. No nos besamos de veras, pero fingimos hacerlo. Uno se mueve mucho y es acerca de un niño y una niña. Me gustan todos los bailes y no tengo favoritos porque creo que todos son buenos. Realmente me gusta bailar.

Margarita Ortiz

Tengo 8 años de edad y estoy en el tercer grado. He estado bailando por 2 años. Me gusta bailar y estar en el escenario donde la gente me pueda ver. Mi baile favorito es "El Jarabe" y "Las Chiapanecas." Me gustan "Las Chiapanecas" porque es un baile lento y no tengo que apurarme.

Seth Lyons

Margarita Ortiz

Lucas Ortiz

Voy a cumplir 10 años de edad y estoy en el 5to. grado. Este año voy a ir a Avondale. Somos seis de familia. Tengo otras tres hermanas que son menores—nosotros nacimos aquí en los Estados Unidos y mis padres nacieron en México. En casa yo y mi hermana hablamos inglés y mi papá habla un poquito de inglés. Pero mi mamá no lo habla y quiere aprender. A veces hablamos inglés con mi papá, pero no realmente. No estoy acostumbrado a

Adriana Reynaga y Lucas Ortiz
Adriana Reynaga and Lucas Ortiz

a lot and it's about a boy and a girl. I like every single dance and I don't have favorites because all of them are good. I really like to dance.

Margarita Ortiz

I'm 8 years old and I'm in third grade. I've been dancing for 2 years. I like to dance and go on stage and have people see me. My favorite dance is "*El Jarabe*" and "*Las Chiapanecas*." I like "*Las Chiapanecas*" because it's slow and you don't have to rush.

Lucas Ortiz

I'm going to be 10, I'm in 5th grade this year and I'm going to Avondale. In my family we have six people. I have three other sisters that are smaller—we were born here in the United States and my parents were born in Mexico. At home me and my sister speak English and my dad speaks English a little bit. But my mom doesn't and she wants to learn it. Sometimes we speak English with my dad, but not really. I'm not used to helping around the house but sometimes I do. Only my dad works, in the mushrooms down in Avondale.

Seth Lyons

Lucas Ortiz

I've been dancing for two years. I like to dance because I wanted to learn more about different cultures and to learn about Mexico and the dances that you do in different states. My favorite dance is "*El Jarabe Mixteco*" 'cause I get to push a girl. She gets to follow me and I get to push her or I get to follow her and she gets to push me.

Adriana Reynaga

I'm going to high school—9th grade—and I'm 14 years old. I've been in dance school for 6 years and I'm really enjoying it. It all started for us when me and my family moved here and we found out about the Mission—my mom came in here [the Mission] because she was looking for work. She was working here, so she found out from Sister Juanita about the *Danza Tenochtli* and she said, "I want my daughter to participate." She talked to me and I was

ayudar en casa pero algunas veces lo hago. Solamente trabaja mi papá, en los hongos en Avondale.

He estado bailando por dos años. Me gusta bailar porque quiero aprender más acerca de diferentes culturas y aprender acerca de México y de los bailes en diferentes estados. Mi baile favorito es "El Jarabe Mixteco" porque me toca empujar a la niña. Luego ella me sigue y yo la empujo o yo la sigo y ella me empuja.

Adriana Reynaga

Estoy en la escuela secundaria—9no. grado—y tengo 14 años de edad. He estado en la escuela de danza por 6 años y realmente lo disfruto. Todo comenzó cuando yo y mi familia nos mudamos aquí y supimos de la Misión— mi mamá vino aquí porque estaba buscando trabajo. Estaba trabajando aquí cuando supo de *Danza Tenochtli*, por medio de la Hermana Juanita, y dijo "Quiero que mi hija participe." Mi mamá me habló de ello y yo estaba tan emocionada porque me encanta bailar y me encanta cantar—yo quiero ser actriz. Y dije, "¡Sí, claro!" Por eso estoy en este grupo. Me gustan los bailes folklóricos porque es parte de nuestra cultura, de México. He visto a mucha gente bailar bachata y salsa—la mayoría son puertorriqueños. Pero nosotros queríamos hacer algo diferente, queríamos bailar para mostrar nuestra cultura—por eso exploramos la danza mexicana. Mi baile favorito es "La Negra," es del estado de Jalisco. Tiene mucho movimiento y solamente bailan las niñas.

Richie Reynaga

Estoy en el 5to. grado en la escuela primaria New Garden. Tengo 11 años de edad y he estado en el grupo de danza por dos años. Vine porque mi hermana vino también. A veces soy serio y a veces no. Mi baile favorito es "La Jacaranda" porque hacemos eso brincando y también porque giramos mucho y me siento mareado. Ese es mi favorito.

Mayra Castillo

En cuanto a *Danza Tenochtli*, empecé en el grupo después de llegar a los Estados Unidos. Mi papá conocía a la Hermana Juanita porque lo había ayudado con la documentación para obtener su residencia y con la del resto

so excited because I love to dance and I love to sing—I want to be an actress. I was like, "Yeah, sure!" So that's why I'm into this group. I like folkloric dance because it's part of our culture, Mexico. I've seen a lot of people dancing *bachata* and salsa—they're mostly Puerto Ricans. But we wanted to try something different, we wanted to dance to show our culture—that's why we explore Mexican dance. My favorite dance is "*La Negra*," it's from the state of Jalisco. There's a lot of movement to it and there's only girls.

Richie Reynaga

I'm going to 5th grade at New Garden Elementary School. I'm 11 years old and I've been in the dance group for two years. I came because my sister came, too. Sometimes I'm serious and sometimes I'm not. My favorite dance is "*La Jacaranda*" because we do that with jumping and we also spin a lot and I get dizzy. That's my favorite one.

Seth Lyons

Richie Reynaga

Mayra Castillo

As far as *Danza Tenochtli*, I started right after I arrived in the US. My dad knew Sister Jane because she had helped him with all the paperwork for his residency and then for the rest of the family. We came to see her at the Mission one day and she invited us into the dance group—at first, it was my younger brother and I. In Mexico I had participated in dances for our traditional celebrations and had learned some basic steps, but never really performed in a group. I have always enjoyed dancing and so I accepted. I danced with the group for about four or five years as a member and eventually I became the teacher for the smaller children in the group. I know that a lot of the children from the group look up to me as their role model, but I do always tell them, "Only follow my good advice and do the good things I do, not the bad ones because I'm not perfect either." I know that the boys and girls and teens that come to the dance group, for the most part, do it because they love to dance; also, it's in part to get out of the house, to have something to do after school and it keeps them away from too much television and video games, plus they also make some good friends.

For me, *Danza Tenochtli* has been a way for all of us, whether we're

de la familia. Vinimos a verla un día a la Misión y nos invitó a participar en el grupo de danza, al principio estábamos mi hermano menor y yo. En México yo había participado en danzas de nuestras celebraciones tradicionales y había aprendido algunos pasos básicos, pero nunca bailé en un grupo. Siempre he disfrutado bailar y así que acepté el ofrecimiento. He bailado como parte del grupo alrededor de cuatro o cinco años y gradualmente me convertí en maestra de los niños más pequeños del grupo. Yo sé que muchos de los niños del grupo me consideran como un ejemplo a seguir, pero siempre les digo, "Sigan únicamente mis consjeos buenos y las cosas buenas que hago, pero no imiten las cosas malas mías porque tampoco soy perfecta." Sé que la mayoría de los niños y niñas y adolescentes que vienen al grupo de danza lo hacen porque les encanta bailar también y, en parte, porque salen de casa a hacer algo después de la escuela, y esto les mantiene alejados de ver demasiado televisión y jugar con videojuegos, además hacen buenas amistades.

"Si tuviese que escoger uno como mi favorito, sería 'México Lindo y Querido.'"

Para mí, *Danza Tenochtli* ha sido un recurso para todos nosotros, ya sea para los que han nacido aquí o en México, para mantener nuestras tradiciones y nuestra cultura. Hoy día, la mayoría de los niños comen papas fritas con catsup en vez de frijoles con queso y chile y la mayoría hablan inglés en vez de español; pero les encanta bailar y mostrar su conocimiento de las danzas, las tradiciones detrás de ellas y las costumbres. El grupo de danza es un medio para mantenerlos cerca de sus raíces y no sentirse totalmente perdidos en el arcoiris de nacionalidades.

Personalmente, yo siento muchas emociones mediante la danza. Aparte de dormir, creo que bailar es lo que más me gusta. Cuando bailo trato de mostrar la mejor parte de mí misma.

Disfruto la música de mariachi porque eso hace surgir mi lado mexicano. Escucho la música y mi cuerpo comienza automáticamente a moverse, siento algo bonito, cálido y alegre dentro de mí. Disfruto "El Jarabe Tapatío" y "El Son de la Negra" del estado de Jalisco, a mí realmente me gustan mucho las canciones tradicionales de muchos estados de México. Si tuviese que escoger uno como mi favorito, sería "México Lindo y Querido," con música de mariachi, por supuesto.

born here or in Mexico, to maintain our traditions and our culture. Most of the children nowadays eat French fries with ketchup instead of *frijoles con queso y chile* [beans with cheese and peppers] and speak mostly English instead of Spanish, but they love to dance and show off their knowledge of the dances, the traditions behind them and the customs. The dance group is a way to keep them close to their original roots so they don't feel totally lost in the "melting pot."

"If I had to pick one song as my favorite, it would be 'México Lindo y Querido' [My Beautiful and Beloved México]."

Personally, I feel many emotions through the dance. I think dancing is one of the things that I like to do the most, aside from sleeping. When I dance I try to bring out the best parts of myself.

I enjoy the *mariachi* music a lot because it brings out my Mexican side. I hear the music and my body automatically starts to move and I feel something nice and warm and happy inside. I enjoy *"El Jarabe Tapatío"* and *"El Son de la Negra"* from the state of Jalisco, but really I like a lot of the traditional songs from many of the states in Mexico. If I had to pick one song as my favorite, it would be *"México Lindo y Querido"* ["My Beautiful and Beloved Mexico"] played by a *mariachi*, of course.

Daniel Rodriguez

"Es Lo Más Importante la Familia"

Una Entrevista con Adriana Reynaga

Adriana

Adriana Reynaga tiene 14 años de edad. Cuando
ella habló de su participación en *Danza Tenochtli*,
Adriana habló en inglés. Pero cuando empezó a
hablar de cómo su familia salió de México y cómo
empezaron una nueva vida en los Estados Unidos,
dijo que quería contar su historia en español.
Adriana es la hija de Margarita Rojas, cuya historia
también se encuentra en este libro.

"The Most Important Thing Is Our Family"

An Interview with Adriana Reynaga

Adriana Reynaga is 14 years old. When she talked
about her involvement in *Danza Tenochtli*, Adriana
spoke in English. But when she began to talk about her
family leaving Mexico and starting a new life in the
United States, she said that she needed to tell her
story in Spanish. Below is a translation of Adriana's
story. She is the daughter of Margarita Rojas, whose
story is also found in this book.

Reynaga

Mi mamá y yo somos de Zacapu, México. Nosotros vinimos a los Estados Unidos en el año 1990, cuando yo cumplí un año. Yo vine con mi papá y mi mamá, y vivimos en Wilmington. Nosotros éramos muy pobres cuando llegamos aquí. Una hermana murió, y luego llegó mi hermano Richie, en Christiana, Delaware. Cuando yo tenía seis años, mi mamá se divorció de mi papá por problemas que tuvimos. Fuimos a vivir con los tíos, y nosotros dormimos en un *closet* porque no tenían ningún lado más. Y, después, mi mamá trabajó bien duro y los tres de nosotros nos fuimos para un apartamento para vivir solos. Mi mamá siempre ha luchado más y más para sacarnos adelante. Yo le agradezco a mi mamá mucho, porque sin tener una pareja es muy difícil, y con dos niños, ella estaba muy ocupada trabajando, luchando. Ella entonces conoció a un señor llamado Pablo, y se casaron. Ahora vivimos bien, tenemos suficientes cosas. Yo le digo a mi mamá, "A mí no me importa que no somos ricos, lo que me importa es que convivimos todos y estamos bien—porque es lo más importante, la familia." Pablo es un gran padre, lo queremos porque nos ha apoyado mucho.

Mi mamá era muy inocente, no sabía nada de la vida a los 16 años, se dejaba manipular. Mi papá la golpeaba a mi mamá, y ella no hacía nada. Entonces un día, en la madrugada, me despierta y me dice, "Vámonos de esta casa, vámonos sin que tu papá se dé cuenta." Nos fuimos a escondidas en la mañana. Después era bien duro, porque ella no tenía amistades—mi papá no la dejaba tener amigas o nada. Y luego ella trabajaba en un restaurante, y allí empezó a ser más madura. Yo pienso que porque trabajaba mucho y tenía que luchar por nosotros, se puso más madura. Ahora ha cambiado, es una madre muy fuerte, es muy dura—especialmente conmigo y mi hermano.

A mí siempre me da mucha tristeza por no tener a mi papá, pero él no merece mi cariño. Yo lloraba mucho por lo que nos hacía. Él nos golpeaba mucho sin motivo, sin motivo nos hacía muchas cosas. Yo y me hermano no lo queremos ver—si lo vemos, no le mostramos nuestro cariño. Pero Pablo sí, porque él quiere lo mejor para mí y mi hermano. Él dice, "Lo que yo quiero es que salgan adelante, que sigan las reglas de la casa, y respeten y ayuden a su mamá." Le digo, "Sí. Sí Pablo." Yo a Pablo lo quiero como papá. No le digo papá pero sí lo quiero como un Papá. Y él dice, "Ustedes son como mis hijos."

My mom and I are from Zacapu, Mexico. We came in 1990, when I was a year old. I came with my Dad and my Mom and we lived in Wilmington. We were very poor when we came here. A sister died and later my brother Richie was born in Christiana, Delaware. When I was six years old, my mom divorced my dad because of problems that we had. We went to live with an uncle and aunt and we slept in a closet at my uncle's house because they didn't have another place for us to stay. Afterwards, my mom worked very hard and the three of us went to an apartment to live alone. My mom has always struggled more and more for us to get ahead. I'm very grateful to my mom because not having a partner is very difficult, and with two children she was very busy working and struggling. Then she met a gentleman named Pablo and they got married. Now we live well, we have the things we need. I tell my mom, "It doesn't matter that we're not rich, what's important to me is that we live together and we're well—because the most important thing is our family."

My mom was very innocent, she didn't know anything about life at 16 years old and she let herself be manipulated. My dad beat my mom and she didn't do anything. Then, one day at dawn, she woke me up and told me, "Let's get out of this house, let's go before your father realizes what's happening." We sneaked out in the early morning. After that it was very hard because she didn't have any friends—my dad didn't let her have friends or anything. Then she worked at a restaurant and there she began to be more mature. I think that she grew up because she worked a lot and had to struggle for us. Now she has changed, she's a very strong mother—she's very tough, especially with me and my brother.

I always feel sad because I don't have my father, but he doesn't deserve my affection. I cried a lot because of what he did to us. He beat us a lot for no reason, for no reason at all he did many things to us. My brother and I don't want to see him—if we see him, we won't show him our affection. We love Pablo because he wants the best for us. He says, "What I want is for you to get ahead, follow the rules of the house, and respect and help your mother." I tell him, "Yes. Yes, Pablo." I love Pablo like a father. I don't call him father, but yes, I love him like a father. And he says, "You all are like my children."

Mi mamá trabaja como secretaria en la Misión, y a veces limpiando casas. Ahora está aprendiendo inglés. En la casa siempre nos está hablando en inglés, pero siempre nos reímos de ella, hablamos chistoso, porque ella no dice bien las palabras. Mi hermano dice, "¡No más!" y yo digo, "*I'm sorry.*" Nosotros hablamos mucho inglés, y algunas veces hablamos malas cosas—no malas palabras, pero malas cosas. Y mi mamá dice, "No les entiendo."

Yo a mi hermano lo quiero mucho. Le enseñaba matemáticas, y mi hermano sabe mucho ahora. Sí, mi mamá siempre está bien agradecida conmigo, y dice, "Por tí, él saca buenas calificaciones en la escuela." Ahora yo leo todas las noches, en inglés y español. El próximo año, que voy a entrar a high school, quiero aprender francés. Quiero ser maestra de ESL [Inglés como Segundo Idioma]. A los mexicanos que ahorita vienen de México las clases de ESL los ayudan muchísimo, pero hay muchos que no aprovechan estas oportunidades. Quiero ir al colegio, y yo le digo a mi hermano que quiero que él vaya al colegio. Él quiere ser policía—le digo *okay*, bueno.

Me encanta que mi mamá está muy orgullosa de mí. Yo ayudo al padre en la Misión para traducir inglés y español a los que tienen problemas con los idiomas. Me gusta mucho ayudar a la gente que viene de México—a mí me encanta la gente.

Yo fui a la escuela bilingüe. Yo entré a los cinco años—por eso aprendí el inglés bien rápido. Yo soy muy relaja en la escuela, yo soy bien chistosa. A mí me gusta llevarme muy bien. Me conocen como la chaparra en la escuela.

"Me encanta que mi mamá está muy orgullosa de mí."

Yo conozco a todos los americanos, yo me llevo muy bien con ellos. Igual con los mexicanos. Los mexicanos y los americanos son diferentes. Creo que hablamos más los mexicanos, tenemos una forma de ser relajos. Yo veo que la cultura americana es más calmada. Pero a mí no me importa la cultura—yo sé que todos somos iguales.

Pues en el futuro pienso en casarme y tener una familia aquí. Todavía no pienso en eso, pienso en mis estudios. Yo pienso en quedarme aquí, en estudiar aquí, e ir a visitar mi familia en México de vez en cuando. Ahora que estoy aquí, no quiero ir a México para vivir. Todos los mexicanos llegan para una mejor vida—es a lo primero que vienen. Mi mamá vino aquí con la esperanza de tener una mejor vida. Al principio no fue así, pero ahora somos una

My mom works as a secretary at the Mission and at times cleaning houses. Now she's learning English. At home she's always talking to us in English, but we always laugh at her—we make jokes because she doesn't say the words very well. My brother says, "No more!" and I say, "I'm sorry." We speak a lot of English and sometimes we say bad things—not bad words, but bad things. And my mom, she says, "I don't understand you."

"I LOVE THAT MY MOM IS VERY PROUD OF ME."

I love my brother a lot. I taught him mathematics and my brother knows a lot now. My mom is always very grateful to me and she says, "Because of you, he's getting good grades in school." Now I read every night, in English and Spanish. Next year when I enter high school, I want to learn French. I want to be an ESL [English as a Second Language] teacher. The ESL classes really help the Mexicans who are coming here now, but there are many who don't take advantage of these opportunities. I want to go to college and I tell my brother that I want him to go to college. He wants to be a policeman—I tell him okay, fine.

I love that my mom is very proud of me. I help the priest at the Mission translate English and Spanish for those who have problems with the languages. I really like to help the people who come from Mexico—I love people.

I went to the bilingual school. I entered when I was five—that's why I learned English very fast. I play around a lot at school, I'm really funny. I like to get along well with others. They know me as "Shorty" at school. I know all of the Americans, I get along fine with them. Same with the Mexicans, but I think Mexicans and Americans are different. I think that we Mexicans talk more, we have a way of playing around. I see that the American culture is

Seth Lyons

Adriana y su madre, Margarita Rojas
Adriana and her mother, Margarita Rojas

"MI MAMÁ VINO AQUÍ CON LA ESPERANZA DE TENER UNA MEJOR VIDA. AL PRINCIPIO NO FUE ASÍ, PERO AHORA SOMOS UNA FAMILIA MUY CONTENTA."

familia muy contenta.

[Cuatro meses después de acabar esta entrevista, Adriana desarolló una inflamación de una arteria dentro de su cerebro, la cual la dejó a ella incapaz de organizar sus pensamientos o expresarse. Su madre, Margarita, recibió una orden de deportación, pero decidió quedarse en los Estados Unidos y enfrentar detención en una cárcel para que Adriana pudiera recibir la atención médica que necesita. Adriana gradualmente se está recuperando.]

Adriana celebrando su quinceañera
Adriana celebrating her quinceañera, her 15th birthday

"My mom came here with the hope of having a better life. At first it wasn't like that, but now we are a very happy family."

more laid back. But for me, culture isn't important—I know that we're all the same.

In the future I will think about marrying and having a family here. I'm not thinking about that yet, I think about my studies. I think about staying here and studying and going to visit my family in Mexico from time to time. Now that I'm here, I don't want to go to Mexico to live. All Mexicans come for a better life—it's the main reason they come. My mom came here with the hope of having a better life. At first it wasn't like that, but now we are a very happy family.

[Four months after completing this interview, Adriana developed an inflamed artery in her brain, which left her unable to organize her thoughts or to express herself. Her mother, Margarita, was given a deportation order, but decided to remain in the United States and face detention in jail so that Adriana could receive the medical treatment she needs. Adriana is gradually recovering.]

Seth Lyons

"Estoy Orgullosa de Ser Mexicana"

Una Entrevista con Jessica Morales

JESSICA

Jessica Morales tiene 11 años de edad. Cruzó la frontera cuando tenía cinco años, con su madre y dos hermanos. Su mamá fue parte de una ola de mujeres que han cruzado la frontera con sus hijos. Jessica entró al jardín de niños en Kennett Square cuando no hablaba ni una palabra de inglés, y ahora habla ambos idiomas con fluidez. Esta entrevista se hizo en inglés y se tradujo al español. Jessica decidió no usar los nombres verdaderos de otros niños con los que estuvo en aprietos, porque "No quiero que empeoren las cosas." Los nombres de los otros niños son ficticios, pero los hechos son reales. Jessica es miembro de *Danza Tenochtli*.

"I'M PROUD OF BEING A MEXICAN"

AN INTERVIEW WITH JESSICA MORALES

Jessica Morales is 11 years old. She came across the border when she was five, with her mother and two brothers, as part of a new wave of children crossing with their mothers. She began kindergarten in Kennett Square when she did not speak a word of English, and is now fluent in both languages. This interview was done in English and translated into Spanish. In the interview Jessica decided not to use the real names of some of the other children she had conflicts with because, as she said, "I don't want to make matters worse." The names of the other children are fictitious, but the facts are real. Jessica is a member of *Danza Tenochtli*.

MORALES

M i mamá dejó a mi papá porque él bebía. Yo tenía cinco años y mis hermanos siete y nueve—eso fue hace seis años. Cuando vine de México, tuvimos que entrar a escondidas a lo largo de la frontera de Texas. Para mí cruzar la frontera fue muy divertido—yo pensé que era una búsqueda del tesoro o algo así porque tuvimos que escondernos y ví a todas esas personas uniformadas. "¡Mamá, son policías. Están guardando el tesoro!— ¿Es ésta una búsqueda del tesoro?" Y ella dijo, "Ajá." Fue muy divertido. Cruzamos la frontera, pero desafortunadamente los policías nos agarraron. Algunas familias tuvieron que quedarse en la cárcel, pero nos regresaron a mí, a mi mamá y a mis hermanos a México.

"¡Mamá, son policías. Están guardando el tesoro!— ¿Es ésta una búsqueda del tesoro?"

Volvimos a intentarlo al día siguiente. Algunas familias se perdieron. Entonces decidimos ir con un guía y tuvimos que escondernos en su casa. Yo me enfermé y mi mamá me dió medicina, pero me revolvió el estómago. Es tan curioso recordar esto. Entonces llegamos a este lugar donde íbamos a quedarnos por un par de días y tuvimos que escondernos. Mi mamá puso música y bailamos. Nos divertimos mucho ahí. Pero entonces tuvimos que irnos, tomar un camión y partir. Estaba tan enferma que tenía que beber medicina y sacar mi cabeza por la ventana para vomitar. Yo era muy chica y necesitaba ir al baño cada cinco segundos, así que mi mamá me dió un pañal, y lo cambiaba cada vez que necesitaba otro. Mis hermanos y yo nos quedamos despiertos hasta la medianoche y contábamos chistes. En ese camión sucedieron muchas cosas. Mi mamá le gustó a un tipo y

Mark Lyons

Jessica Morales bailando "Los Matlachines"
Jessica Morales dancing "Los Matlachines"

My mom left my dad because he had drinking problems. I was five and my brothers were seven and nine—that was six years ago. When I came from Mexico, we had to sneak in along the border in Texas. For me coming across the border was so fun—I thought it was a treasure hunt or something because we had to hide and I saw all these people in uniforms. "Mom, they're cops! They're guarding the treasure!—is this a treasure hunt?" And she was like, "Yeah." It was completely fun. We crossed the border, but, unfortunately, the cops caught us. Some families had to stay in jail, but they took me and my mom and brothers back to Mexico.

"Mom, they're cops! They're guarding the treasure!—is this a treasure hunt?"

We tried it again the next day. Some of the families got lost. We decided to go with a guide and we had to go hide in this house. I was sick. My mom gave me medicine, but it made me throw up. It's so funny to remember this. Then we got to this place where we were going to stay for a couple of days and we had to hide out. My mom put on some music and we danced. We had lots of fun there. But then we had to leave, we had to get on a bus and go. I was so sick I had to drink medicine and sneak my head out through the window to puke. I was real small and I needed to go to the bathroom every five seconds, so my mom gave me a diaper, and she changed it every time I needed a new one. Me and my brothers would stay up until the middle of the night and make jokes and stuff. A lot of things happened on that bus. This guy liked my mom, he just wanted to spend every moment with her. But my mom didn't like him 'cause he reminded her of my dad.

I started school here when I was five years old. I had just come from Mexico and I didn't speak any English. On my first day of school I was real scared because my mother was working and I had to go by myself to wait at the bus stop. I almost wanted to cry. I didn't understand what they were saying and they were talking to me. And I was frightened 'cause there was only one girl that spoke English and Spanish.

There was this girl in my kindergarten class, she was sort of mean to

él quería pasar todo el tiempo con ella. Pero a mi mamá no le gustaba él porque le recordaba a mi papá.

Empecé a ir a la escuela aquí cuando tenía cinco años de edad. Acababa de llegar de México y no hablaba inglés. Estaba muy asustada el primer día de clases porque mi mamá estaba trabajando y tuve que ir sola a la parada del camión. Casi me puse a llorar. No entendía lo que me decían cuando me hablaban. Y estaba asustada porque solamente había una niña que hablaba inglés y español.

Había esta niña en mi clase del jardín de niños que era algo mala conmigo—prefiero no decir los nombres de la gente y empeorar las cosas, así que usaré un nombre inventado. La voy a llamar Wanda. De cualquier manera, ella siempre se burlaba de mí y decía cosas que yo no entendía. Cuando la niña que hablaba español me dijo lo que la otra niña me decía, me sentí muy mal. Yo siempre tenía la idea que si nos hacíamos amigas, ella dejaría de burlarse de mí. Le daba cosas para su cumpleaños y así, pero lo hizo de nuevo, así que decidí no ser su amiga.

En el jardín de niños conocí a una verdadera buena amiga llamada Brianna, ella hablaba español y me ayudó tanto. Era americana, la única amiga americana que tuve allí. Yo y Brianna tuvimos una amistad durante todos esos años. Ella me ayudó tanto, tanto. Me entendía y nos llevábamos muy bien, y teníamos muchas cosas en común. Luego me enteré de que sus papás estaban en problemas y que se iba a mudar a Florida.

Mi maestra de Inglés como Segundo Idioma me ayudó mucho. Ella quería que yo leyera y que yo escuchara mucho a la gente que hablaba inglés. Trabajó fuerte conmigo hasta el primer grado. Cuando pasé a primer grado, yo ya sabía muchas palabras y casi al final del primer grado podía hablar muy bien inglés—como el que estoy hablando ahora.

Estoy en sexto grado. El año pasado, el quinto grado, fue verdaderamente muy difícil. Había este niño mexicano llamado Danny—bueno, era como un buscapleitos. Para mí, Danny era maravilloso. Luego había este niño americano llamado Arnold—Arnold era malo con Danny y a su vez Danny era malo con Arnold. Arnold no se llevaba bien con los mexicanos porque no le caían bien.

Un día le dije, "Arnold, ¿cuál es el problema, por qué te burlas de Danny?" Y él dice, "Bueno, soy malo con él porque es mexicano." "Bueno, esa no es razón para burlarse de él." Y él dice, "Sí, es razón porque los mexicanos se están apropiando de nuestro país." Y yo digo, "No hay una gran diferencia.

me—I'd rather not name people and make things worse, so I'll use a made-up name. I'll call her Wanda. Anyway, she always made fun of me, she said things I didn't understand. When the girl that spoke Spanish told me what this girl was saying, I felt bad. I always had this idea that I wanted to get her to be my friend so she would stop. I gave her things for her birthday and stuff, but then she did it again, so I decided not to be her friend.

In kindergarten I met this real good friend named Brianna, she spoke Spanish, and helped me so much. She was American, the only American friend that I had there. Me and Brianna have had a friendship even through all these years. She helped me so much, so much. She understood me—me and her got along great, and we had a lot in common. Then I found out that her parents were in trouble and she was moving to Florida.

My ESL teacher helped me a lot. She wanted me to read, she wanted me to hear people speak English a lot. She kept working hard with me, until first grade. When I got to first grade I already knew a lot of words and almost by the end of first grade I could speak English real well—like I'm talking right now.

I'm going into sixth grade. Last year, in fifth grade, it was real, real tough. There was this Mexican kid named Danny—well, he was kind of like a

Jessica Morales bailando
Jessica Morales dancing

Los mexicanos y los americanos son lo mismo, solamente que hablan idiomas diferentes." Y él dice, "Ajá, cómo no. Los mexicanos vienen de un país diferente. Nosotros somos americanos, nosotros hablamos inglés. Ustedes hablan español, ustedes se ven diferentes." Luego le dije, "Mírate y mira a Randy"—ese es otro niño en mi camión. Porque Randy se ve raro y es americano. Luego le dije, "Mírate y mira a Randy." Y él dijo, "¿Por qué?" "¿No crees que te ves diferente a Randy?—solamente porque eres de un lugar diferente, eso no significa nada, Arnold."

Me hizo enojar y me siguió haciendo enojar hasta el fin de año. Le dije otra vez, "Arnold, no hay tal gran diferencia entre mexicanos y americanos. Son la misma cosa. ¡Ya te lo he dicho un millón de veces!" Me dijo, "Bueno, estás diciendo eso solamente porque eres mexicana." Y yo respondí, "Estoy orgullosa de ser mexicana, no me importa si hubiese sido americana o china o lo que sea. Lo único que estoy diciendo es que deberías respetar a todos. No debería ser importante si son mexicanos o americanos o afro-americanos—tú realmente deberías tener consideración con ellos. Muchos vienen aquí con problemas, buscando un mejor futuro. Es algo que debería darte gusto." Después de que le dije eso dejó de molestarme y como que se calmó.

En mi clase de quinto grado había principalmente americanos y mexicanos. Había esta niña Brenda quien era muy popular solamente porque tenía novio. Se burlaba de todos los mexicanos. No le caían bien los mexicanos—los odiaba. Y decía, "¡Aléjense de mí! Ustedes me van a pasar sus microbios mexicanos!" Me enojé porque realmente tengo carácter fuerte. Te lo digo ahora mismo, si alguien se burla de los mexicanos me enfurezco. Quería empujarla pero no lo hice, porque no me gusta ser una persona violenta. No me gusta meterme en problemas cada semana—no me gusta meterme en problemas para nada. Brenda me saca tanto de quicio.

Una de las amigas de Brenda es puertorriqueña, y ella se estaba burlando de los mexicanos. Claudia—así se llama la niña puertorriqueña—se burlaba de mí. "¿Qué estás viendo, estúpida mexicana?" Me enojé muchísimo, estaba realmente enfurecida. La ví venir a la fila del almuerzo y le digo, "Necesito hablar contigo durante el recreo." Así que fui con la consejera de orientación y le pregunté, "¿Puedo tomar prestada su oficina por un momento?" Y ella contestó, "Claro que sí." Así que llevé a Claudia a la oficina de la consejera de orientación y le dije, "¿Por qué te burlas de los mexicanos?" Y ella dijo, "Porque quiero—es divertido." Y yo le digo, "¡Pero tú eres puertorriqueña y te estás burlando de los mexicanos. Los mexicanos son igual que los puertorriqueños!" Y ella dice, "No, porque los puertorriqueños hablan diferente." Y yo digo, "Es el mismo idioma solamente que es diferente lengua."

troublemaker. Then there was this American kid named Arnold—he was mean to Danny and Danny was mean to him back. Arnold didn't have such a good relationship with Mexicans because he didn't like Mexicans.

One day, I was like, "Arnold, what's the matter, why are you making fun of Danny?" And he's like, "Well, I'm being mean to him because he's Mexican." And I said, "Well, that's no reason to make fun of him." And he says, "Yes it is, Mexicans are taking over our country." And I'm like, "It's not such a big difference. Mexicans and Americans are the same thing, only they speak a different language." And he says, "Yeah, right. Mexicans come from a different country. We are Americans, we speak English. You guys speak Spanish. You guys look different." Then I told him, "Look at yourself and look at Randy"—that's this other boy in my bus. 'Cause Randy looked weird and he was American. Then I told him, "Look at you and look at Randy." And he said, "Why?" I said, "Don't you think you look different than Randy?—just because you are from a different place, that doesn't mean anything, Arnold."

He got me mad because he still kept it up until the end of the year. I told him again, "Arnold, there's not such a big difference between Mexicans and Americans. They're the same thing. I already told you a million times!" He said, "Well, you're just saying that because you're Mexican." And I'm like, "I'm proud of being a Mexican. I don't care if I'm American or Chinese or whatever. I'm just saying that you should respect everybody. You shouldn't care if they're Mexicans or Americans or African-Americans—you should actually care for them. Lots of them come here with problems, looking for a better future. That's something you should be glad about." After I told him that, he cut it out and he cooled down.

In my fifth-grade class, there were mostly Americans and Mexicans. There was this girl, Brenda, she was popular only because she had a boyfriend. She made fun of every Mexican. She didn't like Mexicans—she hated them. And she was like, "Get away from me! You guys are going to give me your Mexican germs!" I got mad—I have a real bad temper. I'll tell you that right now—if someone makes fun of Mexicans, I'll get real mad. I wanted to push her, but I didn't because I don't like to be a violent person. I don't like to get in trouble every week—I don't like to get into trouble at all. Brenda gets on my nerves so much.

One of Brenda's friends is Puerto Rican and she's making fun of Mexicans. Claudia—that's the Puerto Rican girl's name—she made fun of me.

Logré que dejara de burlarse para siempre de mí o de que se burlara de alguien más por ser mexicana. Finalmente logré que ya no se burlara.

En mi clase, hay este niño que se llama Robbie, era algo gordito. Brincaba en el camión escolar y lo hacía bambolear. Todos se burlaban de él. A mí no me caía bien porque se burlaba de mí cada segundo. Una vez me hizo enfurecer tanto porque se estaba burlando de mi apellido. Mi cara se puso roja, "¡Ya deja de molestar!" La maestra nos dijo, "¡Ya cálmense los dos!" No me gusta para nada que la gente me haga burla.

Te voy a decir todo. Cuando vaya a la escuela intermedia—los grados seis, siete y ocho—estoy planeando obtener buenas calificaciones porque me dijeron que si me esfuerzo mucho en la escuela puedo ir a la universidad gratis. Realmente quiero esforzarme mucho para obtener una beca. Y cuando crezca, quiero ser consejera escolar. Cuando estaba en el quinto grado, había esta consejera de orientación llamada la Sra. Turner. Le dije, ¿Sabe usted qué quiero ser cuando sea grande?" Y ella preguntó, "¿Qué?" Y yo le digo, "Yo quiero ser consejera de orientación." Y ella dijo, "¿De veras?" Y yo le digo, "Sí, y desearía que usted me dejara escoger un día para estar en su oficina y ser como usted." Logré sentarme en su lugar en la oficina y hacer un caso con ella. "Serías muy buena consejera," ella dijo.

Me caía bien porque era una persona muy comprensiva. Si no me sentía cómoda diciéndole algo, ella decía, "Está bien, no me tienes que decir." Me sentí realmente a gusto con ella; te puedo decir que era una persona verdaderamente amable conmigo. Siempre voy a recordar que me dió una oportunidad para tomar su lugar en el trabajo.

"ESTOY PLANEANDO OBTENER BUENAS CALIFICACIONES PORQUE ME DIJERON QUE SI ME ESFUERZO MUCHO EN LA ESCUELA PUEDO IR A LA UNIVERSIDAD GRATIS."

Mi mamá trabaja mucho ya que estamos aquí sin mi papá. Somos tres—mis dos hermanos mayores y yo. Mi mamá pizca hongos ya que es el único trabajo que pudo conseguir—tiene amigos ahí. Quiere aprender inglés porque yo y mis hermanos hablamos casi todo en inglés cuando estamos en la casa. Yo hablo español con mi mamá. Mi mamá quería ser veterinaria—una persona que atiende animales—pero no pudo llegar a serlo. Cuando era chica necesitaba anteojos y no tenía zapatos porque la familia de mi mamá era bien pobre—no había dinero para comprar los anteojos. Le preguntó a su mamá si podía ir a la escuela porque todos—como sus hermanos y hermana—iban a la

"What are you looking at, you stupid Mexican?" I got real mad. *Real mad.* I saw her coming down the lunch line and I'm like, "I need to talk to you at recess." So I went to the guidance counselor and asked her, "Can I borrow your office for a minute?" And she was like, "Sure." So I took Claudia to the guidance counselor's office and said, "Why are you making fun of Mexicans?"

"I'M PLANNING TO GET GOOD GRADES BECAUSE THEY TOLD ME IF SOMEONE PUTS A LOT OF EFFORT IN SCHOOL, THEY GET TO GO TO COLLEGE FOR FREE."

And she said, "Because I want to—it's fun." I'm like, "But you're Puerto Rican!! You're Puerto Rican and you're making fun of Mexicans! Mexicans are the same as Puerto Ricans!" And she's like, "No, 'cause Puerto Ricans speak different." And I'm like, "It's the same language only they have a different tongue." I got her to stop making fun of me ever again, or making fun of anyone else, for being Mexican. I got her to do that, finally.

In my class, there's this boy named Robbie and he was kind of like, fat. He jumped in the bus and he made the bus wobble. Everybody made fun of him. I didn't like him because he made fun of me every single second. One time he got me so mad 'cause he was making fun of my last name. He's American but his dad's Mexican, and he got everybody in my class to make fun of my last name. My face got red, "Would you stop!" The teacher was like, "You can calm down!" I don't like people making fun of me at all.

I am going to tell you everything. When I go to middle school—grades six, seven and eight—I'm planning to get good grades because they told me if someone puts a lot of effort in school, they get to go to college for free. I really want to put a lot of effort into getting a scholarship. And when I grow up I want to be a school counselor. When I was in fifth grade, there was this guidance counselor named Mrs. Turner. I told her, "You know what I want to be when I grow up?" And she said "What?" I said, "I want to be a guidance counselor." And she was like, "Really?" And I was like, "Yes, I was hoping that you could let me pick a day at your office where I could be like you and stuff." And I got to sit in her office and do one case with her. "You could be a fine counselor," she said.

I liked her because she was an understanding person. If I didn't feel comfortable telling her something, she said, "It's OK, you don't have to tell

escuela. Pero se tuvo que quedar con su mamá para ayudarla. Tenía que empezar a trabajar en la casa a las cinco de la mañana.

He aprendido mucho de mi mamá porque yo tengo cosas que ella nunca tuvo a mi edad, y me siento afortunada. Normalmente no me gusta usar anteojos porque la gente se burla de mí, y mi mamá me dice, "Jessica, deberías estar contenta de que tienes anteojos porque cuando yo era pequeña, los necesitaba y nunca había suficiente dinero." Todos deberían aprender de sus padres porque los padres saben mucho más que nosotros.

Le ayudo a mi mamá en todo. No le dejo hacer nada sola. Mis hermanos no hacen eso mucho porque están jugando con el *Play Station* y viendo *TV* y todas esas cosas. Yo le ayudo a mi mamá a lavar la ropa. No dejo que haga nada ni que salga sola. Porque ahora mismo mi mamá está enferma—tiene algo en su estómago y le dan dolores de estómago muy fuertes. Tengo miedo de que si no estoy con ella vaya a sentir esos dolores y vaya a parar al hospital. No quiero que eso suceda, así que cuido mucho a mi mamá.

César Viveros-Herrera

Bueno, mi mamá trabajaba duro y encontró a un hombre llamado Laureano Tapia. Conoció a mi mamá cuando ella venía a tomar clases de inglés aquí en la Misión. Una vez vine aquí con ella y lo ví mirando a mi mamá de una manera muy extraña. Miré a mi mamá y lo miré a él. Ví algo en él que me hizo decir, "Creo que mi mamá le gusta." Porque él se le quedaba mirando en secreto. Tomó una foto de

Jessica Morales y Margarita Ortiz
Jessica Morales and Margarita Ortiz

me." I felt like real, real comfortable with her, she was a real nice person to me, I'll tell you that. I'm always going to remember her giving me a chance to take her place at work.

My mom works a lot, since we're here without my dad. We're three—my two older brothers and me. My mom picks mushrooms, 'cause that's all she could find—she has friends there. She wants to learn English 'cause me and my brothers mostly talk English when we're at home. With my mom I speak Spanish. My mom wanted to be a veterinarian—an animal person—but she couldn't. When she was small she needed glasses and didn't have any shoes, but my mom's family was real poor—there was no money to get her glasses. She asked her mom if she could go to school because everybody—like her brothers and her sister—went to school. But she had to stay with her mom and help her and stuff, she had to start working at 5:00 in the morning.

I learn from my mom a lot 'cause I have things that she didn't have when she was my age, and I feel lucky. Normally I don't like to wear my glasses 'cause people make fun of me, and my mom tells me, "Jessica, you should be glad that you have glasses because when I was small, I needed them and there wasn't enough money." Everybody should learn from their parents 'cause their parents know much more than they do.

I help my mom in everything. There isn't one thing I let her do by herself. My brothers don't do a lot 'cause they're busy playing Play Station and watching TV and all that stuff. I help my mom with laundry. I don't let my mom do anything or go anywhere by herself. 'Cause right now my mother is sick—she has something in her stomach and she gets bad stomachaches. I'm afraid that when I'm not there she'll end up feeling those pains and she'll end up in the hospital. I don't want that to happen, so I take care of my mom a lot.

Well, my mom did work hard and she found a man named Laureano Tapia. He met my mom because she used to come to English classes here at the Mission. One time I came here with her and I saw him looking at my mom in a real strange way. I looked at my mom and I looked at him. I saw something in him that said, "I think he likes my mom." 'Cause he kept staring at her in secret. He took a picture of my mom without her seeing him. She liked him, but she didn't tell—she always told me and my brothers, "You guys are the most important thing right now. " When we came from Mexico, it was only me and my mom and two of my brothers. Laureano is my stepdad, even though they're not married, he's been helping me and my mom a lot. My mom

mi mamá sin que ella se diera cuenta. Él le gustaba a ella pero ella no decía nada—ella siempre me dijo a mí y a mis hermanos, "Ustedes son lo más importante para mí ahora." Cuando vinimos de México éramos solamente yo y mi mamá y mis dos hermanos. Éramos cuatro. Laureano es mi padrastro, aunque no son casados, ha estado ayudándome a mí y a mi mamá mucho. Mi mamá todavía nos dice, "Quiero que tengan lo que necesiten y lo que les guste." Como por ejemplo en la Navidad, ella me dijo a mí y mis hermanos, "Con mi último cheque, quiero comprarles lo que quieran para Navidad."

Mi mamá siempre tiene que llevar a mi hermano Jonathan al hospital. Ella vino aquí para ayudarlo a curar porque ella no quería que él se muriese. Tiene 15 años y está bien ahora. Después de que lo operaron, su corazón está mucho mejor, pero todavía no funciona bien porque se cansa cuando corre. Desafortunadamente, mi mamá y mi hermano pasaron por una mala época, así que lo enviaron a México, pero ya está de regreso aquí.

Mi mamá me ha dado a mí y a mis hermanos lo que hemos necesitado. Cuando recién llegamos aquí, y mis hermanos lloraban en la noche, nos íbamos a la cocina y llorábamos porque pensábamos que necesitábamos un papá. Nos sentíamos mal porque mi papá se emborrachaba y eso, y necesitábamos un papá que nos dijera qué era bueno y qué era malo y que nos guiara. Ahora yo y Laureano nos llevamos muy bien, ha sido como un papá para mí. Me ha visto crecer desde que yo tenía cinco años y me ha enseñado lo bueno de lo malo, nos ha dado educación, y nos ha dado lo que necesitamos—para mí eso es ser un papá.

still tells us, "I want you guys to have what you need and what you guys like." Like at Christmas, she told me and my brothers, "With my last check, I want to buy whatever you want for Christmas."

My mother always has to take my brother, Jonathan, to the hospital. She came here to help him because she didn't want him to die. He's 15 and he's all right now. After he got operated on, his heart is much better, but it's still not working that well 'cause when he runs he gets tired. Unfortunately, my mom and my brother had a bad time, so they sent him to Mexico, but now he's back here.

My mom has given me and my brother what we needed. When we first got here, me and my brother cried at night—we went to the kitchen and we cried because we felt we needed a dad. We felt bad 'cause my dad was drunk and stuff and we needed a dad to tell us what was right from wrong and guide us. Now me and Laureano get along great, to me he's been my dad. And he watched me grow up since I was five years old and he has taught me right from wrong, he has given us education and he has given me what I need—to me, that's a dad.

Seth Lyons

"Yo Estoy Tratando de Encontrar Un Punto Medio de Ambas Culturas"

Una Entrevista con Mayra Castillo Rangel

Mayra Cast

Mayra Castillo Rangel tiene 22 años de edad, y vino a
los Estados Unidos cuando tenía 12 años. Ella es gradua-
da de Chestnut Hill College, donde se especialiazó en el
idioma francés y comunicaciones. Ahora ella trabaja en
La Universidad de Arcadia, en las Oficinas de Ayuda
Financiera y Admisiones; y también es la Coordinadora
de Reclutamiento de Minorías. Mayra es la maestra del
grupo de *Danza Tenochtli* de la Misión de Santa María
Madre de Dios, en Avondale, PA.

"I'M TRYING TO FIND A MIDPOINT BETWEEN BOTH CULTURES"

AN INTERVIEW WITH MAYRA CASTILLO RANGEL

Mayra Castillo Rangel is 22 years old and came to
the United States when she was 12. She is a graduate of Chestnut Hill College, where she majored
in French and Communications. She now works
at Arcadia University in the offices of admissions
and financial aid and is also the Minority
Recruitment Coordinator. Mayra is the teacher of
the dance group *Danza Tenochtli*, at La Misión
Santa María de Dios, in Avondale, PA.

illo Rangel

Nací en el estado de Michoacán, en un pueblito llamado San Marcos Matugeo, pero todos lo conocen sólo como Matugeo. Tengo un hermano mayor, cuatro hermanas mayores y un hermano más pequeño. Mis padres están vivos y viven juntos. En total somos nueve de familia, mis dos padres y sus siete hijos. Ahora tengo once sobrinos.

Llegué a los Estados Unidos a la edad de 12 años. Vine con mi hermano mayor, su esposa, su hijo de un año de edad, una hermana mayor y un hermano menor. Una joven, recién casada de un pueblo vecino, también nos acompañaba en el viaje.

Como ya tenía 12 años, recuerdo mucho de "cruzar la frontera." Empezamos nuestro viaje muy temprano en la mañana desde nuestro pueblo a Zacapú, la ciudad donde tomamos el primer camión que nos llevaría en un viaje muy, muy largo de varios días a la ciudad de Nogales. Hasta este día, no sé en qué estado está esa ciudad. Lo único que recuerdo de esos días era escuchar de que estábamos cruzando en Nogales porque era más fácil y rápido.

En aquel entonces no comprendía qué querían decir con que era más fácil, pero ahora me doy cuenta de lo sumamente fácil que fue cruzar de un país a otro, o por lo menos la parte física, porque la planeación fue entre mis padres, mi hermano mayor y los *coyotes*.

Pasamos una tarde y una noche en Nogales. Toda mi familia compartió una recámara en un hotel ahí mismo en frente de la frontera

Mayra Castillo Rangel en su graduación de la universidad, con su padre Reynaldo Castillo, su madre Isabel Rangel, y su hermano José Castillo

Mayra Castillo Rangel at her college graduation, with her father Reynaldo Castillo, mother Isabel Rangel, and brother José Castillo

I was born in the state of Michoacán, in a very small town called San Marcos Matugeo, but everyone just knows it as Matugeo. I have an older brother, four older sisters and a younger brother. Both my parents are still alive and live together. That makes nine with all of us together, my two parents and their seven children. I also now have 11 nieces and nephews.

I came to the United States at the age of 12. I came with my older brother, his wife, their son (who was a one-year-old at the time), an older sister and my younger brother. A young, newly married girl from a neighboring town also accompanied us.

Since I was already 12 years old, I remember a lot from "the crossing." We started our trip one very early morning from our town to Zacapu, the city where we picked up our first bus that would take us on a long, long ride of several days to the city of Nogales. To this day I don't know what state this city is located in. All I remember from back in those days was hearing that we were crossing in Nogales because it was easier and faster.

Back then I didn't quite understand what they meant when they said that it would be easier, but now I realize how extremely easy it was to cross from one country to another because the planning was done between my parents, my older brother and the *coyotes*.

We spent one afternoon and one night in Nogales. My whole family shared one bedroom in a hotel right in front of the US border, actually, very close to the legal crossing line. That's where the people with "legal" papers crossed in their cars. Then the next day we waited until the phone rang and the *coyotes* came to pick us up. It was this older lady and maybe her son, a kid about 15 or so.

It was bright daylight when we crossed. I think my brother discussed the plans with the lady on the phone, but all I know is that we got separated. My older brother went with the lady and another guy. The rest of us, including the girl from our neighboring town, went with the boy. We crossed through a little river. It was dry that day, although it had rained the day before. There was a wall, about five feet high, but instead of going over it, we all went through a huge hole on the side of it, down a little hill through the river, up

con los Estados Unidos, en realidad, muy cerca del cruce fronterizo legal. Era donde la gente con documentos cruzaba la frontera en su carro. Luego, al día siguiente, esperamos hasta que sonara el teléfono y los *coyotes* vinieron a recogernos. Era una señora mayor y quizás su hijo, un muchacho como de 15 años más o menos.

Era un día soleado cuando cruzamos. Creo que mi hermano habló por teléfono con la señora acerca de los planes, pero lo único que sé es que nos separamos. Mi hermano mayor se fue con la señora y otro tipo. El resto de nosotros, incluyendo la muchacha de un pueblo vecino, fuimos con el muchacho. Cruzamos por medio de un río pequeño. Era un día seco, aunque había llovido el día anterior. Había un muro, como de cinco pies de alto, pero en vez de brincarlo, todos cruzamos por un hoyo enorme para llegar al otro lado del muro, bajo una pequeña colina por el río, subimos la colina de nuevo y a través de un hoyo en el lado de un muro alambrado y entonces ya estábamos del otro lado de la frontera en los Estados Unidos. No estoy segura qué era lo que marcaba la frontera entre los países—el primer muro, el río o el segundo muro alambrado, pero a mí no me importaba mucho; lo único que sabía es que estaba en otro país y más cerca de mis padres.

"No estoy segura qué era lo que marcaba la frontera entre los países—el primer muro, el río o el segundo muro alambrado, pero a mí no me importaba mucho."

Mientras estábamos cruzando, el muchacho nos dijo que una vez que llegáramos al otro lado, íbamos a entrar al restaurante más cercano y ordenar unos refrescos y algo más y actuar como que estábamos solamente comiendo. Nos dijo que no corriéramos al restaurante, sino que camináramos, entráramos y lo siguiéramos a una mesa y nos sentáramos de lo más normal para no atraer la atención. Era un restaurante tipo McDonald's. No recuerdo qué fue lo que ordenamos. Creo que lo que más recuerdo que me impresionó de cruzar la frontera fue el miedo que todos sentíamos, pero principalmente el miedo en la cara de la muchacha que nos acompañaba. Su esposo fue uno de los que se fue con mi hermano y la *coyote*; la muchacha estaba básicamente sola, con nosotros. Yo me sentía segura simplemente porque estaba con mi familia y había adultos que me estaban cuidando. Podía darme cuenta que mi

the hill again and through a hole on the side of a chain link fence, and we were now on the other side of the border in the United States. I'm not sure what marked the line between countries—the first wall, the river, or the second barbed wire fence, but to me it didn't matter; all I knew was that I was in another country, closer to my parents.

While we were crossing, the boy told us that once we got to the other side we would go into the nearest restaurant and order some drinks and stuff and act like we were just eating. He told us not to run to the

"I'M NOT SURE WHAT MARKED THE LINE BETWEEN COUNTRIES—THE FIRST WALL, THE RIVER, OR THE SECOND BARBED WIRE FENCE, BUT TO ME IT DIDN'T MATTER."

restaurant, but to walk, to go in and follow him to a table and sit and act normal so we wouldn't attract attention. The restaurant was kind of like a McDonald's. I don't remember what we ordered. I think what I remember the most and what impressed me the most about the crossing was the fear we all felt, but mostly the fear I saw in the face of the girl that was accompanying us. Her husband was the one that went with my brother and the *coyote* lady and the girl came, basically alone, with us. I felt secure just because I was with my family and there were adults taking care of me. I could tell that my sister-in-law and my sister were afraid too, but at least we were all together. The poor girl, she was all alone. I could see the fear in her face and the way her body started to tremble while we were sitting at the table. Her feet trembled and

Mayra Castillo Rangel practicando con Danza Tenochtli
Mayra Castillo Rangel practicing with Danza Tenochtli

cuñada y mi hermana también tenían miedo, pero por lo menos estábamos todos juntos. La pobre muchacha estaba totalmente sola. Podía ver el miedo en su cara y cómo temblaba su cuerpo mientras estábamos sentados a la mesa. Sus pies temblaban y no podía tener quietas las manos. Se veía preocupada y miraba a su alrededor como para asegurarse de que nadie nos había seguido. Esperamos ahí un tiempo, yo diría que más de media hora. Creo que en algún momento el muchacho empezó a preocuparse porque el resto no llegaba y la gente del restaurante se había dado cuenta de que no nos movíamos ni habíamos ordenado nada más. Finalmente llegó mi hermano con la señora y con el esposo de la muchacha. Todos nos levantamos de la mesa y los seguimos fuera del restaurante. Cruzamos una calle pequeña y luego la calle principal a un estacionamiento donde todos nos subimos y nos sentamos en la parte de atrás de una camioneta. Había un hombre al volante esperándonos y tan pronto todos nos subimos, comenzó a manejar y nunca se detuvo hasta como después de cuatro horas cuando llegamos a casa de la señora. Es chistoso ahora que recuerdo porque cruzamos ilegalmente, no muy lejos del cruce fronterizo autorizado. Podía ver los carros pasando la línea legal desde donde cruzamos, y cuando cruzamos la carretera principal, pasamos en frente del cruce fronterizo autorizado, con todo el personal de seguridad, pero nadie se fijó en nosotros porque nunca nos detuvieron. Esa fue la primera y última vez que crucé ilegalmente a este país. Nunca me persiguieron o arrestaron como a mucha otra gente que conozco. Como dije, fue muy fácil físicamente para nosotros durante el cruce, aunque en aquel entonces sabía que otras personas no habían sido tan afortunadas como nosotros.

Mi papá ya había estado en Estados Unidos por lo menos 20 años, yendo y vininiendo, claro que no eran 20 años seguidos. Iba a Estados Unidos y se quedaba por un par de años, a veces tres o cuatro años y luego regresaba a

"Había escuchado importantes historias de El Norte y ya quería estar allá con mis padres y el resto de la familia."

México para vernos por un par de meses y luego se regresaba. Había trabajado en jardinería, pizcando hongos, y no sé en que más. Ahora mismo trabaja en una planta de hongos pero ya no pizca hongos. Obtuvo su visa durante una amnistía a fines de los 80. Mi mamá se vino a Estados Unidos con mi papá un año antes que yo, así que ella ha estado aquí por más de 11 años. Creo que

she couldn't keep her hands still. She looked preoccupied and looked all around as if to make sure no one had followed us.

We waited there for quite awhile, over half an hour, I'd say. I think at one point the boy started to worry because the rest of the crew wasn't coming and the people at the restaurant noticed we hadn't moved or ordered anything else. Finally, my brother arrived with the lady and the girl's husband. We all got up and followed them out. We crossed a small road and then the main street to a parking lot where we all got into the back of a van and sat on the floor. There was a man at the wheel already waiting for us and as soon as we all got in he started to drive and he never stopped until about four hours later when we arrived at the lady's house. It's funny now that I think about it because we crossed illegally not too far from the legal crossing line. I could see the cars passing through the legal line from where we crossed and when we crossed the main road, we passed right in front of the legal crossing line again, with all the security there, but no one noticed us because we were never stopped. That was the first and only time I crossed illegally into this country. I was never chased after or arrested like many people I've heard about. Like I said, it was physically very easy for us during the crossing, although back then I knew other people were not always as lucky as we were.

"I HAD HEARD GREAT STORIES OF *El Norte* AND I WANTED TO BE THERE, WITH BOTH MY PARENTS AND THE REST OF THE FAMILY."

My dad had already been in the US for at least 20 years, coming and going—of course, it wasn't really 20 years straight. He would come and stay for a couple of years, sometimes three or four, and then go back to Mexico to see us for a couple of months and then return again. He had worked in landscaping, picking mushrooms, and I don't know what else. Right now he works at a mushroom plant, but he doesn't pick mushrooms anymore. He got his visa during an amnesty in the late '80s. My mom came to the US with my dad a year before I did, so she's been here for over 11 years. I think she decided all of a sudden to join my dad, but then again, I'm not that sure. I just knew that suddenly my dad was returning to the US and my mom was leaving with him. She was coming to work to help my dad save money so that hopefully they could eventually take us up here with them. Of course, I didn't know this

decidió de repente reunirse con mi papá, pero de nuevo, no estoy segura. Sólo sabía que repentinamente mi papá regresaba a los Estados Unidos y mi mamá se iba con él. Ella vino a trabajar para ayudar a mi papá para ahorrar dinero para que todos pudiéramos reunirnos con ellos. Claro que yo no sabía nada de esto porque no se les informaba a los niños acerca de los planes. Mi mamá simplemente dijo que pronto la veríamos. Solamente les llevó un año lograrlo, pero para mí era demasiado tiempo. Desde el momento que oí que nos íbamos, era lo único en que podía pensar y cada vez que cambiaban la fecha del viaje me entraba más la ansiedad. Creo que hubo un momento en que me molesté porque pensé que nunca iríamos a Estados Unidos porque se llevaba mucho tiempo la salida. Había escuchado importantes historias de El Norte y ya quería estar allá con mis padres y el resto de la familia.

Mi mamá también había trabajado empacando hongos en varias fábricas. También había trabajado en invernaderos, limpiando casas, oficinas y restaurantes e incluso lavando platos. Hubo veces en que tenía uno, dos o hasta tres trabajos durante meses, pero el que más tiempo ha conservado es el que tuvo al llegar aquí en un huerto cerca de nuestro hogar. Se trata de un negocio familiar donde cultivan, empacan y venden fruta y verduras, y ella ha hecho todo para ellos, excepto la parte donde se despacha la mercancía a otras ciudades y estados. Ella empezó con ellos recién llegada, y ha tomado algunos periodos fuera de ese trabajo haciendo otras cosas, pero siempre regresa y ahora se siente más cómoda de haberse quedado con ese trabajo. Se ha quedado porque conoce bien el trabajo y les ayuda a contratar nuevos trabajadores año tras año porque habla español y entiende y habla mucho inglés relacionado con su trabajo.

Hemos regresado a México de vacaciones, pero creo que ya hemos decidido que nos quedaremos aquí para siempre. No hemos hablado acerca de regresar para quedarnos a menos que las cosas cambian verdaderamente. Tendríamos que tener trabajo asegurado para todos en México, pero ahora eso es muy difícil. Extraño la vida allá mucho, pero me he acostumbrado a mi nueva vida aquí, incluso aunque es duro a veces. Creo que me gusta más aquí ahora.

Creo que llegamos aquí el 14 de julio, durante el verano de 1993, justo después de graduarme del 6to. grado de primaria allá. Cuando entré a la escuela aquí, fui a una escuela donde enseñaban solamente en inglés, aunque había algunos maestros y clases bilingües. Antes de empezar la escuela, recuerdo que

Fiesta del Cinco de Mayo, preparándose para bailar "Los Matlachines"
At the Cinco de Mayo celebration, preparing to dance "Los Matlachines"

because no one informed the children of the plans. My mom simply said we would see her soon. It only took them a year, but for me, it seemed too long. From the moment I heard we were coming, that's all I could think of and every time the dates changed I became more and more anxious. I think at one point I even got upset because I thought we weren't really coming anymore because it was taking too long. I had heard great stories of *El Norte* and I wanted to be there, with both my parents and the rest of the family.

My mom has also worked packing mushrooms in various factories. She's also worked in greenhouses, cleaning homes, offices and restaurants, and even washing dishes. There are times that she's had one, two or even three jobs for months, but the one she has kept the longest is the one she got when she first arrived at an orchard near our home. It's a family-owned business where they grow, pack and sell fruits and vegetables and she's done it all for them, except the part where they ship the goods to other cities and states. She started with them when she first arrived and has taken breaks here and there to do other things, but has always gone back and now that she feels comfortable she has stayed. She has stayed because she knows the job well and helps them hire new workers year after year because she speaks Spanish and understands and speaks a lot of the work-related English.

mi papá compró un pizarrón, gis y borrador para mi hermano y para mí.
También nos prestó sus libros de inglés para empezar a prepararnos para la
escuela. Dijo que yo tenía que aprender lo que pudiera sola y que en ocasiones él me ayudaría con lo que sabía—ahora me doy cuenta que no era
mucho—pero aunque era poco, eso y el alentarnos era una ayuda. Me enseñó
el alfabeto, los números y cosas básicas. También nos llevó con una amiga suya
puertorriqueña en la planta de los hongos donde trabajaba para que ella nos
ayudara también. Ella nos leía libros y el primer libro en inglés que leí fue
escrito por el Dr. Seuss. Creo que era algo como *Un Pez, Dos Peces, Pez Azul,
Pez Rojo*. Al final de la lectura me sentí muy orgullosa porque pude leer todo
el libro sola, aunque fuese de memoria. Podía reconocer algunos números y
colores y otras palabras y podía darme cuenta de que tenía buena pronun-
ciación.

EL PRIMER LIBRO EN INGLÉS QUE LEÍ FUE ESCRITO POR EL DR. SEUSS. CREO QUE ERA ALGO COMO "UN PEZ, DOS PECES, PEZ AZUL, PEZ ROJO."

En agosto entré al 7mo. grado en la Escuela Intermedia Kennett
Square. La mayoría de mis clases eran ESL [Inglés como Segundo Idioma] pero
también tomaba clases regulares. Estudiaba Inglés, Ciencia, Matemáticas y
Estudios Sociales. Me quedé en el Distrito Kennett hasta las vacaciones
navideñas porque nos mudamos de Toughkenamon a Avondale y al distrito
escolar West Grove. En enero entré a una nueva escuela. Para entonces ya
entendía mucho inglés aunque todavía no lo hablaba, así que tomé clases de
ESL por otros dos o tres años. La mayoría de mis clases de escuela intermedia
eran en inglés, pero mis maestros de ESL me ayudaban mucho y poco a poco
asistía a clases regulares. Para cuando entré a la escuela secundaria ya no fui
aceptada en las clases de ESL tan seguido, porque necesitaba completar mis
clases regulares con el fin de graduarme de secundaria.

Aunque parecía que había progresado mucho desde el tiempo en que
llegué, había aprendido algunos conocimientos básicos, entré a la escuela y
finalmente me gradué, creo que entrar a la escuela fue muy difícil. Tenía
mucho miedo. No sé por qué, pero tenía mucho miedo. En mi primer día de
clases tomé el camión con uno de mis vecinos porque él ya era bilingüe. Me
ayudó a subir al camión y luego me llevó a la oficina principal. La Hermana

We all have returned to Mexico for vacation, but I think we've already decided that we are staying here for life. We haven't talked about returning to stay, unless things really change. There would have to be jobs secured for all of us but right now that is too difficult. I do miss life there a lot, but I've become accustomed to my new life here, even if it's hard at times. I think I like it better here now.

We arrived here on July 14th, I think, during the summer of 1993 right after I graduated from 6th grade, primary school, there. When I entered school here I entered an all-English school, although I had some bilingual teachers and classes. Before I started I remember my dad bought my brother and me a blackboard, chalk and an eraser and lent us his English books to start preparing for school. He said I had to learn all I could alone and at times he would help with what he knew, which I now realize wasn't a lot—but even though it was not much, that and the encouragement all helped. He showed me the alphabet, the numbers and some basics. He also took us to a Puerto Rican friend of his at the mushroom plant where he worked so she could help

"MY FIRST ENGLISH BOOK I READ WAS BY DR. SEUSS. I THINK IT WAS SOMETHING LIKE ONE FISH, TWO FISH, RED FISH, BLUE FISH."

us too. She read books for us and my first English book I read was by Dr. Seuss. I think it was something like One Fish, Two Fish, Red Fish, Blue Fish. I felt very proud because by the end I could read the whole book by myself, even if it was from memory. I could recognize some of the numbers and colors and other words and I could tell I had good pronunciation.

In August I entered the Kennett Middle School in the 7th grade. Most of my classes were ESL [English as a Second Language] but I also had some regular courses. I had English, Science, Math and Social Studies. I stayed at the Kennett District until the break at the December holidays because we moved from Toughkenamon to Avondale and the West Grove school district. In January I entered a new school. By then I understood a lot of English but I still didn't speak it yet, so I still took ESL classes for another two or three years. Most of my middle-school classes were in English but I had a lot of help from my ESL teachers and, little by little, I ended up with only regular classes. By the time I entered high school I wasn't accepted into ESL as often anymore

Jane ya me había inscrito en la escuela, pero me tenía que presentar yo sola en la oficina principal para obtener mi horario y para que me dijeran cómo funcionaban las clases. Había otra niña en la oficina principal conmigo. Supe que su nombre era Juanita cuando el director de la escuela, el Sr. Carr, le preguntó su nombre—yo estaba muy nerviosa de hablar, incluso hablarle a ella. Estuve tan contenta cuando supe que el Sr. Carr hablaba algo de español. Eso me confortó, pero aún así no pude evitar llorar delante de él y de Juanita. Yo estaba muy, muy nerviosa y asustada y no podía evitarlo. Juanita era muy fuerte; podía sentir que estaba nerviosa también, pero no lloró ni nada. Mirándola a ella y al director me hizo sentir tanta congoja y vergüenza y más miedo y entonces lloré aún más. Finalmente dejé de llorar y seguí con mi día. No recuerdo nada más de ese primer día, solamente recuerdo que lloré de nuevo por la noche antes de mi primer día en la escuela Avon Grove. Estaba molesta porque ya tenía amigos en mi escuela anterior y me sentía algo cómoda con mis clases y mis profesores y ahora tenía que empezar todo de nuevo. Mi mamá trató de reconfortarme diciéndome que tenía que ir a la nueva escuela. Dijo que era necesario y que no me podía quedar en la casa, seguí adelante y fui a mi nueva escuela, me hice de amigos y después de todo tuve éxito allí. Yo quería aprender. Pensaba que no era muy inteligente, pero quería aprender, incluso por mí misma, poco a poco me estaba volviendo cada vez más y más independiente.

Creo que mi familia continúa muy apegada a las tradiciones mexicanas. Yo estoy entre las tradiciones mexicanas y las llamadas "americanas." Me gusta eso y creo que es ventajoso para mí entender dos mundos diferentes. Viviendo en los Estados Unidos, creo que entiendo la cultura y el idioma, pero trato de no apartarme mucho de mi cultura mexicana. Todavía me siento orgullosa de decir que soy mexicana, pero estoy contenta de vivir en otro país donde he tenido que adaptarme a una cultura nueva. Como mexicana me encanta la cumbia, un poco de quebradita y, claro, las danzas folklóricas tradicionales. Me encanta la comida y aunque no sé como cocinar los platillos tradicionales, de vez en cuando todavía le pido a mi mamá que me haga un molito, o un pozolito o quizás algunas enchiladas e incluso unas gorditas. Claro que me encanta mi idioma, el español que hablamos en casa. De vez en cuando se me olvidan algunas cosas ya que no hablo español todo el tiempo. Viviendo en los Estados Unidos, amo mi libertad. Ya no soy una abnegada mujer mexicana, destinada solamente a ser esposa y madre. Es a la conclusión que he llegado de mí misma ahora que vivo aquí.

because I needed to complete my regular classes in order to graduate from high school.

Although it may seem like I progressed a lot from the time I first arrived, learned some basics, entered school and eventually graduated, I think entering school was very difficult. I was very afraid. I don't know why, but I was very afraid. My first day of school I took a bus with one of my neighbors because he was already bilingual. He helped me get on the bus and then took me to the main office. Sister Jane had previously registered me at the school but I had to present myself at the main office to get my schedule and be advised on how classes were going to work. There was another new girl in the main office with me. I learned that her name was Juanita when the principal, Mr. Carr, asked her—I was too nervous to speak at all, even to her. I was so happy when I learned that Mr. Carr spoke some Spanish. That comforted me, but I still couldn't help but cry in front of him and Juanita. I was very, very nervous and afraid and couldn't help it. Juanita was very strong; I could tell she was nervous too, but she didn't cry or anything. Looking at her and the principal made me feel grief and shame and more fear and then I cried even more. Eventually I stopped and went on with my day. I don't remember anything else from that first day, I only remember that I cried again the night before my first day in the Avon Grove School. I was upset because I had already made friends at my previous school and was somewhat comfortable with my classes and professors and now I had to start all over again. My mom tried to comfort me by telling me that I had to go to the new school. She said it was necessary and that I couldn't stay home. I continued on, I went to my new school,

RA Friedman

Muchachas esperando su turno para bailer
Girls waiting their turn to dance

Seth Lyons

Creo que en parte, mi mamá ha sido el ejemplo a seguir, quizás sin siquiera querer serlo o darse cuenta de ello. Yo he oído a mi mamá hablar y he visto cómo ha trabajado fuertemente toda su vida, algunas veces hasta con dos o

Comprando en La Azteca
Shopping at La Azteca

tres trabajos, aparte de ser madre y ama de casa, todo al mismo tiempo. Y sin embargo, mi padre solamente ha tenido un trabajo la mayor parte del tiempo. Los mexicanos tendemos a creer o siempre decir que el hombre es el jefe del hogar, el que contribuye con el dinero, el que más trabaja, sin embargo mi mamá me ha mostrado que yo puedo salir adelante y hacer lo que quiera, porque ella misma ha hecho lo mismo. Yo respeto a mi papá también porque él ha trabajado también muy fuerte, pero yo siempre he sentido que mi mamá ha trabajado más fuerte. Ella ha tenido a sus siete hijos y nos ha ayudado a sobrevivir con la ayuda de mi papá ya sea poquito o mucho, así como con su propio trabajo o el de los dos. Mis padres me han dado muchos consejos y me han disciplinado cuando me he portado mal, aunque mi mamá es más estricta. Algunas veces, debido a mi personalidad y a la misma vida, he luchado mucho, pero mis padres, especialmente mi mamá, me han hecho ver que las cosas se pueden lograr si uno pelea fuerte por ellas.

Me acabo de graduar de Chestnut Hill College en mayo [2002], donde estudié francés. Eso es lo que escogí como carrera, aunque todavía no he planeado qué voy a hacer con esta carrera. La gente me dice que tengo el don de aprender idiomas, quizás sea así, pero la parte más difícil es descifrar qué hacer con ese don. A veces he pensado en ser consejera escolar porque tuve una en la escuela secundaria que realmente me ayudó cuando estaba pasando por una etapa difícil de mi vida. Tuve dos profesores universitarios que me apoyaron mucho y creyeron que podía hacer mucho con mi vida. Dijeron que lograría grandes cosas en la vida. Cuando me dijeron eso, les creí y poco a poco me hice valor para buscar y pedir más de la vida. Si hay algo que

made new friends and made it there, after all. I wanted to learn. I thought I wasn't very intelligent, but I wanted to learn, even by myself, and little by little I was becoming more and more independent.

I think my family continues to be very ingrained in the Mexican traditions. I'm between the Mexican and so-called "American" traditions myself. I like that and work it to my advantage, to understand the two different worlds. Living in the US, I think I understand the culture and the language, but I try not to stray too far from my Mexican culture. I am still proud to say that I'm Mexican, but I'm happy to live in another country where I've had to adapt myself to the new culture. As a Mexican I love to dance the *cumbia*, a little *quebradita* and, of course, our folkloric traditional dances. I love the food and although I don't know how to cook the traditional dishes I still have my mom and I ask her from time to time to make me *un molito*, or *un pozolito* or maybe some *enchiladas* or even her own *gorditas*. Of course, I love my language, the Spanish that we speak at home. I forget some things from time to time since I don't speak it a lot. Since living in the US, I like the liberty, my freedom. I'm no longer a submissive Mexican woman, meant to be only a wife and a mother. That's what I've come to conclude about myself now that I live here.

I think that in part, my mom has been my role model, perhaps without wanting to be or without her realizing it. I have heard my mom talk and seen how hard she has worked all her life, sometimes at two or three jobs, plus she is also a mother and housewife, all at the same time. And yet my father has only worked at one job, for the most part. We Mexicans tend to believe or always say that the man is the head of the household, the one that contributes the money, the one that works more, yet my mom has shown me that I can go forward and I can do what I want because she has done it herself. I respect my dad too because he has also worked hard, but I have always felt that my mom has worked harder. She has taken all her seven children and helped us survive with my dad's help—whether it's a little or a lot—her own hard work or some of both. Both my parents give me a lot of advice and they both have been tough on me when I've misbehaved, although my mom is tougher. Sometimes because of my personality and life itself I have struggled a lot, but my parents, especially my mom, have made me see that things can be achieved if you fight hard enough for them.

I just graduated from Chestnut Hill College in May [2002], where I studied French. That is what I chose as a career, although I haven't figured out

quisiera hacer para la juventud de mi comunidad y de otras, es alentarlos, hacerles ver que estamos en el país de las oportunidades y de más posibilidades que las que tuvieron nuestros padres en México, y si quieren hacer realmente algo, sigan adelante y alcancen sus metas. Eso es difícil a veces, pero se puede lograr. Eso es exactamente en lo que estoy trabajando con el grupo de danza, aunque a veces me pregunto si vale la pena. Entonces me digo a mí misma que hay gente joven a mi alrededeor como yo, que quieren recibir ayuda y de vez en cuando desean escuchar las palabras mágicas, "Yo creo que tú puedes hacer esto o eso."

Quizás no estoy segura de lo que quiero hacer en la vida, pero sí sé lo que no quiero hacer. No quiero casarme pronto, quizás cuando encuentre una buena pareja eventualmente me case. No quiero tener hijos pronto tampoco, pero con el tiempo. La gente, la mayoría mexicana, me pregunta por qué no me he casado y que por qué no tengo hijos todavía. Déjenme decirles que solamente tengo 22 años y bromeando les digo simplemente, "Bueno, porque no han pedido mi mano en matrimonio," y me río. Eso claro que es una absoluta mentira. Me han propuesto matrimonio muchas veces, la mayoría de mis ex-novios. También me han pedido que me escape con mis ex-novios y he escuchado la frase tradicional "Te voy a robar." Nunca he querido irme a vivir o escaparme sencillamente así, como lo han hecho mis hermanas y muchas de mis amigas. Al principio pensé que era parte de la tradición, el escaparse con el novio o que la roban a una. Me llevó mucho tiempo entender que esto era por decisión propia y que las muchachas que se escapan de sus casas y se van a vivir con sus novios, a la larga terminan casados. Y cuando finalmente entendí esto, decidí casarme en lo que yo considero a mi manera, de la forma correcta, quiero que pidan mi mano en matrimonio. Al principio no quería casarme y cuando finalmente sí quería, mi ex-novio ya no lo deseaba, así que aún estoy soltera y esto no me preocupa gran cosa. He hecho muchas cosas como mujer soltera que no hubiera podido hacer si me hubiese casado. Así que les doy las gracias a mis ex-novios por no haberse casado conmigo. Me gustaría seguir estudiando, obtener mi maestría, posiblemente, vivir sola por un buen par de años y definitivamente viajar más; y claro, ayudar a la gente, especialmente a la juventud de una manera u otra.

Un amigo mexicano me dijo el otro día que casi tengo todo en la vida ahora—educación, un excelente trabajo, un apartamento, pero lo que me faltaba era un novio o un esposo, hijos y familia. Solamente me reí. Me preguntó

what I'm going to do with it. People say I have a gift for languages, and maybe I do, but the toughest part is figuring out what to do with this gift. At times I have thought about being a school counselor because I had one in high school who really helped me when I was going through a tough time. I had two college professors who gave me a lot of support and believed I could do a lot with my life—they said I would go far in life. When they told me that, I believed it and little by little I got the courage to look for and ask for more in life. If anything, that is what I would like to do with the youth from our community and others—encourage them, make them see that we are in the land of opportunities and more possibilities than what our parents had in Mexico and that if they really want something, to go ahead and grab it. It is tough at times, but it can be done. That is exactly why I'm working with the dance group, even if at times I ask myself if it's really worth anything. And then I tell myself that there are young people around here like myself, who want to be helped, who from time to time would like to hear the magic words, "I think you can do this or that."

I may not know for sure what I want to do in life, but I do know what I don't want to do. I don't want to marry any time soon, maybe just find a good partner and then marry eventually. I don't want to have children any time soon either, but maybe eventually. People, mostly Mexicans, have asked me why I haven't gotten married and why I don't have children yet. I'm only 22, mind you. And jokingly, I simply say, "Well, because no one has asked for my hand in marriage," and laugh. That's a total lie, though. I have been proposed to many times, mostly by one of my ex-boyfriends. I have also been asked to run away with my ex-boyfriends and I've heard the traditional "*Te voy a robar*," which means "I'm going to take you with me." Literally, though, it means "I'm going to steal you." I never really wanted to just live together or run away, like my sisters and many of my friends have. At first I thought it was part of our tradition, to run away or be stolen from our homes. It took me a long time to understand that it was by choice that the girls run away from home to move in with their boyfriends and eventually get married. And when I finally understood that, I chose to marry in what I think is "my" correct way. I want to be asked for my hand in marriage. At first I didn't want to marry and when I finally wanted it, my ex didn't want to anymore, so I'm still single and I don't really mind it. I have done many things as a single woman that I know I wouldn't have done if I had gotten married, so I thank my exes for not marrying me. I would like to continue studying, get my Masters, hopefully, live alone

qué más quisiera tener y lo único que le respondí es que no le iba a decir porque de cualquier manera no me iba a entender. Yo comprendo su manera de ser. Soy mexicana como él y de la misma edad que él, pero está casado y tiene un hijo y cree que tiene todo en la vida porque tiene una familia, aunque su educación no va más allá de la primaria y no tiene el trabajo ni un hogar que pueda considerar como suyos. De acuerdo a la comunidad mexicana, yo debo tener una familia ahora. Para muchos de mis amigos mexicanos, todavía estoy joven y tengo una vida por delante. Me dicen que siga soltera hasta por lo menos los 30 años de edad, que siga mis estudios de educación superior, que viaje, salga con muchachos pero que todavía no me case o tenga hijos. Mi mamá me dice lo mismo, aunque ella es mexicana y se considera muy tradicional. Yo simplemente estoy tratando de encontrar un punto medio, un nicho en medio de ambas culturas ya que vivo en ambas, aunque solamente vivo en un país.

La parte más difícil de haber nacido en México con una cultura y vivir en Estados Unidos con una cultura diferente es adaptarse y sentirse cómoda en ambas culturas y tradiciones. Hoy día, es difícil encontrar un novio mexicano, como mi papá quisiese que yo tuviera, porque de acuerdo a él podría compartir las mismas tradiciones. La mayoría de los mexicanos que conozco están aquí para trabajar, y están buscando una esposa que sea la madre de sus hijos. Yo estoy buscando esposo, pero también un amigo y un intelectual que me entienda y que me acepte por lo que soy y eso ha sido realmente difícil de conseguir. También me han preguntado antes si yo saldría o pensaría en casarme con agluien de una cultura diferente. En aquel entonces pensé un rato acerca de ello porque sinceramente solamente he salido con dos o tres muchachos de culturas totalmente diferentes. Mis padres no saben de uno de ellos porque sé que no lo aceptarían como mi novio. Bueno, de los otros dos, uno de mis padres no lo aceptó y el otro no me aceptó como algo más que una amiga. Ahora diría que sí saldría y me casaría con alguien de diferente cultura, si pudiese encontrar "al indicado."

Si alguien de mi familia o amigos en México o de otro país quisieran venir a los Estados Unidos, les recomendaría que lo piensen, dependería de cuál es su propósito de mudarse acá. Si tienen ya un plan o trabajo a la mano, un trabajo que les satisfaga, ¿por qué no? Pero la vida aquí no es tan fácil como parece. En México, en nuestros pueblos, nuestras granjas y en muchas de nuestras ciudades no hay trabajo y esa es la razón por la cual se mudaron

for a good couple of years, and definitely travel some more and, of course, help people, the youth especially, in one way or another.

A Mexican guy friend of mine told me the other day that I have almost everything in life now—an education, a great job, an apartment, but I was missing a boyfriend or a husband and children, a family. I simply laughed. He asked what else I could possibly want and all I could say to him was that I wasn't going to tell him because I knew he wouldn't understand, anyway. I understand where he's coming from. I'm Mexican like him and the same age as he, but he is married and has a son and thinks he has everything in life because he has a family, even though he isn't educated beyond primary school and he doesn't have the kind of job I have or a home he can call his. According to my Mexican community, I should have a family now. For my non-Mexican friends, I'm still young and have my whole life ahead of me. They tell me I should stay single until I'm at least 30, get a further education, travel, date even, but don't get married or have children. My mom now tells me the same thing, even though she's Mexican and thinks she's very traditional. I'm simply trying to find a midpoint between both cultures since I do still live in both, even if I live in only one country.

The most difficult part of having been born in Mexico with one culture and living in the US with a different one is adjusting and feeling comfortable in both cultures and traditions. Nowadays it's difficult to find a Mexican boyfriend, like my dad would wish that I had, because according to him we would share the same traditions. Most of the Mexican guys that I know are here to work, and they are looking for a wife and mother for their children. I'm looking for a husband, but also a friend and an intellectual who will understand me and take me for who I am and that's been really hard to find. I was also asked before if I would date or think about marrying someone from a different culture and back then I thought about it for a little while because, sincerely, I have only dated two or three different guys from a totally different culture. One of them my parents didn't even know about because I knew they wouldn't accept him. The other two, well, one my parents didn't accept and the other one, he didn't accept me as any more than a friend. I would say now that I would date and marry someone from a different culture, if I could just find "the one."

If someone from my family or a friend in Mexico or any other country would want to come to the United States I would recommend that he or she

"TODOS HEMOS SUFRIDO DISCRIMINACIÓN RACIAL DE UNA MANERA U OTRA Y NOS HEMOS SENTIDO INFERIORES EN OCASIONES Y ESO DEFINITIVAMENTE NO ERA PARTE DE NUESTRO SUEÑO."

nuestras familias aquí, para tener un trabajo y mejor vida—en realidad, para un trabajo y para sobrevivir. Depende de cómo cada persona considere que sea una mejor vida. Yo tengo una hermana que vive con su esposo en México y tal parece que vive bien. Él es ingeniero y tiene un buen trabajo porque mi hermana no tiene que trabajar, a diferencia de mis hermanas que viven aquí. Mis hermanas casadas que tienen hijos, tanto el esposo como la esposa, tienen que trabajar para tener un hogar y carro para transporte, comida para todos y algunas diversiones.

A veces me pregunto si mi familia ha logrado el Sueño Americano—en parte sí y en parte no. Nuestro sueño era tener una mejor vida que en México y de alguna manera la tenemos. Mis padres tienen un hogar, un traba-jo, mi papá tiene algunos beneficios, tenemos comida en la mesa y algunas otras diversiones que hemos logrado como los carros—no carros lujosos o incluso carros nuevos—pero lo que necesitamos para transporte, y sentimos que hemos logrado algo de una manera u otra. Tengo una educación superior que yo sé no hubiera tenido en México. He viajado a muchos lugares del mundo, algo que no creo que hubiera podido hacer si me hubiese quedado en México. En realidad pienso que estaría ya casada y con hijos ahora; nada malo en eso, pero simplemente estoy mucho más contenta como estoy ahora— soltera. Sí, en el aspecto material estamos mejor, pero todos hemos sufrido mucho. Hemos perdido el confort de sentirnos en casa cuando regresamos a México porque nos hemos convertido en "Norteños" y hemos perdido una gran parte de nuestra identidad mexicana mientras que hemos ganado una nueva en los Estados Unidos. Todos hemos sufrido discriminación racial de una manera u otra y nos hemos sentido inferiores en ocasiones, y eso definiti-vamente no era parte de nuestro sueño.

"We have all suffered racial discrimination in one way or another and felt inferior at times and that was definitely not part of our dream."

think about it. It would depend on their purpose to move here. If they have a plan or a job already at hand here, a job that will satisfy them, why not? But life here is not as easy as it may seem. In Mexico, in our towns, on our farms and in many of our cities there is no work and that is why our families moved here, for a job and a better life—actually, for a job and survival—the better life depends on how each individual sees it. I have a sister who lives with her husband in Mexico and they seem to live well. He is an engineer and seems to have a good job because my sister doesn't have to work, unlike my sisters who live here. My married sisters here who have children—both husband and wife have to work in order to have a home and a car for transportation, food for everyone and some other amenities.

I wonder if my family has accomplished the American Dream—in part, yes, and in part, no. Our dream was to have a better life than we had in Mexico and we do have it, in a way. My parents have a home, a job, my dad has some benefits, we have food on our table and some other amenities that have come along the way, like cars—not luxury cars or even new cars—but what we need for transportation and to feel accomplished in one way or another. I have an education that I know I would never have had in Mexico. I have traveled to many places around the world—something I don't think I would have done if I had stayed in Mexico. I actually think I would be married with children now; there's nothing wrong with that, but I'm just happier where I am now—single. Yes, materially we are better off, but we have all suffered a lot. We have lost the comfort of feeling at home when we go back to Mexico because we have become *Norteños* [Northerners] and have lost part of our Mexican identity while gaining a new one in the US. We have all suffered racial discrimination in one way or another and felt inferior at times and that was definitely not part of our dream.

Epílogo

by Jimmy Santiago Baca

Todas las personas tienen el deseo de cambiar para mejorar y yo no soy la excepción. Cada mañana me despierto con la aspiración de esforzarme por ser una persona más comprensiva, un padre y un esposo más atento, y un ciudadano más activo, éste es incluso un reto para hacer de éste un mundo más justo y seguro. También incluye el aceptar mis responsabilidades como ciudadano y continuar viviendo con los ideales de la democracia.

Un amigo me dijo una vez, "Ustedes los americanos nunca han tenido que ganarse realmente su libertad—les fue otorgada y ustedes no aprecian lo que tienen. Realmente ustedes nunca han pagado por ella."

Mientras más pienso en aquella declaración, más a regañadientes la acepto y quiero refutarla, desafiándome a mí mismo a vivir a la altura de nuestros principios democráticos, conservándolos y transmitiéndolos a mis hijos. Generaciones y generaciones de mis antepasados me han encomendado esta obligación.

No somos recién llegados.

Mucho antes de que cualquier europeo anduviera sobre este continente, mi ascendencia mexicana ya prosperaba aquí. Estábamos aquí antes de la llegada de Cristóbal Colón y todavía estamos aquí, a pesar de que la frontera dividió a mi familia por la mitad, una mitad de mis antepasados se quedó en México y la otra mitad en América. Por consiguiente, esta disyuntiva me ha dado un punto de vista especial desde el cual puedo estudiar nuestra política nacional hacia los inmigrantes mexicanos.

Me río y sacudo mi cabeza con consternación cuando leo a los distinguidos ilustrados que escriben sobre cómo es que destruimos la sociedad americana. A mí no me parece así cuando viajo de costa a costa y descubro que cada restaurante de cada nacionalidad tiene cocineros mexicanos,

Afterword

by Jimmy Santiago Baca

Everyone has a wish to change for the better and I'm no different, aspiring as I do every morning on waking to strive to be a more understanding person, a more thoughtful father and husband, and a more engaged citizen, the latter including a challenge to make this a more just and safer world. The latter includes accepting my responsibilities of citizenship and stepping up to live the ideals of democracy.

A friend of mine once told me, "You Americans have never had to really earn your freedom—it was given to you and you don't appreciate what you have. You've never really paid for it."

The more I think about that statement, the more I begrudgingly accept it and the more I want to disprove her by challenging myself to live up to our democratic principles, preserving them and passing them down to my children. Generations and generations of my ancestors have entrusted me with this obligation.

We are not newcomers.

Long before any European stepped on this continent, my Mexican tribal ancestry was thriving here. We were here before Columbus's arrival and we are still here, despite the border splitting my family up—half my ancestors found themselves in Mexico, half in America. Consequently, this dilemma has given me a special point of view from which to study our national policy toward Mexican immigrants.

I laugh and shake my head with dismay when I read distinguished scholars writing about how we are destroying American society. It doesn't look that way to me when I travel coast to coast, discovering that every restaurant from every nationality has Mexican chefs, waiters, parking attendants, etc. This holds true for almost every sector of society in which

meseros, encargados del parqueo de autos, etc. Esta es la verdad en todos los sectores de la sociedad en la cual los americanos se mofan de empleos mal pagados. Criamos a los niños de América, les enseñamos a los niños de la gente blanca y negra sus primeras palabras, lavamos la ropa de América, cuidamos sus jardines, luchamos en sus guerras, construimos sus ciudades, y los alimentamos. No somos recién llegados: nuestras raíces tribales son más profundas en este continente que las de la mayoría de las tribus americanas. Esta ha sido siempre nuestra casa y muchos mexicanos creen que ellos vuelven a su casa cuando deciden ir a El Norte, o "pa' El Norte."

Cuando las rebanadas de la tarta americana se vuelven más delgadas y más delgadas y nuestros apetitos más grandes y más grandes, queremos guardar la tarta para nosotros. Si cada americano fuera sincero tendría que admitir que la superioridad y las tendencias racistas son la base de su miedo hacia los mexicanos. Las estadísticas y la realidad no confirman sus acusaciones. Ellos constantemente nos acusan de ser perezosos, traficantes de drogas, fracasados y de tener malos sentimientos.

El hecho es que nosotros saturamos esta sociedad y le traemos muchos regalos culturales y económicos. El hambre, la pobreza, la enfermedad, la muerte prematura, los salarios de esclavos, la carencia de educación, la violencia, el racismo, la intolerancia y el encarcelamiento son los monstruos que deberíamos de destruir. En cambio, llevamos nuestra sociedad a la bancarrota, gastando mil millones para helicópteros Black Hawk, aviones sin tripulación, los ejércitos de oficiales de patrullas fronterizas, centros de procesamiento autocráticos, prisiones y cárceles, funcionarios de Inmigración, muros, tecnología, agentes de la ley. Todo esto y más no ha contenido el flujo de mexicanos que entran por nuestras fronteras, sino que ha aumentado el índice de mortalidad: sólo entre los sectores de Tucson y Yuma , se ha alcanzado un nuevo record de muertos—154 el año pasado. Hablamos de hombres jóvenes y mujeres en su adolescencia, aun más jóvenes.

No dudo por un segundo que si los americanos realmente supieran del maltrato salvaje que estos inmigrantes sufren, ellos se opondrían y exigirían que se les diera un trato más decente. Una vez usted es testigo de que un niño trabaja en los campos por un dólar, cuando usted ve cómo ellos carecen de condiciones sanitarias adecuadas, cómo es que los jefes los explotan, lo asustados que están cuando los intimidan, se burlan de ellos y los insultan, cuando usted ve los cadáveres de los ancianos esparcidos sobre el desierto,

Americans scoff at low-wage jobs. We raise America's kids, we teach white and black people's children their first words, we wash America's clothes, groom its gardens, fight its wars, build its cities, and feed it. We are not newcomers: our tribal roots go down deeper in this continent than most American tribes. This has always been our home and many Mexicans believe they are returning home when they decide to go North, or *pa' El Norte.*

As slices of the American pie get thinner and thinner and our appetites larger and larger, we want to hoard the pie for ourselves. If every American were truthful, they'd have to admit that superiority and racist tendencies are the basis for their fear toward Mexicans. Statistics and reality don't bear out their accusations. They constantly charge us with being lazy, with being drug dealers, with being loafers and malingerers.

The fact is we saturate this society and we bring to it many cultural and economic gifts. Hunger, poverty, disease, premature death, slave wages, lack of education, violence, racism, bigotry and imprisonment are the monsters we should be intent on slaying. Instead, we are bankrupting our society by spending billions on Black Hawk helicopters, unmanned drones, armies of border patrols officers, autocratic processing centers, prisons and jails, Immigration officials, fences, technology, law agents. All of this and more hasn't stemmed the flow of Mexicans entering through our borders, but it has increased the death rate: just between the Tucson and Yuma sectors, a new record for the dying was set—154 last year. We're talking about young men and women in their teens, even younger.

I don't doubt for a second that if Americans really knew the savage mistreatment these immigrants endure, they would stand up and demand they be given decent consideration. Once you witness a young child working in the fields for a dollar, once you see how they have no sanitary conditions, how bosses exploit them, how scared they are when bullies mock and jeer at them, when you see corpses of old men and women strewn about the desert, when you see mothers and fathers buried early because they wanted a chance at the American Dream, an opportunity to participate in the experiment of freedom, when you see how hard they work, how much they give, how they are willing to go beyond our expectations to make our society a kinder and more just society, it becomes unconscionable to then stand by and ignore the abuses and cruel neglect.

That's what these stories convey to me: the willingness of immigrants

cuando usted ve a las madres y a los padres sepultados muy jóvenes porque quisieron la oportunidad de lograr el Sueño Americano, una oportunidad de participar en el experimento de la libertad, cuando usted ve con qué fuerza trabajan ellos, cómo están dispuestos a ir más allá de nuestras expectativas para hacer que nuestra sociedad sea más justa y más amable, entonces se hace imperdonable cruzarse de brazos e ignorar los abusos y el cruel abandono.

Esto es lo que estas historias me comunican: la buena voluntad de los inmigrantes de hacer lo imposible para probarse a sí mismos, aun bajo la dureza severa de nuestras instituciones, advirtiéndonos de no asumir ingenuamente ni las mentiras, ni los estereotipos, ni la condición de chivo expiatorio en que los medios de comunicación han convertido a esta gente, sino que lleguemos a conocerlos, a autenticar su humanidad al escuchar sus historias en sus propias voces.

to go to great lengths to prove themselves under the harshest duress of our institutions, warning us not to naively assume the media lies and stereotyping and scapegoating of these people, but to know them, to authenticate their humanity by listening to their stories in their own voices.

CÉSAR E. VIVEROS-HERRERA

Seth Lyons

César E. Viveros-Herrera creó el mural que adorna la portada de Espejos y Ventanas/Mirrors and Windows. César nació en la Heroica Veracruz, México, en 1970. Llegó a Filadelfia en 1996 con el sueño de participar en el famoso programa de artes murales de la ciudad y se ha convertido en uno de sus principales artistas. Muchos de sus extraordinarios murales dan vida a muros de Chiapas y Veracruz, así como a los de ciudades en Pensilvania, Louisiana y Nueva Jersey.

"Como inmigrante que soy, no me puede ser indiferente la historia de cientos de miles de mexicanos que han tenido la necesidad de dejar su pedazo de tierra. Dejaron el país, mas no dejaron el alma, el ser mexicano, el soñar, la fuerza; no dejaron el poder de inventar nuevas formas de vida. He cubierto muchas paredes con imágenes de la vida, pero como todo en la vida, no hay nada más sabroso que la primera vez, y la portada de un libro se me antojaba irresistible—especialmente tratándose de un libro acerca de la comunidad mexicana viviendo en 'La Capital Mundial del Hongo.'"

◆ ◆ ◆

César E. Viveros-Herrera created the mural that graces the cover of *Epejos y Ventanas/ Mirrors and Windows*. César was born in Heroica Veracruz, Mexico in 1970. He came to Philadelphia in 1996 with the dream of participating in that city's famous mural arts program and has become one of the program's principal artists. Many of his remarkable murals bring life to the walls of Chiapas and Veracruz, as well as to cities in Pennsylvania, Louisiana and New Jersey.

"As an immigrant, I cannot be indifferent to the history of hundreds of thousands of Mexicans who have been compelled by financial need to leave their land. They left their country but they did not leave behind their soul, their sense of being Mexican, their dreams or their strength. They did not leave behind the power to create a new way of life. I have covered many walls with images about life. But as in life, there's nothing so good as the first time, and to do a book cover was an irresistible treat for me—especially when it is for a book about the Mexican community living in 'The Mushroom Capital of the World.'"

Jimmy Santiago Baca

Lo más reciente obra publicada de Jimmy Santiago Baca es una colección de cuentos cortos, *La Importancia de un Pedazo de Papel /The Importance of a Piece of Paper* (Grove/Atlantic, 2004) y *Poemas de Invierno a lo largo del Río Grande / Winter Poems Along the Rio Grande* (New Directions, 2004). Santiago Baca se encuentra ahora trabajando en una novela acerca de una familia migrante. También es un activista y defensor de los derechos de las comunidades mexicanas y latinas en todo Estados Unidos.

◆ ◆ ◆

Jimmy Santiago Baca's most recent publications are a collection of short stories, *The Importance of a Piece of Paper* (Grove/Atlantic, 2004) and *Winter Poems Along the Rio Grande* (New Directions, 2004). He is currently working on a novel about a migrant family. Baca has also been an advocate and activist for the rights of Mexican and Latino communities across the United States.

Enrique Cortázar

Enrique Cortázar obtuvo su maestría en educación y literatura en la Universidad de Harvard donde fue estudiante de Octavio Paz. Algunas de sus publicaciones incluyen *La Vida Escrita con Mala Gramátic/Life Written with Bad Grammar* (Ediciones de Cultura Popular, 1983) y *Variaciones Sobre una Nostalgia/Variations upon a Nostalgia* (UNAM, 1998). Fue catedrático de la Universidad Autónoma de Chihuahua durante más de 28 años y actualmente dirige el Instituto de México en San Antonio, Texas.

◆ ◆ ◆

Enrique Cortazar earned a Master's degree in education and literature at Harvard University where he was student of Octavio Paz. Some of his publications include *Life Written with Bad Grammar* (Popular Editions of Culture, 1983) and *Variations upon a Nostalgia* (UNAM, 1998). He was a professor at the Autonomous University of Chihuahua for more than 28 years and presently directs the Institute of Mexico in San Antonio, Texas.